W0266076

WUNDERLICH

Schmuck
Ornaments
Ornement

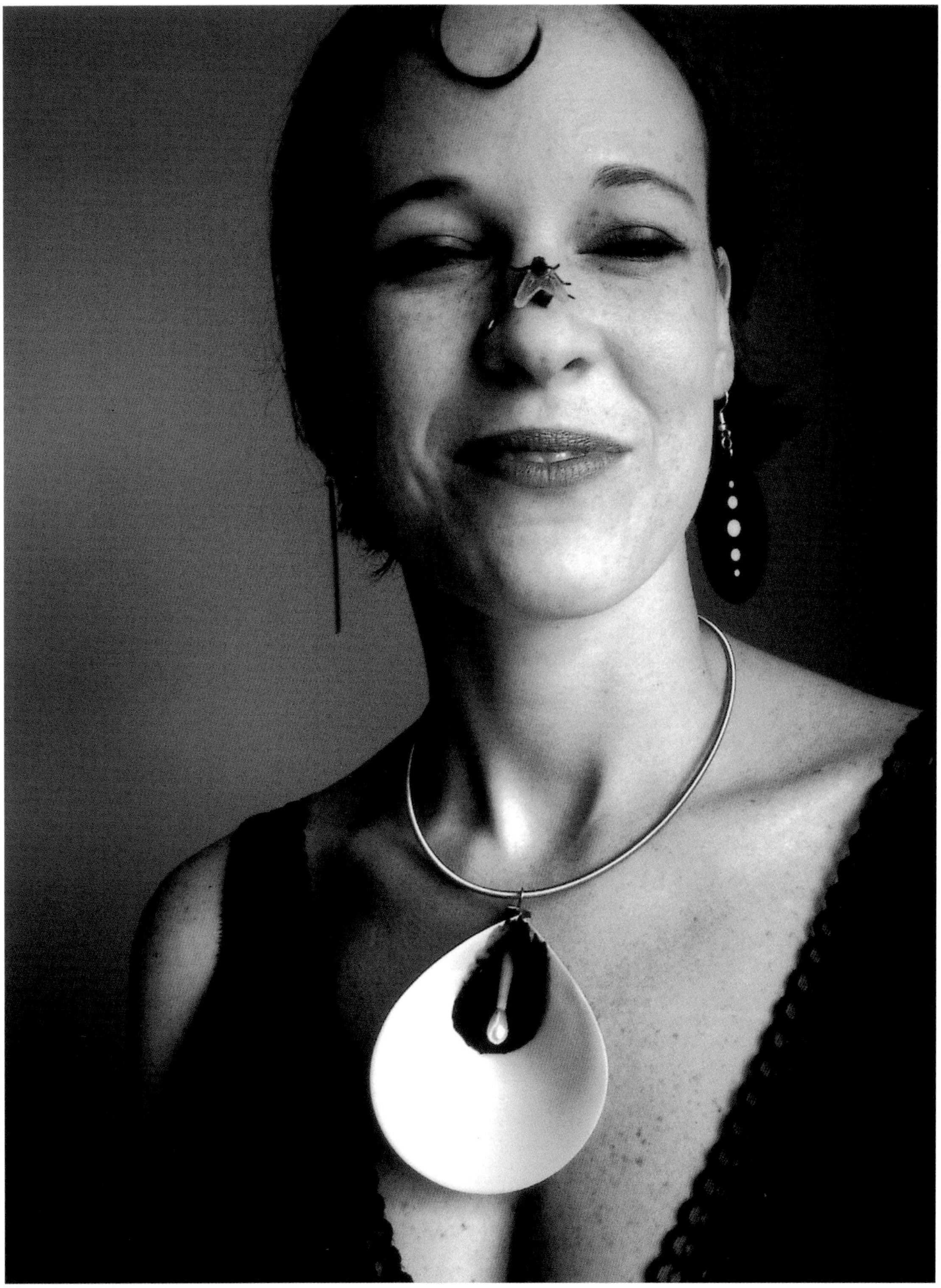

Vivian mit Calla-Collier und Ohrhänger

Heinz Spielmann

PAUL WUNDERLICH

Schmuck · Ornaments · Ornement

Photographien von
Karin Székessy

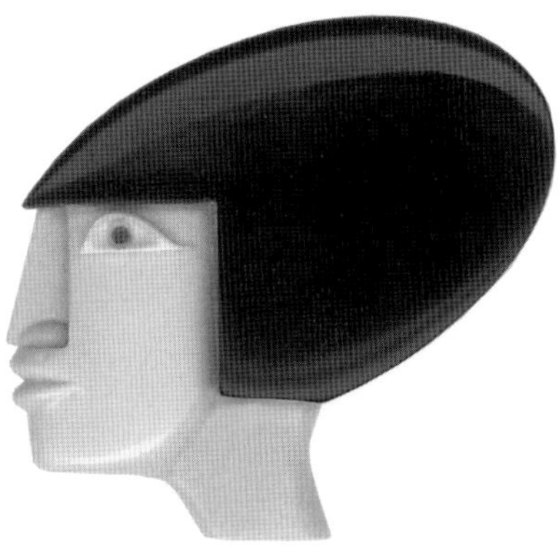

Edition Volker Huber

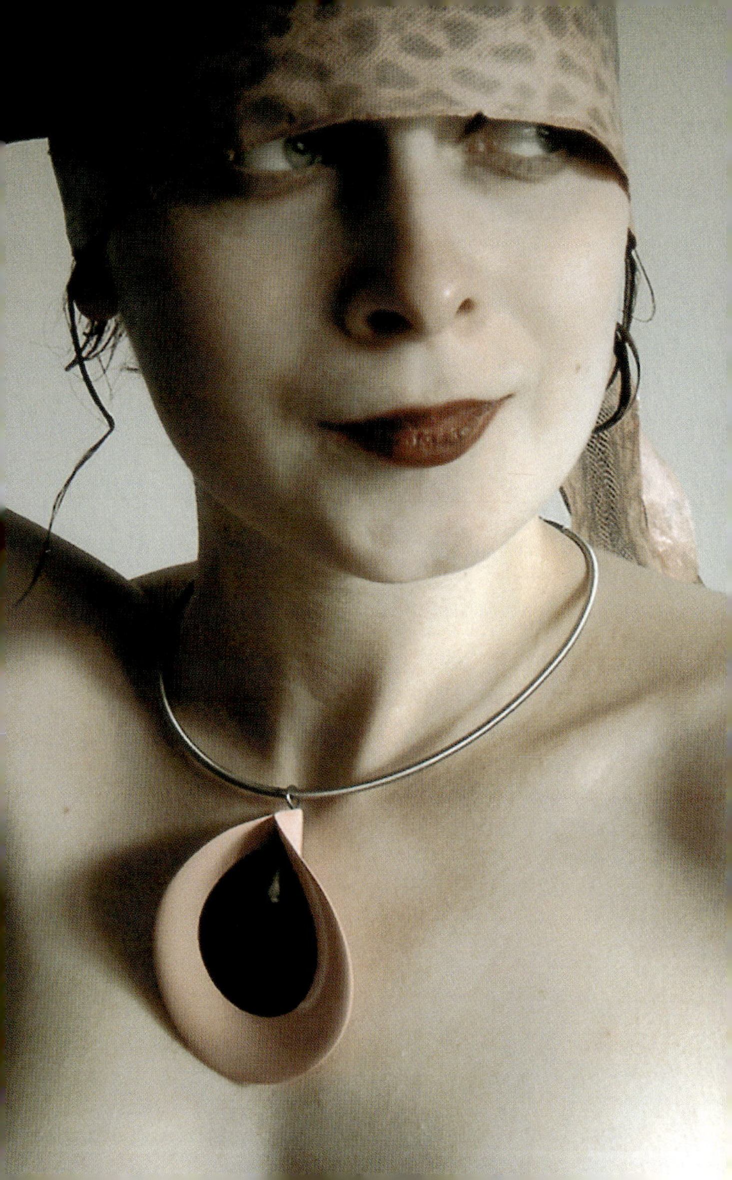

PAUL WUNDERLICH

Schmuck - Ornaments - Ornement

Neben der Malerei: Die zum Begriff gewordene Unterzeile mancher Ausstellung und manchen Traktats klingt nach schöner Nebensächlichkeit und Künstlerlaune. Läßt man in Gedanken Revue passieren, was alles dazu gehört, gewinnt das scheinbar Beiläufige einen gewichtigeren Stellenwert. Bücher und Illustrationen, Bildwerke, Tapisserie, Keramik, Arbeiten für das Theater – alles das entstand während des eben vergangenen Jahrhunderts in Künstler-Ateliers neben Malerei und Bildhauerei. Das Kleinste, aber nicht das Geringste davon ist der Schmuck. Im Material oft nicht sonderlich aufwendig, gewinnt er seine Faszination aus der Form-Phantasie. Alles andere als genormt, spricht aus ihm häufig die Zuneigung der Maler zu ihren damit beschenkten Gefährtinnen in Leben und Kunst. Gelegentlich können Sammler und Freunde daran teilhaben, wenn der eine oder andere Ring oder Armreif, die eine oder andere Brosche oder Kette, als generöse Geste der Künstler in mehreren Exemplaren hergestellt und dadurch für sie verfügbar wird. Schmuck erweist sich dann als eine individuelle Bereicherung abseits von Juwelier-Konventionen.

Die Geschichte des modernen Künstler-Schmucks ist noch nicht geschrieben. Sie würde einen stattlichen Band erfordern. Um ihn zu edieren, fehlen die Bausteine in Form von systematischen Verzeichnissen und Katalogen. Das, was wir kennen, erscheint jedoch bereits stattlich genug. Einige Beispiele seiner Vielfalt und seines Umfangs mögen genügen, uns – pars pro toto – den Stellenwert dieser schönen Nebensächlichkeiten vor Augen zu führen. Man denke an die Schmuckstücke der Brücke-Maler. Allein Schmidt-Rottluff verdanken wir weitaus mehr als hundert Objekte, von denen keins dem anderen gleicht, andere seinen Weggenossen Picasso und Braque, Ernst und Cocteau. Die Bildhauer stehen den Malern nicht nach. Manolo und Arp, Calder und Rickey, Pomodoro und Chillida haben selbst Schmuckstücke ausgeführt oder für die Ausführung durch Goldschmiede entworfen. Dem Schmuck benachbart gehören die Fächer von Degas, Toulouse-Lautrec, Kokoschka in dieses Umfeld des Persönlichsten, was ein Künstler einer Frau schenken kann.

Der Band über Paul Wunderlichs Schmuck stellt vor Augen, wie vielfältig und einfallsreich sich diese Werkgruppe neben seiner Malerei, seinen Zeichnungen, druckgraphischen Blättern und Bildwerken behauptet. Seit 1977 entstand davon in knapp einem Vierteljahrhundert eine stattliche Reihe, parallel zu Bildern und Bildwerken, deren Themen variierend oder stimulierend. Ähnlich wie der Gehalt seiner Gemälde oder seiner jüngst abgeschlossenen Folge von Kaltnadel-Radierungen, gehört auch sein Schmuck in den persönlichen und privaten Kreis seines Lebenswerks. Vom überwiegenden Teil der im Werkverzeichnis aufgeführten Objekte gibt es deshalb verständlicherweise nur eine

Ausführung. Bislang wurden lediglich acht Modelle in einer größeren Auflage ausgeführt. Eigentlich hat Wunderlich alle die Ringe, Reifen, Broschen und Ketten für seine Frau Karin Székessy gemacht, die deshalb und zugleich als meisterliche Photographin zur idealen Interpretin dieser Preziosen wurde – zu einer Interpretin aus lebendiger Anschauung.

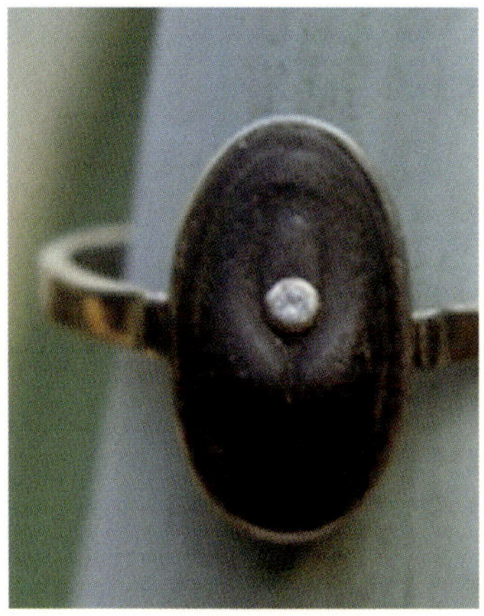

Dieser Schmuck will nicht nur gezeigt, er will getragen werden. Er verlangt die Haut mehr als das Kleid, denn er macht, leicht und spielerisch, auf dem Horizont unserer Zivilisation, etwas von der Magie des Schmückens gegenwärtig, die aus antiken Reifen, Ringen und Spangen ebenso spricht wie aus der Tätowierung von Naturvölkern. Magie bedeutet in diesem Fall insbesondere: Magie des Eros. Blöße wird, ohne indezent zu erscheinen, bewußt gemacht, indem das raffinierte, pretiöse Attribut sie verzaubert.

Blöße wird in manchen dieser Schmuckstükke wie in einem Amulett zeichenhaft sichtbar, sie beschwören etwa als Busen-Medaillons die Ausstrahlung des Eros. Wunderlich ergibt sich jedoch keinem verhexenden Schamanentum, keinem Atavismus; sein Schmuck ist, wie seine Bilder, Blätter und Figuren, ein Medium jener Aufklärung, für die Sinnlichkeit nicht von der Vernunft, Eros nicht von Freiheit zu trennen ist. Dies macht seine Modernität aus.

Wie seine Pretiosen zu verstehen sind, ist aus den Gemälden und Lithographien abzulesen, auf denen Frauen ein die Schönheit ihres Körpers hervorhebendes Attribut tragen. Einige Jahre, bevor Wunderlich 1977 mit dem Nike-

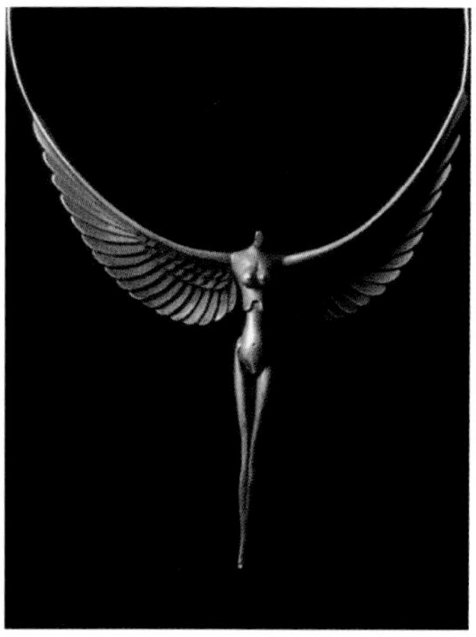

Collier sein erstes Schmuckstück realisierte, malte er Vergleichbares in seinen Bildern. Ein an einem Kettchen hängendes „Croix rouge" wurde zum Titel einer Komposition mit zwei Akten im Raum; Libellen zierten, zwei Jahrzehnte bevor sie als Anhänger modelliert wurden, wie exotische Blüten über Schleiern die Brustknospen einer jungen Frau. Blattkränze und Diademe schmückten die Stirn der Schwestern von Davids „Madame Récamier" und Manets „Olympia".

Kostbarkeit des Materials war immer wieder ein Merkmal des Schmucks, zumindest die Kostbarkeit des Scheins. Silber, Gold und Email, seltene Hölzer und Elfenbein, Halbedelsteine, gelegentlich auch Brillanten und Diamanten sind auch die von Paul Wunderlich bevorzugten Materialien, aber er verwendet sie sparsam und gleichsam beiläufig, erstrangig bleiben für ihn, von handwerklicher Qualität getragen, Form und Phantasie. Wenn ein einfaches Material diesem Ziel ebensogut, wenn nicht besser dienen kann, nutzt er es ebenso gern und überzeugend, etwa Aluminium, Glasperlen oder Kunststoff. Aus einem kreisrunden Kunststoff-Plättchen, das ein wenig erwärmt wurde, formt er mit einem Handgriff, eine Perle einfügend, eine Calla-Blüte; er reiht solche Blüten zum Collier oder variiert ein Element auf andere Weise, es der Trägerin überlassend, mit ihm weiter erfinderisch umzugehen. Karin Székessy photographierte viele Exempel solcher Möglichkeiten und Einfälle, ein Spiel vor Augen führend, das dem Vergnügen von Kindern beim Zusammenflechten von Blumen gleicht.

Die Calla-Blüten aus Kunststoff, die Wunderlich zu so unterschiedlichen Formen von Blumen- und Blütenschmuck zusammenfügte, bilden eine eigene, von ähnlichen Themen der Malerei, Zeichnung und Plastik unabhängige Gruppe. Andere Arbeiten des Metiers fügen sich in den größeren Zusammenhang seiner Bilderwelt, vor allem diejenigen, die mit seinen ihn über längere Zeit hinweg beschäftigenden mythologischen Figuren, der „Nike" und der „Amazone", in Verbindung stehen. Das Flügelwesen Nike geht auf eine Torso-Figur zurück, die einem Vers aus dem Hohen Lied Salomonis zugeordnet ist: „Deine Lenden stehen gleich aneinander wie zwei Spangen." Aus dem Torso wachsen Flügel. Unmerklich tritt einer davon an die Stelle eines Arms. Im „Nike-Collier" bilden zwei solcher Flügelarme eine sich um den Hals seiner Trägerin schmiegende Spange, die Metapher des biblischen Gedichts paraphrasierend. Ein Flügel kann sich zum Ring, zur Brosche, zum Ohrschmuck verwandeln, in Silber, Weißgold, Gold gegossen oder in Fensteremail ausgeführt. Ebenso kann aber auch der Torso allein ein Medaillon zieren, in Gold auf Palmenholz oder als Silberrelief mit einem Mondstein. Die Beispiele zeigen eine für Wunderlich kennzeichnende Ökonomie der Phantasie: Eine künstlerische Idee erschöpft sich nicht in einer einzigen Erfindung, sie nutzt das Spiel mit Materialien, um daraus Gewinn für unterschiedlichste Variationen zu ziehen.

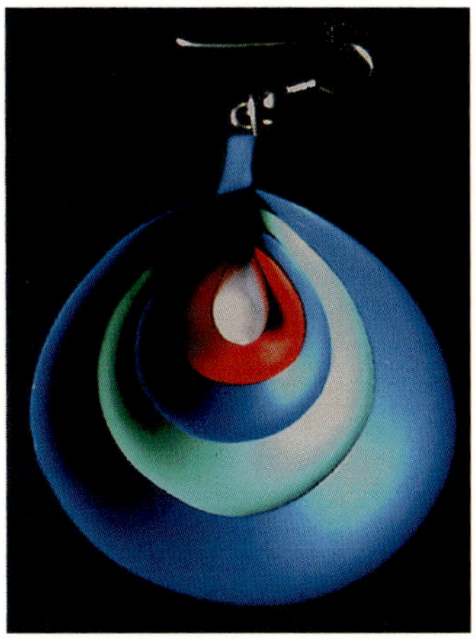

Die magische Wirkung des Schmucks führte Paul Wunderlich ebenso wie das Raffinement von Amarna zur Kunst Ägyptens. Echnaton,

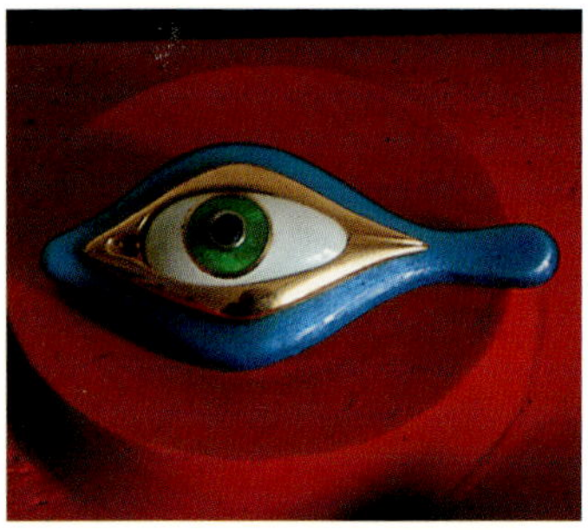

Nofretete und Tut-ench-amun machte er, verwandelt, als Zeitgenossen mit den Zügen seiner Frau, seiner Tochter und seiner selbst gegenwärtig. Seine Broschen in Form von Augen-Amuletten oder Profilköpfchen mit kunstvoll aufgetürmten Frisuren geben die Anregung durch Motive des Nillandes ebenso zu erkennen wie seine Reifen und Anhänger mit Blättern und Blüten, mit Käfern und Flügel-Insekten. Die zuletzt genannten haben mit dem „Nike-Collier" gemeinsam, daß die Flügelspitzen in Halsketten oder Halsspangen münden. Je nach Ausbildung der Grundform bewegen sich die Flügel, so daß sie sich wie selbstverständlich anschmiegen können – eine Sorgfalt im Detail, die es erlaubt, die kleinen Flügeltiere größer zu modellieren als im konventionelleren Schmuck. Die Rochen und Schwalben an Wunderlichs Ketten sind genauso ausgebildet; sie bereichern die Schmuck-Species seiner Flügelwesen um weitere Arten.

Zu einer seiner originellsten und originärsten Schmuck-Ideen inspirierte den Maler ein Goethe-Gedicht; es klingt wie ein Rätsel der Liebe und der Liebenden:

Ist es ein lebendig Wesen,
Das sich in sich selbst getrennt ?
Sind es Zwey die sich erlesen
Daß man sie als Eines nennt ?

Auf die Fragezeichen ist unschwer zu antworten. Goethe spricht vom Ginkgo mit seinen männlichen und weiblichen Früchten. Die Ambivalenz des Lebensprinzips wird in der amöbenhaften Form des Ginkgo-Blatts ablesbar, es gleicht einem die Geschlechter vereinenden einzelligen Lebewesen. Es regte den Maler zu einigen Schmuckstücken von besonderer Eigenart an. Eines davon führte er in einem für Karin Székessy bestimmten Unikat so aus, daß das Prinzip der Ginkgo Biloba spielerisch, nur für die Trägerin erkennbar, zu seinem Merkmal wird. Die Hälften des Blattes fügen sich aus zwei getrennten Teilen nahtlos zur Einheit, so, wie es die in Wunderlichs Handschrift auf die Blattrückseite gravierten Goethe-Verse beschreiben.

Ein Jahr zuvor entstand „Angelikas Ring“, ein bronzenes Totenköpfchen, das Gegenstück zum Lebensanfang des Ginkgo, ein makabres, in Heiterkeit gekleidetes Spiel um Eros und Tod. Was Wunderlich einmal, auf die Frage nach „Wegzeichen ins Unbekannte“ antwortend, von der Hoffnung sagte, gilt auch für seinen Schmuck, er „...führt uns auf einem anmutigen Pfad bis ans Ende unseres Lebens.“

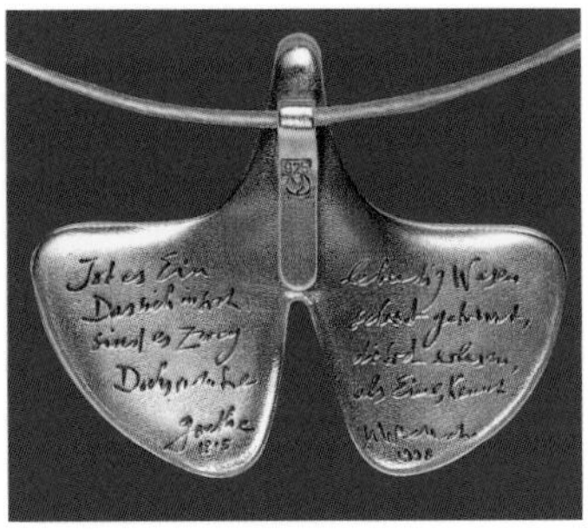

Ginkgo-Collier
Rückseitig zweite Strophe des Goethe-Gedichts *Gingo biloba* eingraviert.

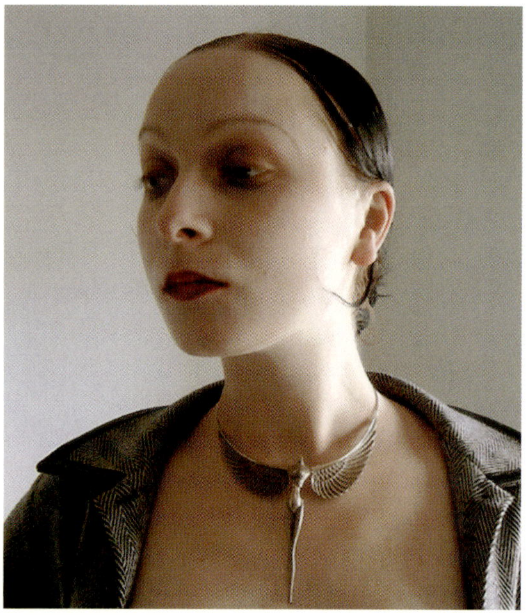

Nike-Collier

Nike-Collier
1977
Sterling-Silber 925 (Wachsguß)

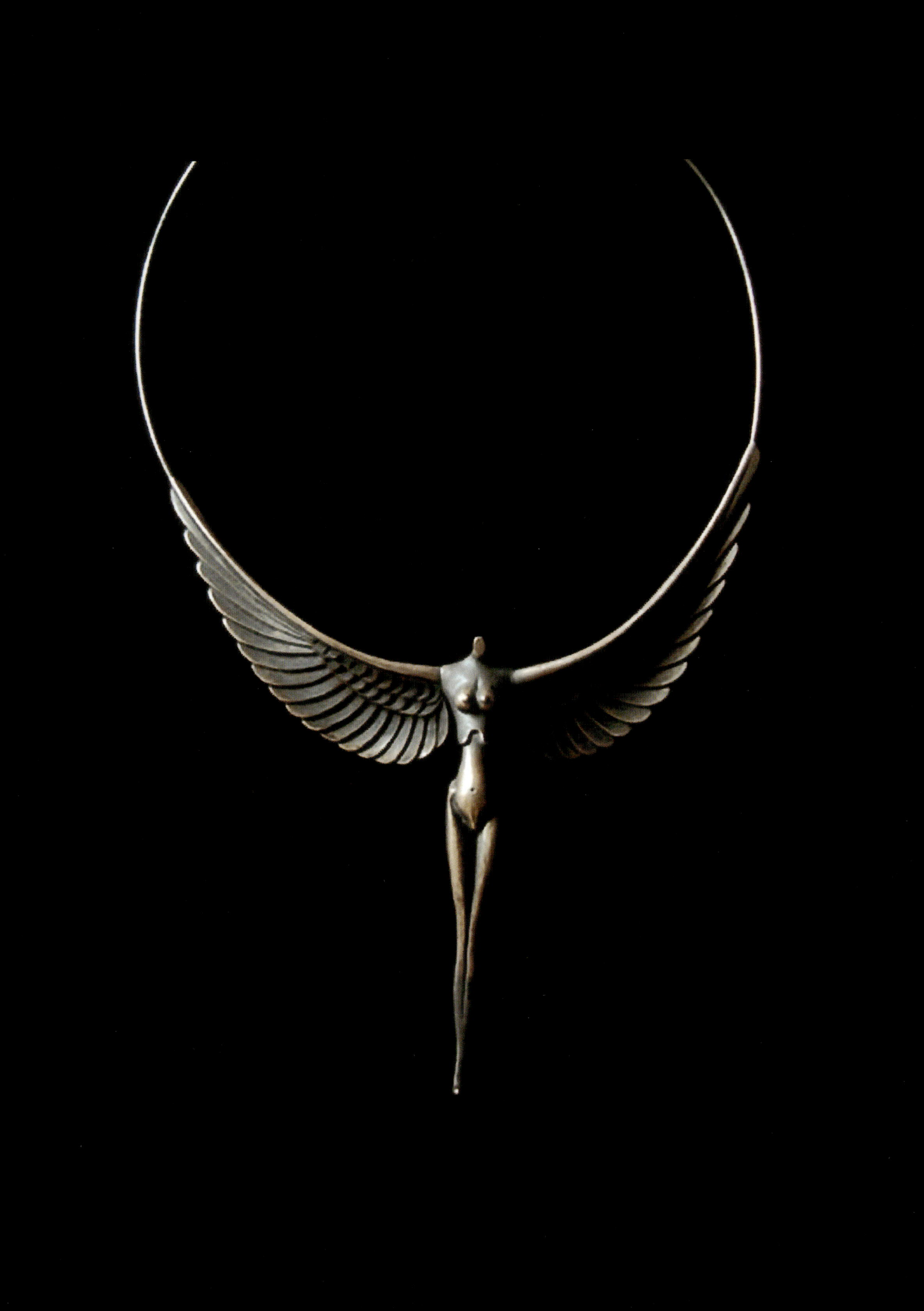

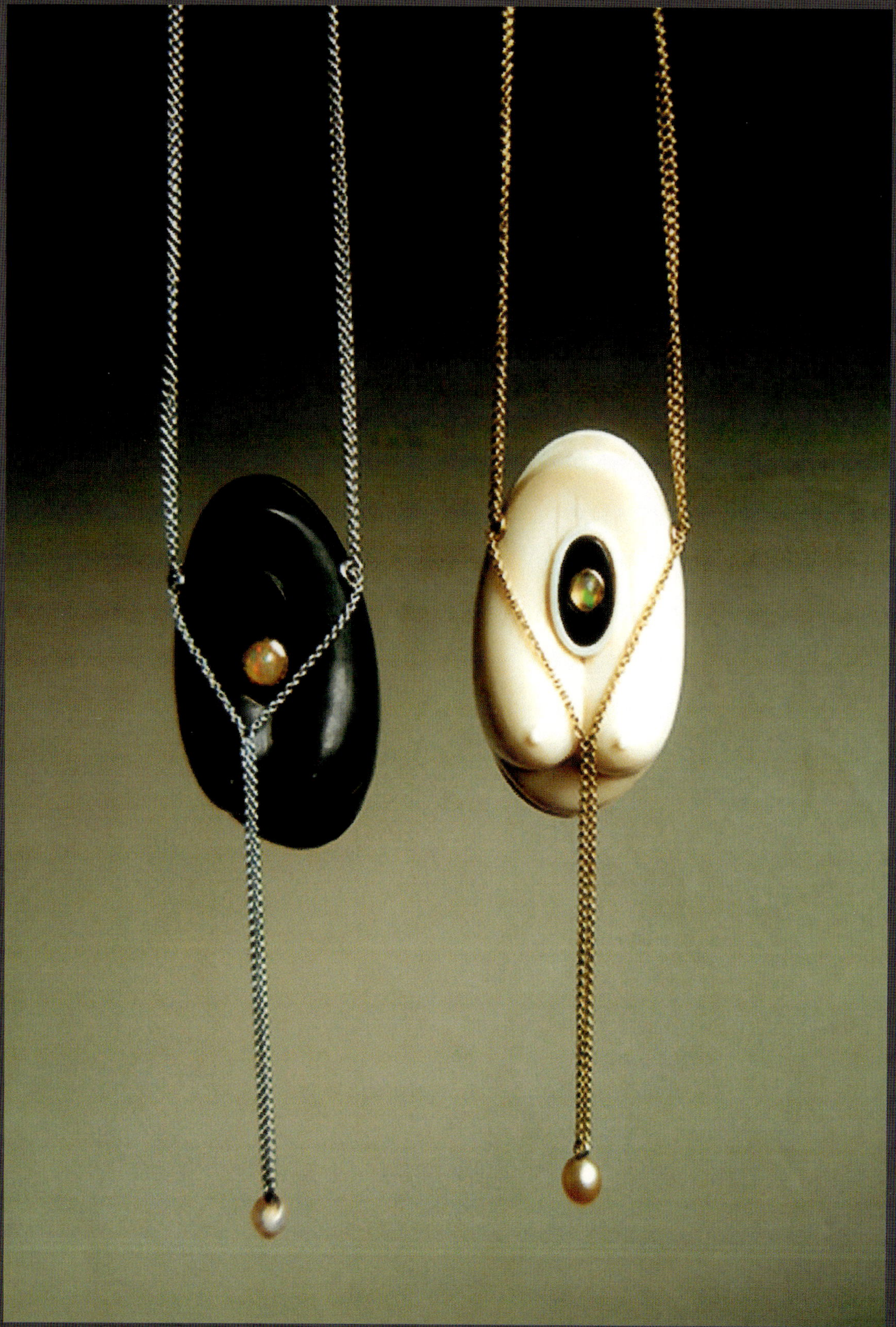

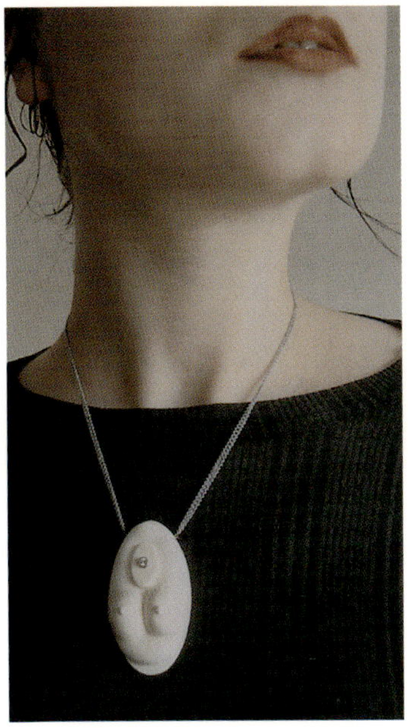

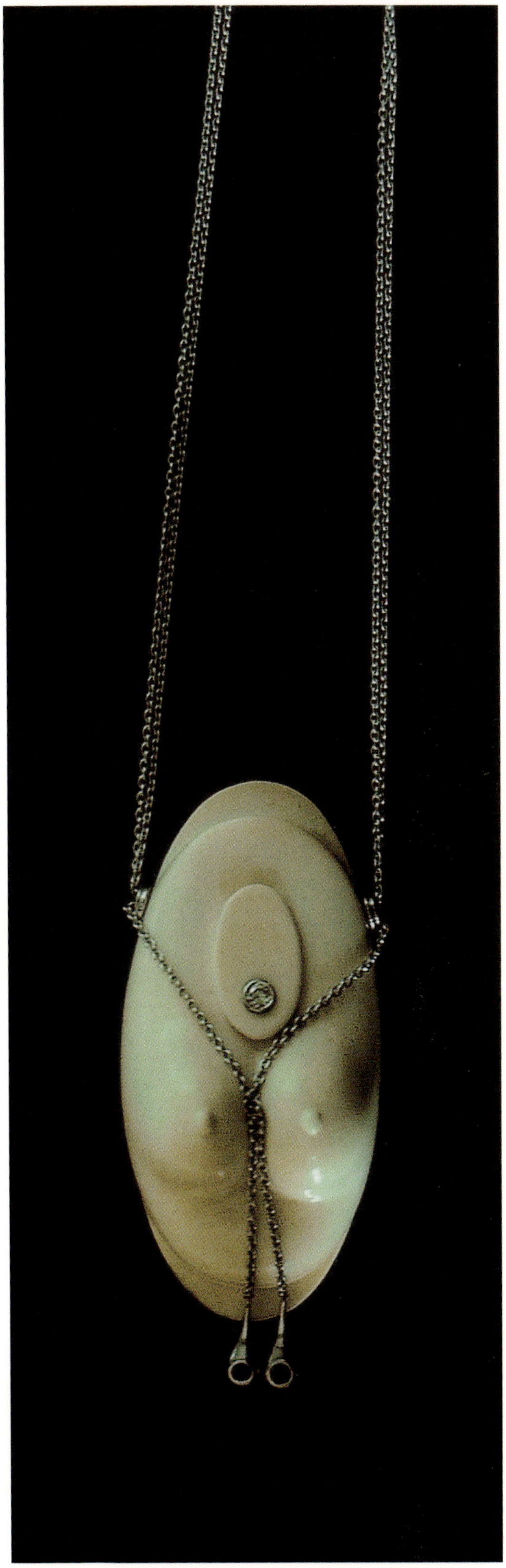

von links nach rechts:

Medaillon (schmal)
1980
a) Ebenholz, Mondstein, Keshiperle, Silberkette
b) Elfenbein, Onyx, Wasseropal, Keshiperle, Weißgoldkette
c) Elfenbein, Brillant, Weißgoldkette

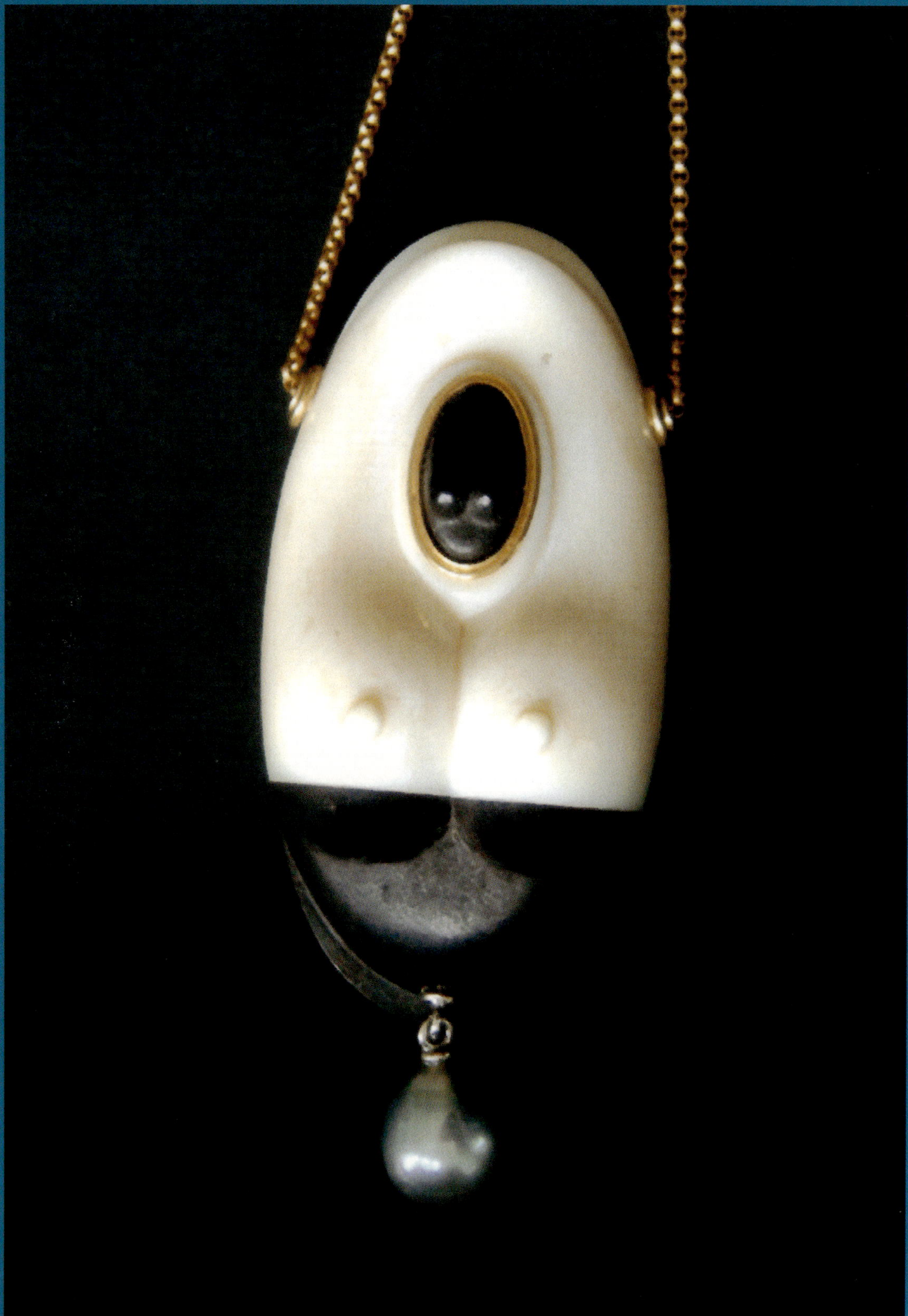

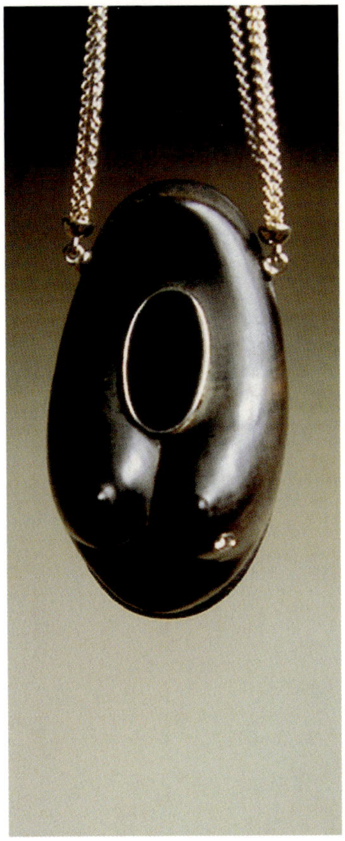

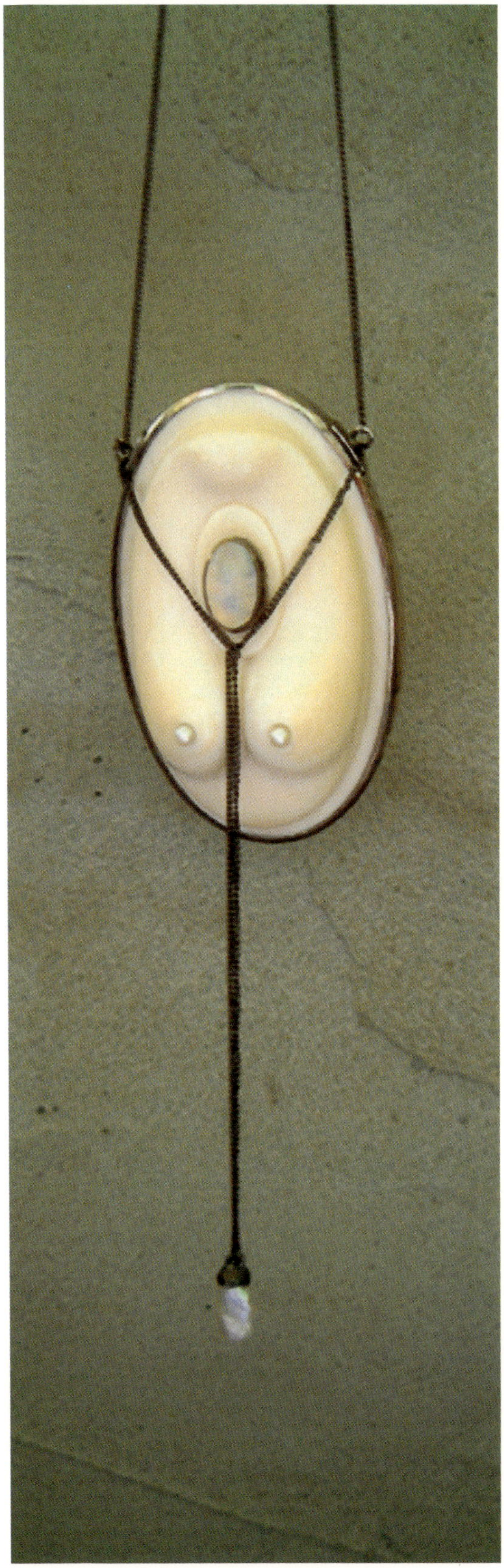

von links nach rechts:

Medaillon (schmal)
1980
d) Elfenbein, Ebenholz, Süßwasserperle, Goldkette
e) Ebenholz, Onyx, Weißgoldkette

Medaillon (mit Rand)
1980
Elfenbein, Weißgoldkette, Opal, Süßwasserperle

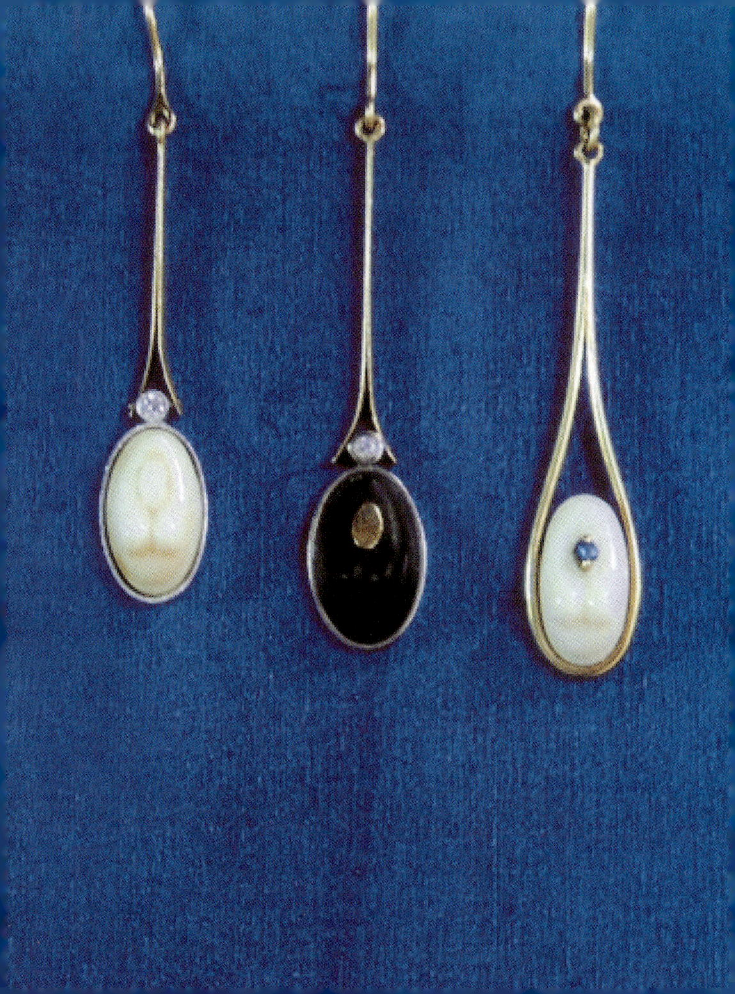

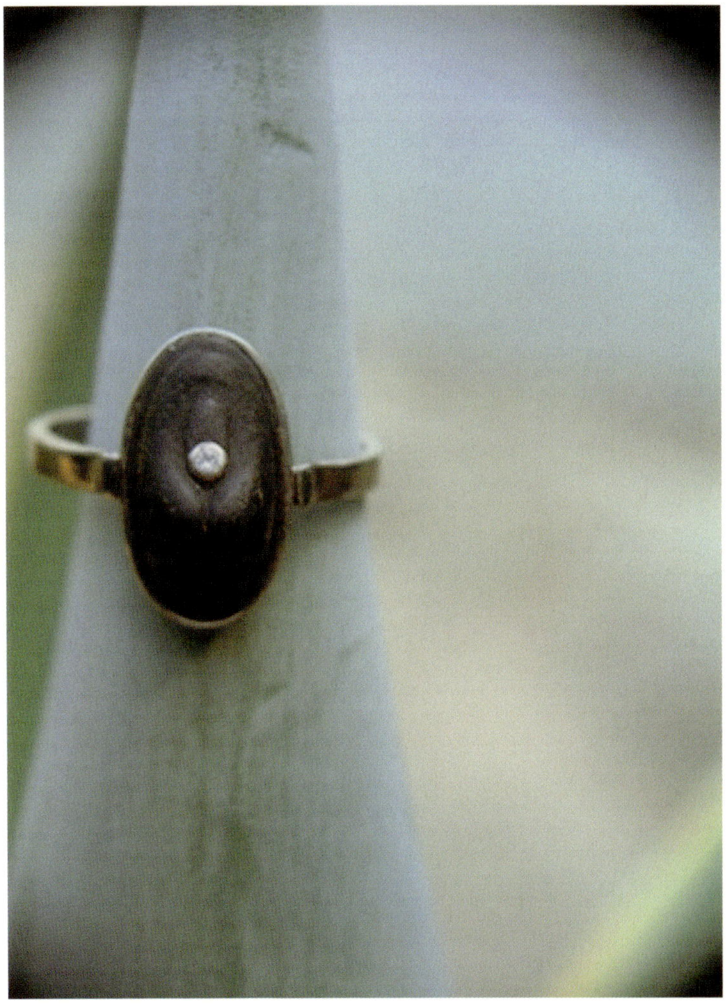

von links nach rechts:

Ohrhänger
1980
a) Elfenbein, Gold, Weißgold, Brillant
b) Ebenholz, Weißgold, Brillant
c) Elfenbein, Gold, blauer Halbedelstein

Fingerring
1980
Silber 750, Ebenholz, Brillant

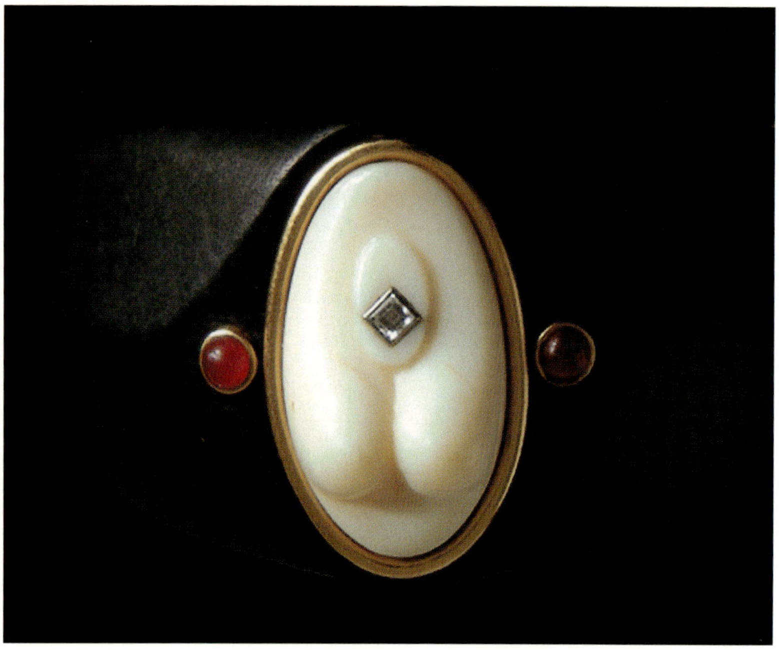

Armreif I
1980
Ebenholz, Elfenbein, Gold,
zwei Rubine, ein Sternsaphir

Armreif II
1980
Weißer Achat, großer Opal
(Boulder), Brillanten, Weißgold

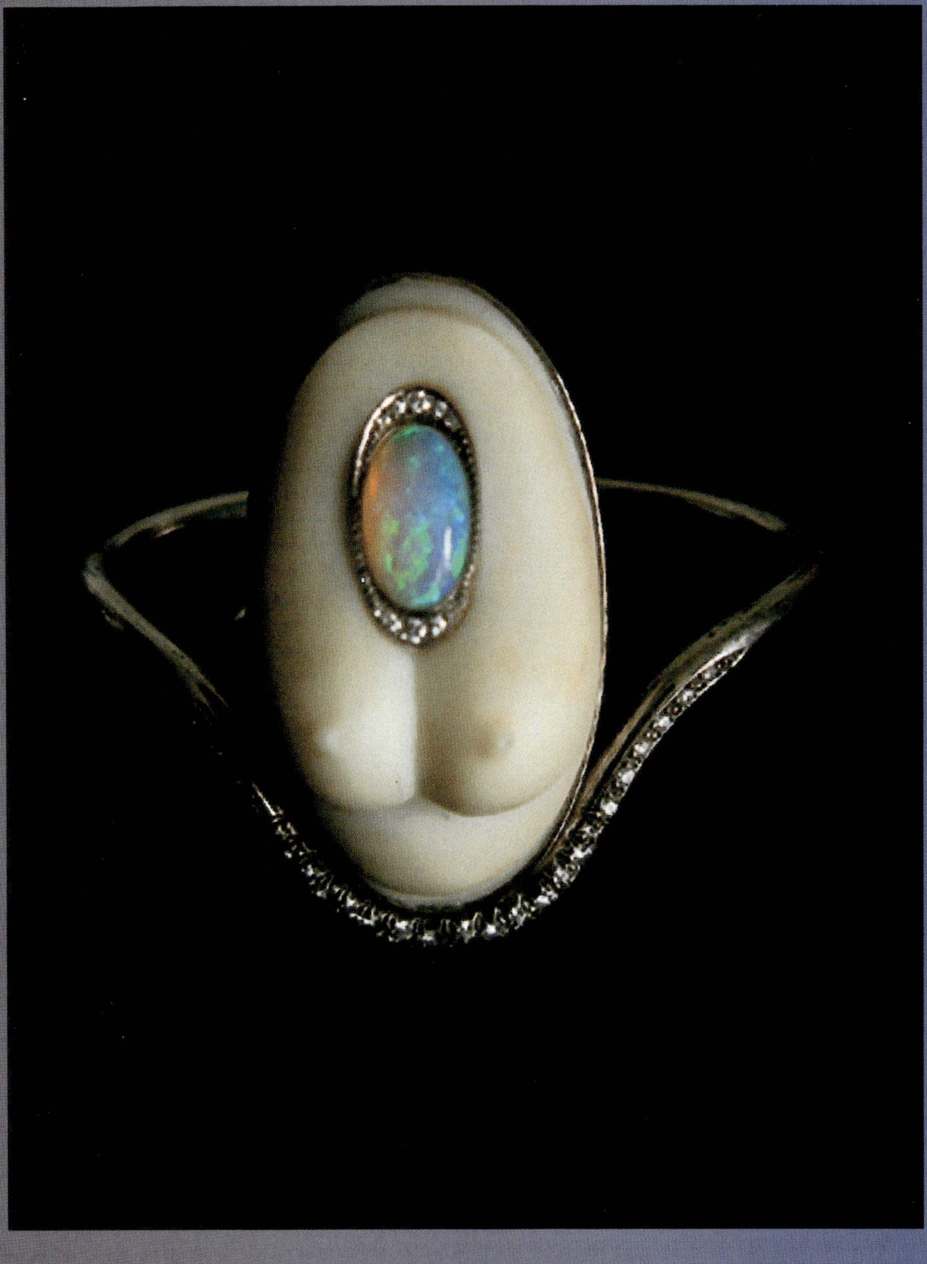

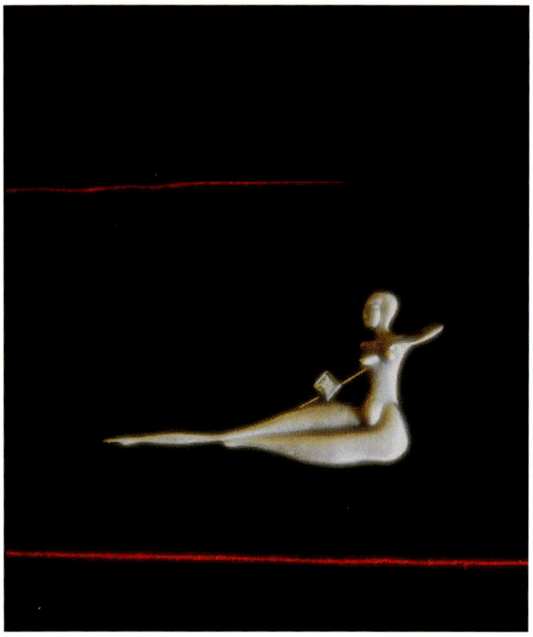

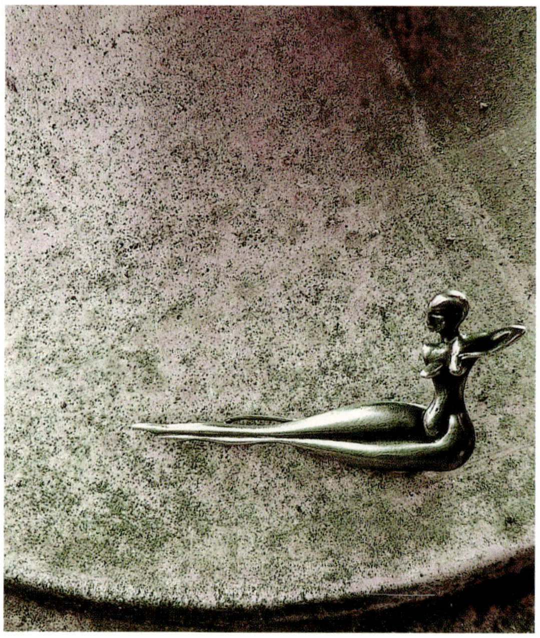

Amazone, Brosche
1980
a) Weißgold, Brillant,
(Unikat)
b) Sterling-Silber 925

Décolleté
1980
Sterling-Silber 925, mit einer
Einlage aus 18 Karat Gold,
an einer Goldkette

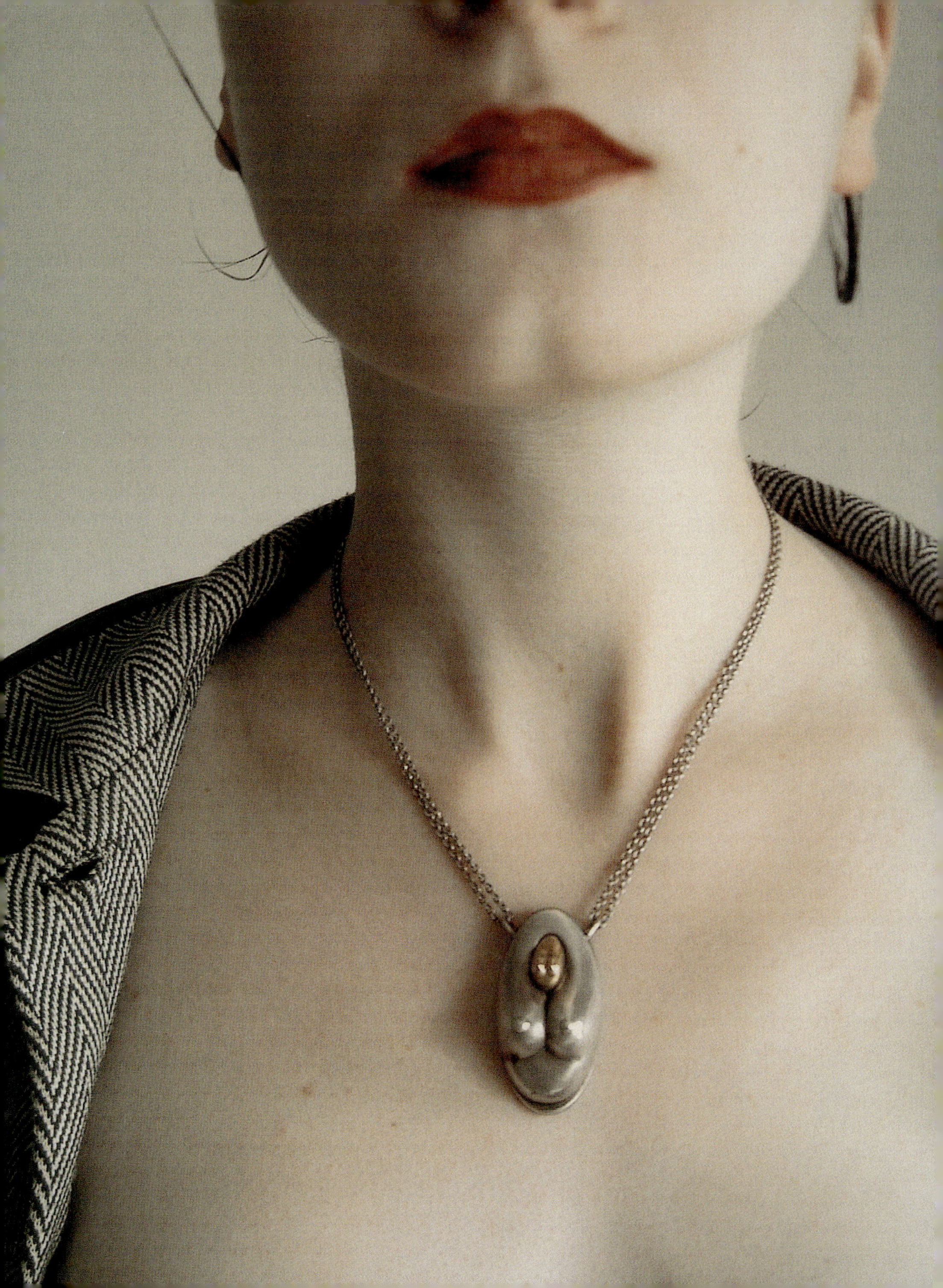

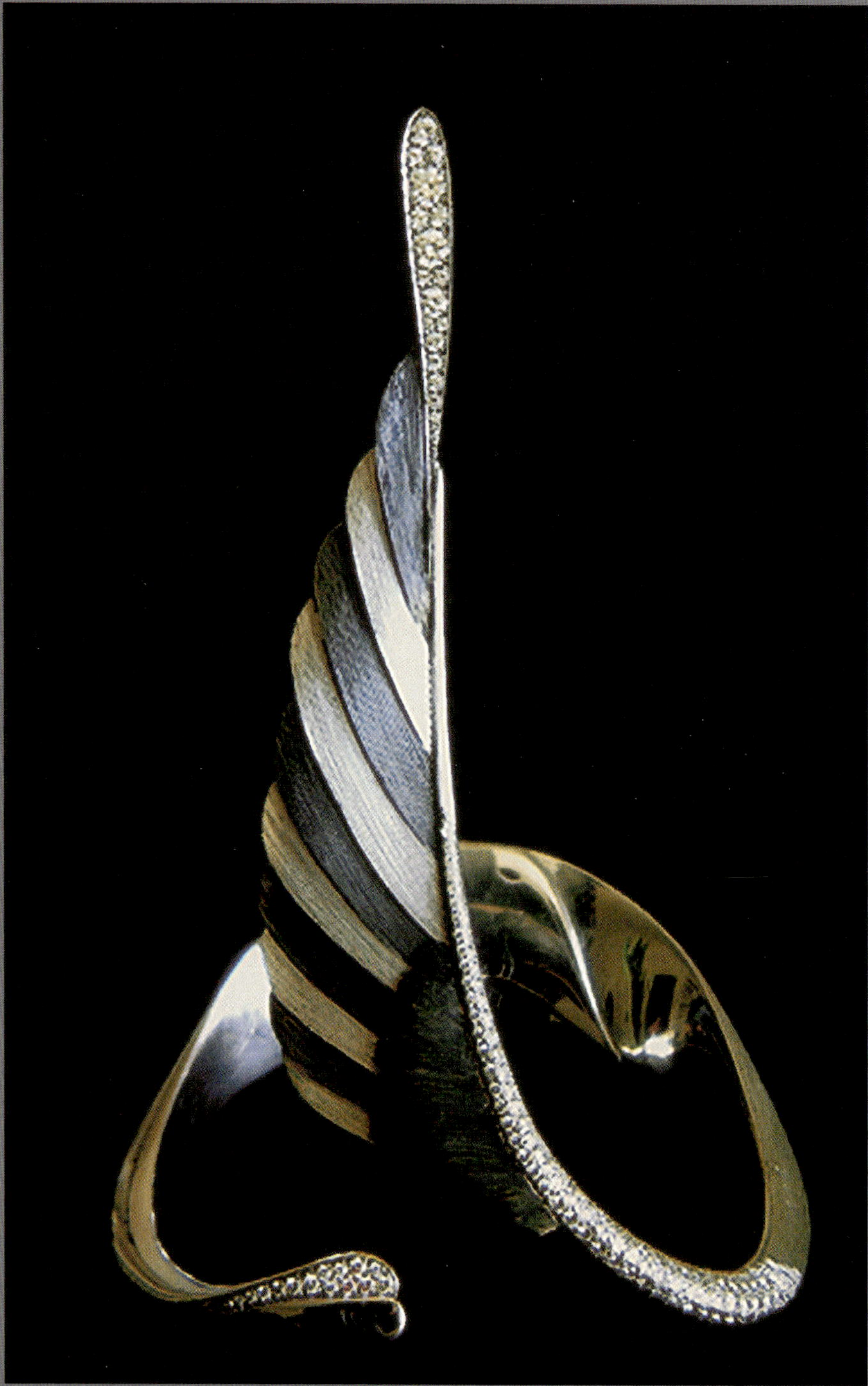

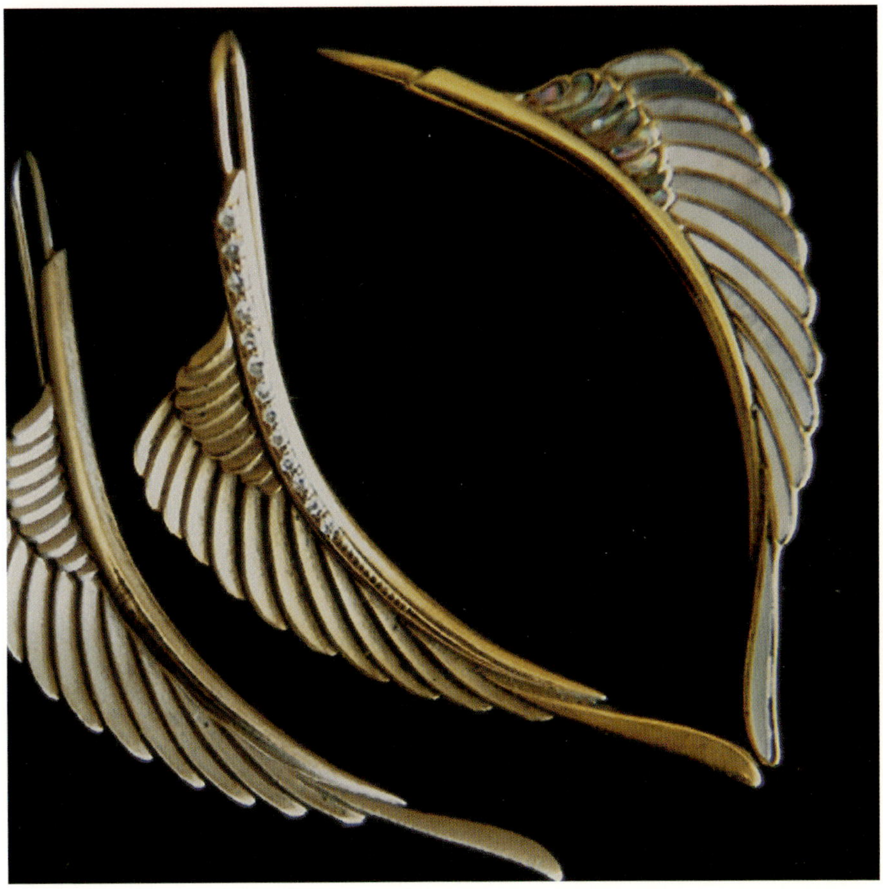

Armreif
1992
Weißgold teils rhodiniert,
Diamanten

Silver Swing, Ohrschmuck
1993
Sterling-Silber 925, Gold, Perlmutt,
Weißgold rhodiniert, Diamanten

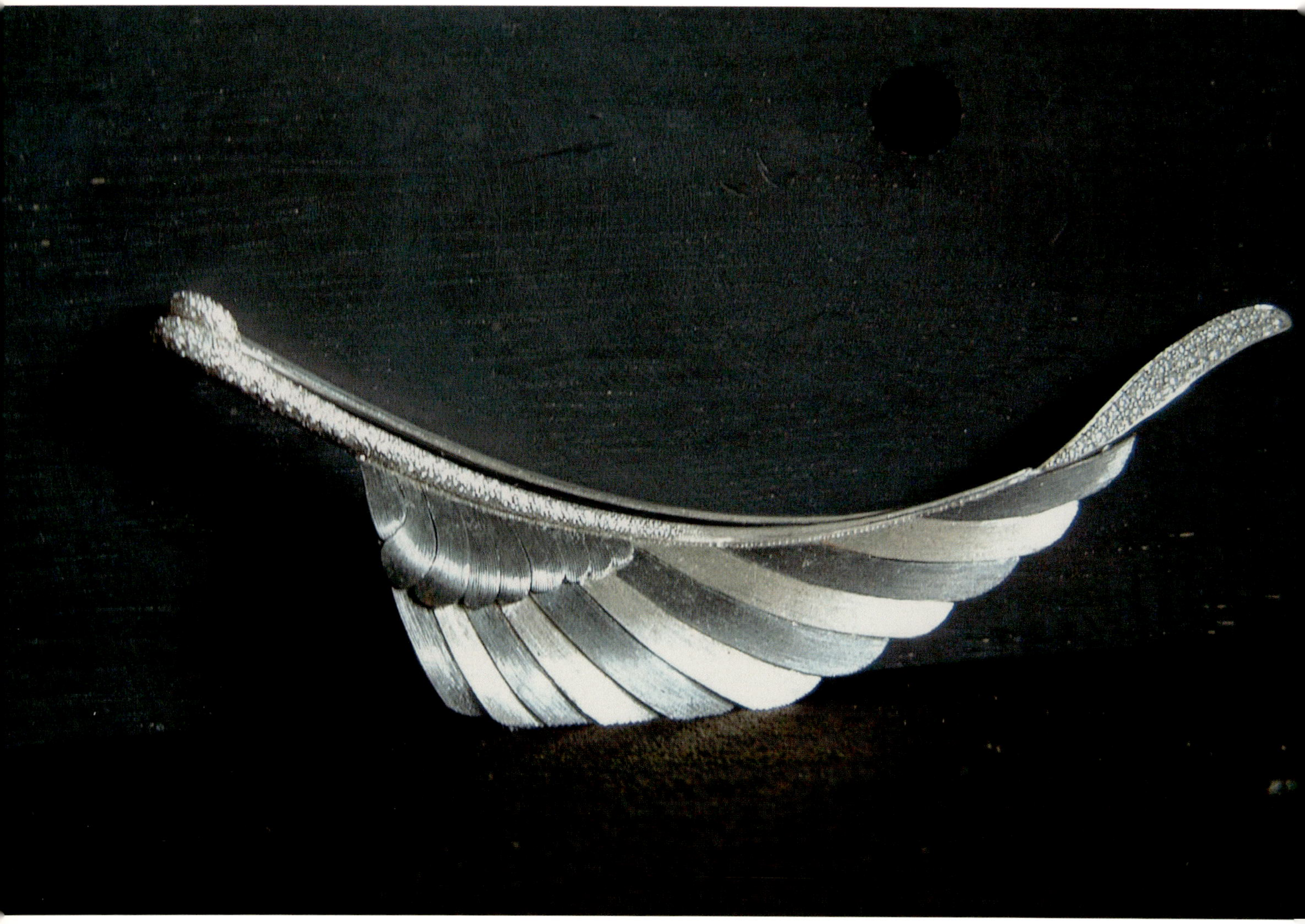

Brosche
1992
Weißgold teils rhodiniert,
Diamanten

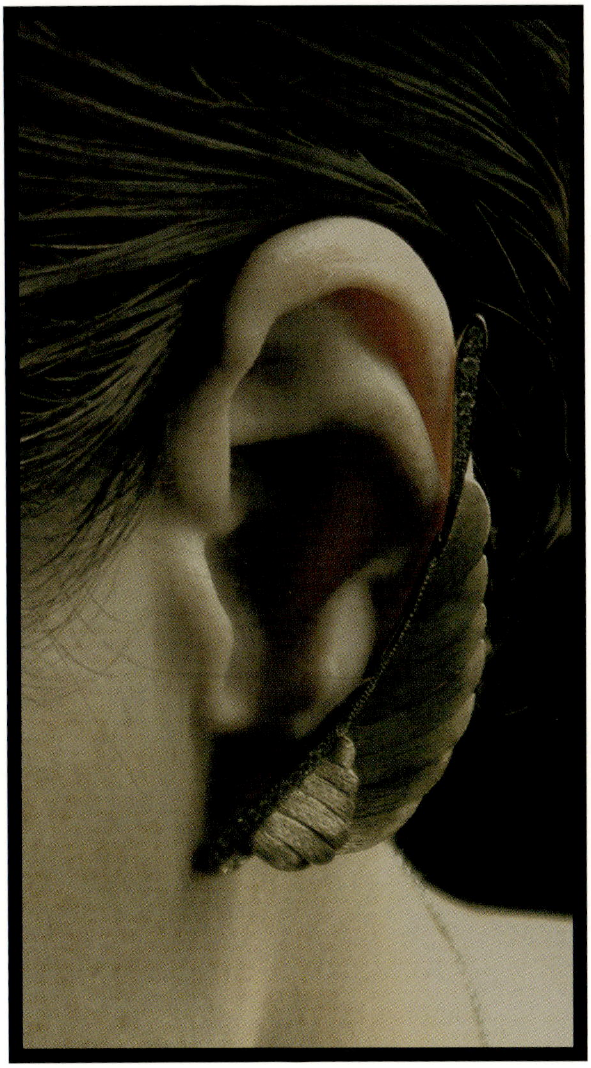

Ohrschmuck
1992
Weißgold teils rhodiniert,
Diamanten

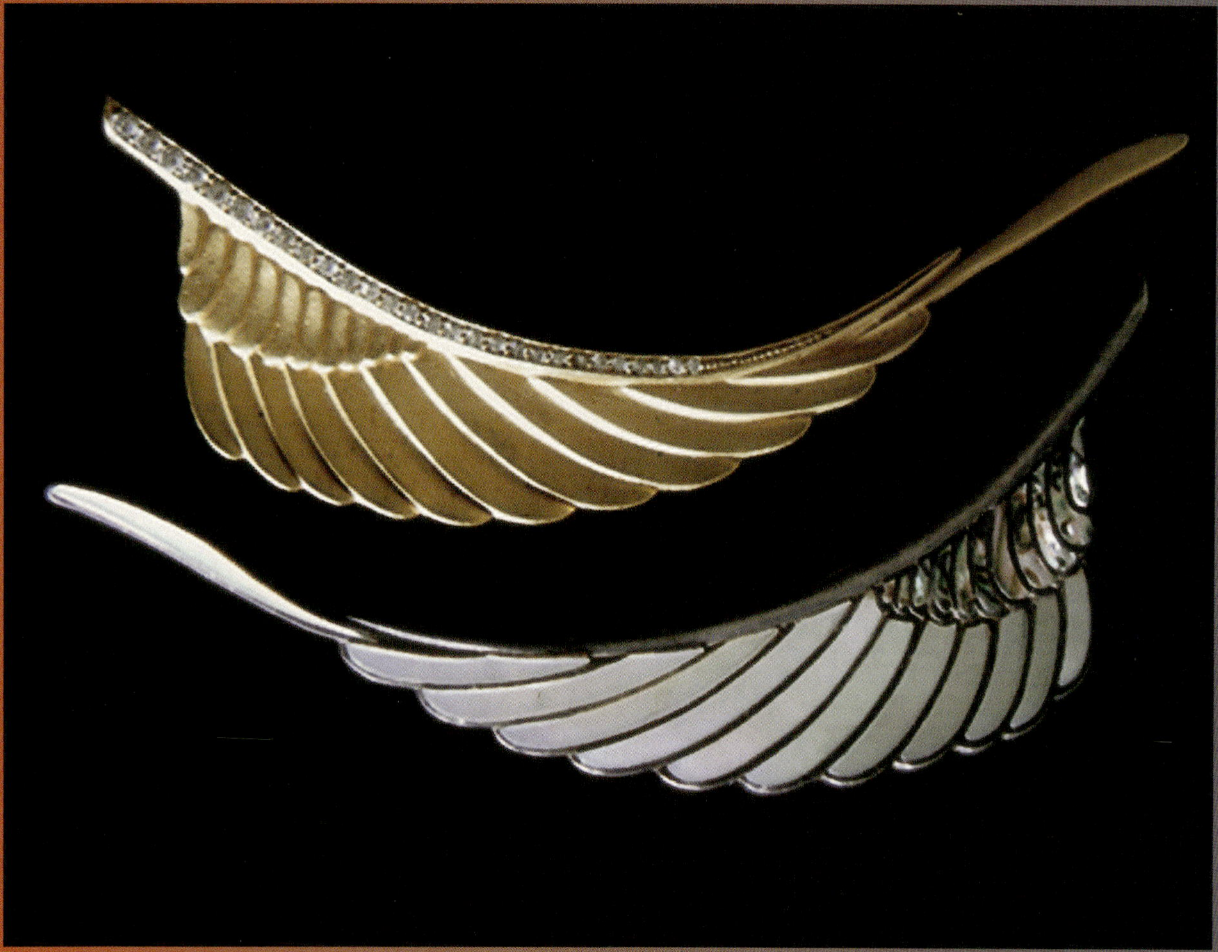

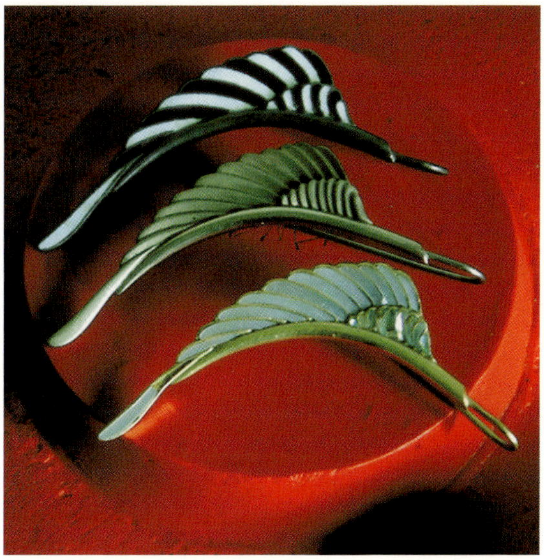

Silver Swing, Ohrschmuck

Silver Swing, Ohrschmuck
1992
a) Gelbgold, Diamanten
b) Silber, Perlmutt

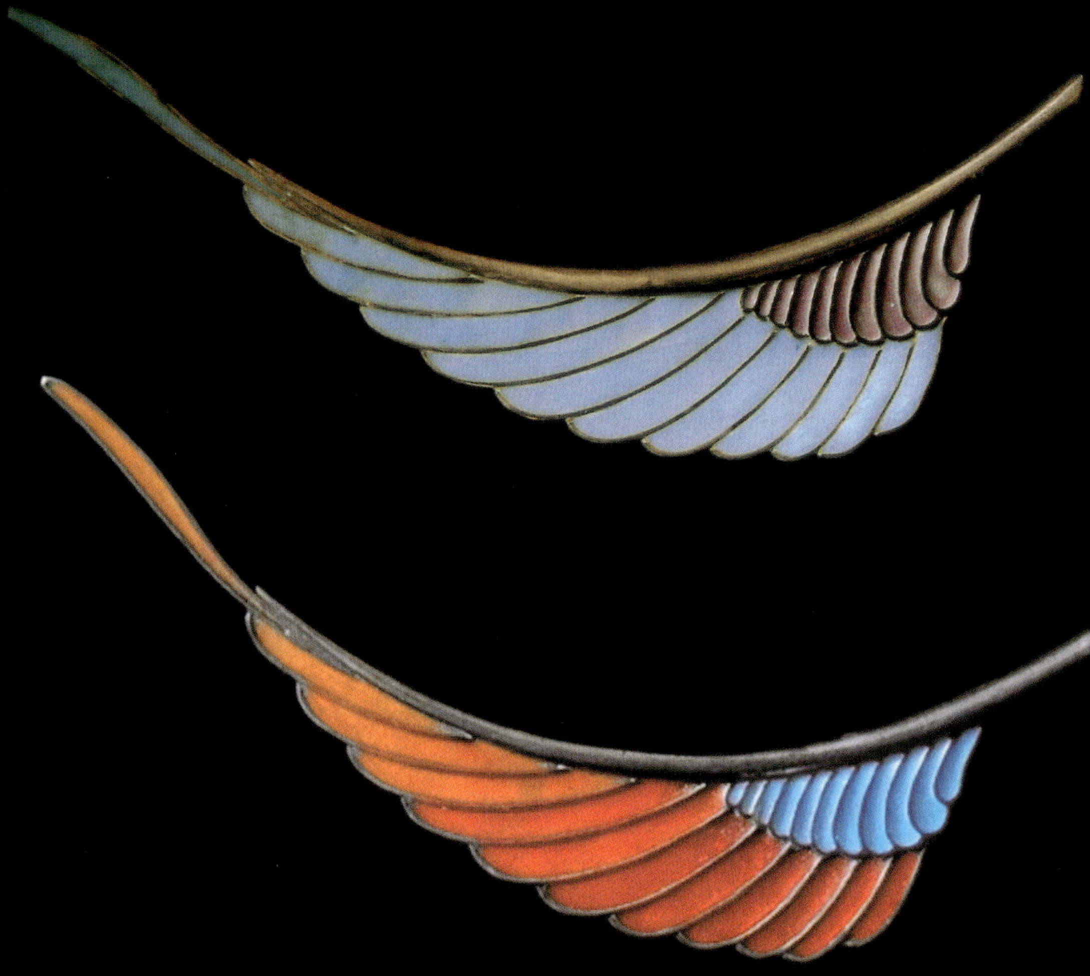

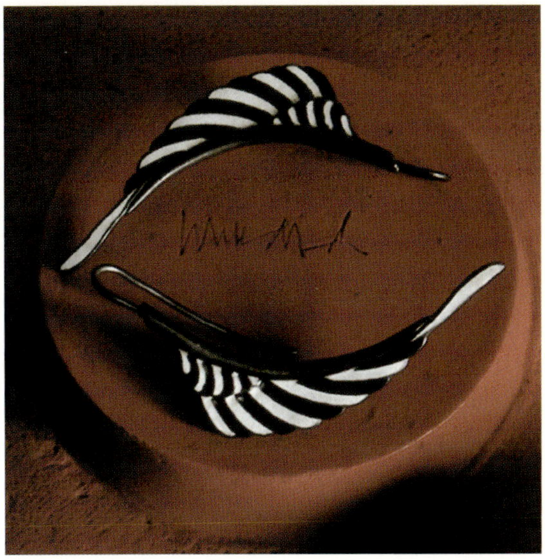

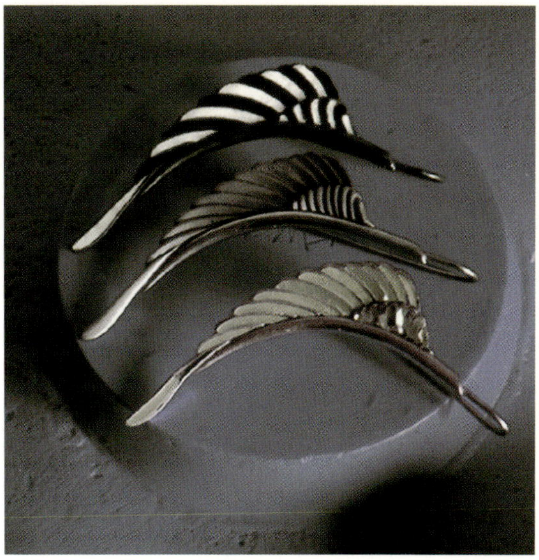

Silver Swing, Ohrschmuck

folgende Doppelseite:

Silver Swing, Ohrschmuck
1993
Silber, Gelbgold, Emaille

Brosche
1995
Fenster-Emaille, Gold, Brillanten

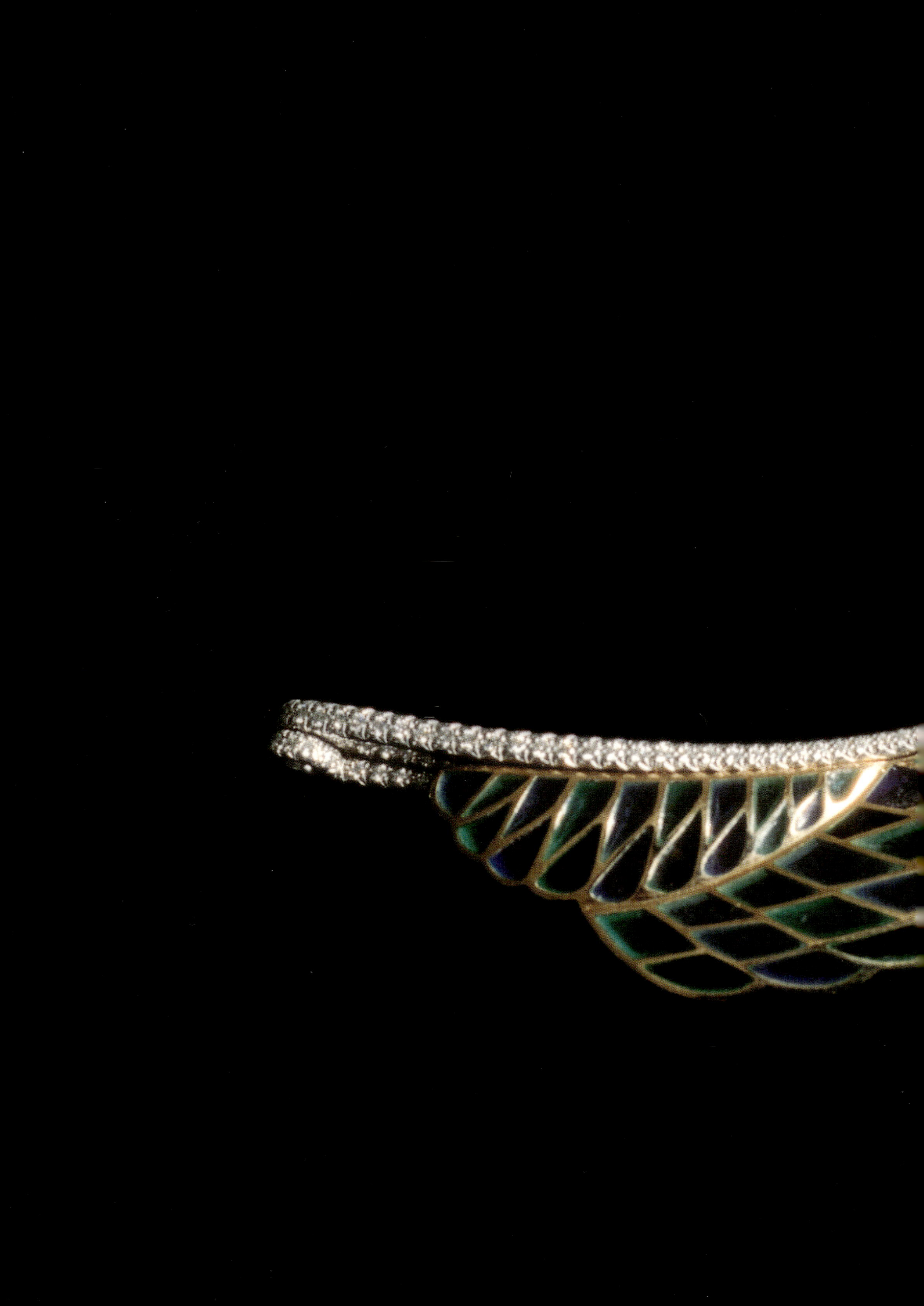

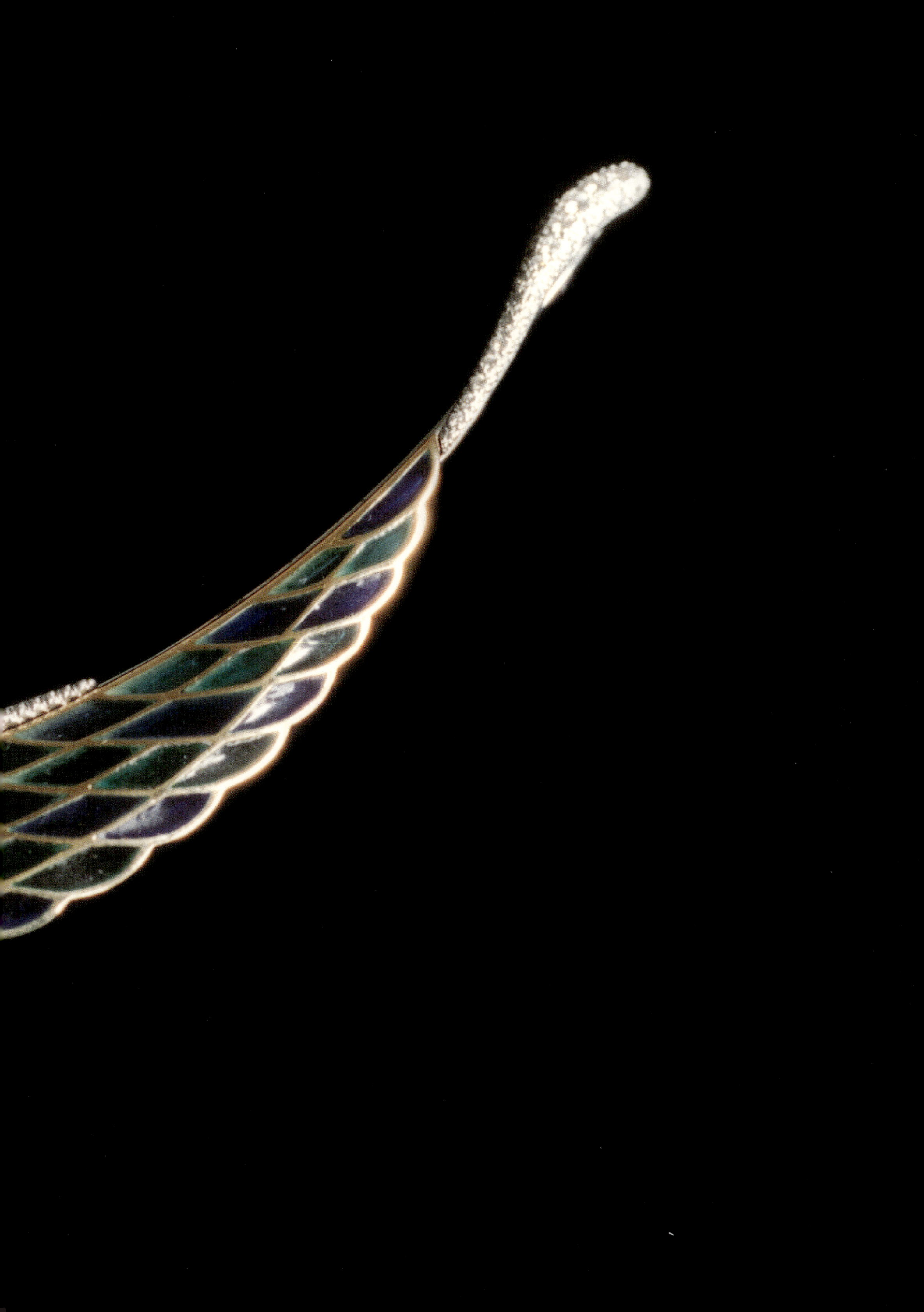

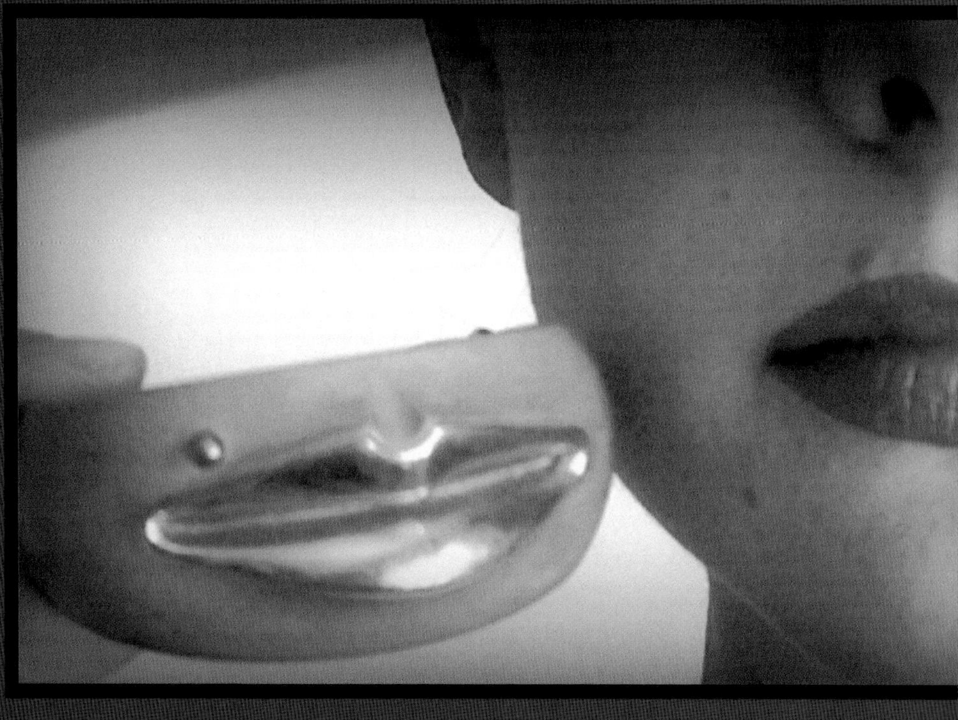

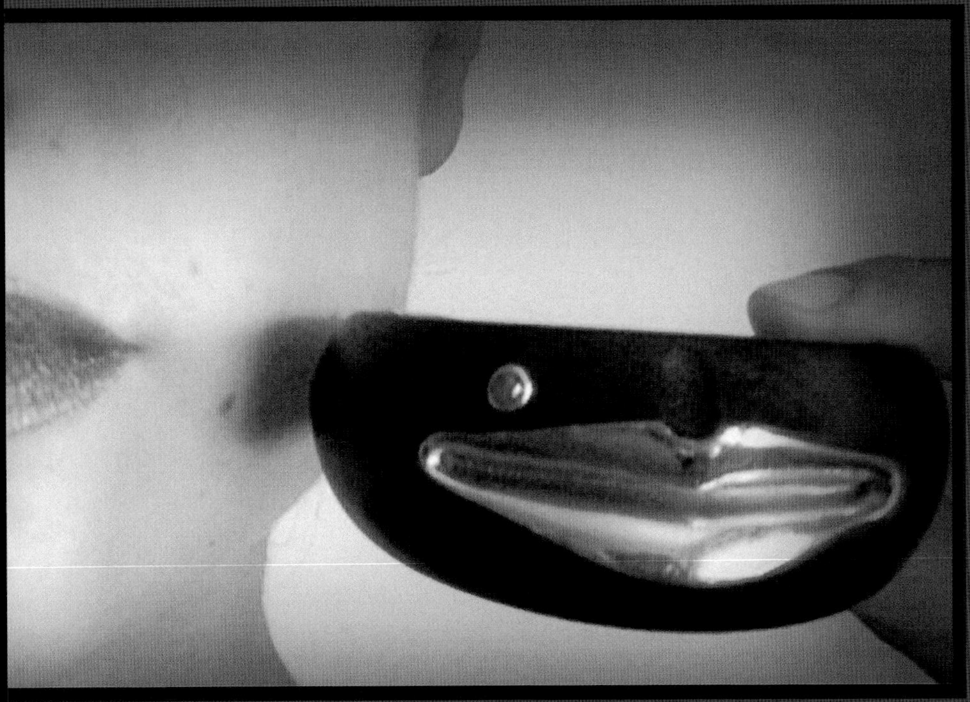

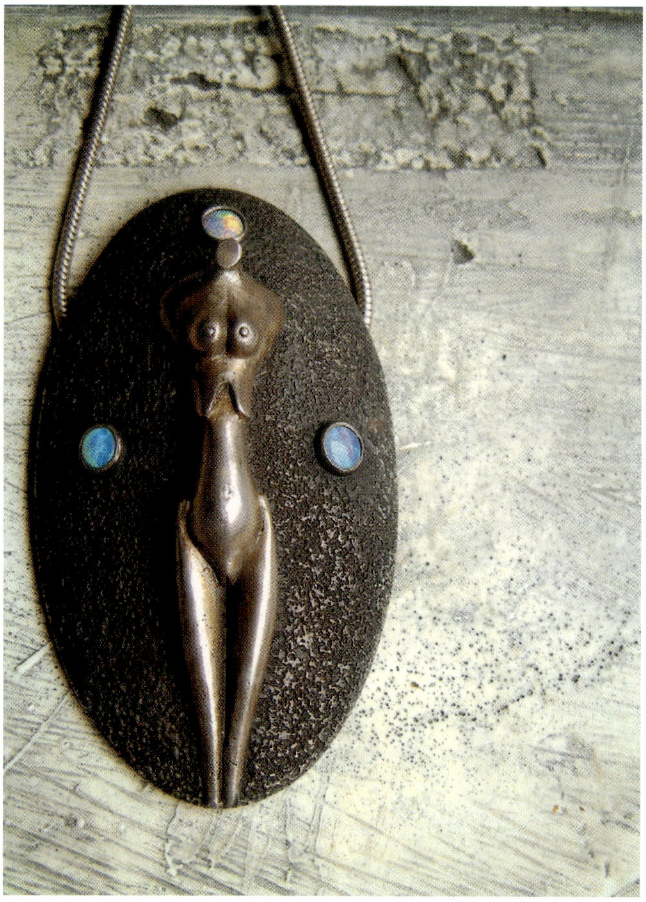

vorhergehende Doppelseite:

Mund, Armreif
1995
a) Ebenholz, Gold, Rubin
b) Holz, Gold

Torso I, Halskette
1996
Silber, Mondsteine, Silberkette

Auge I, Brosche
1996
Silber, Mondstein, Onyx

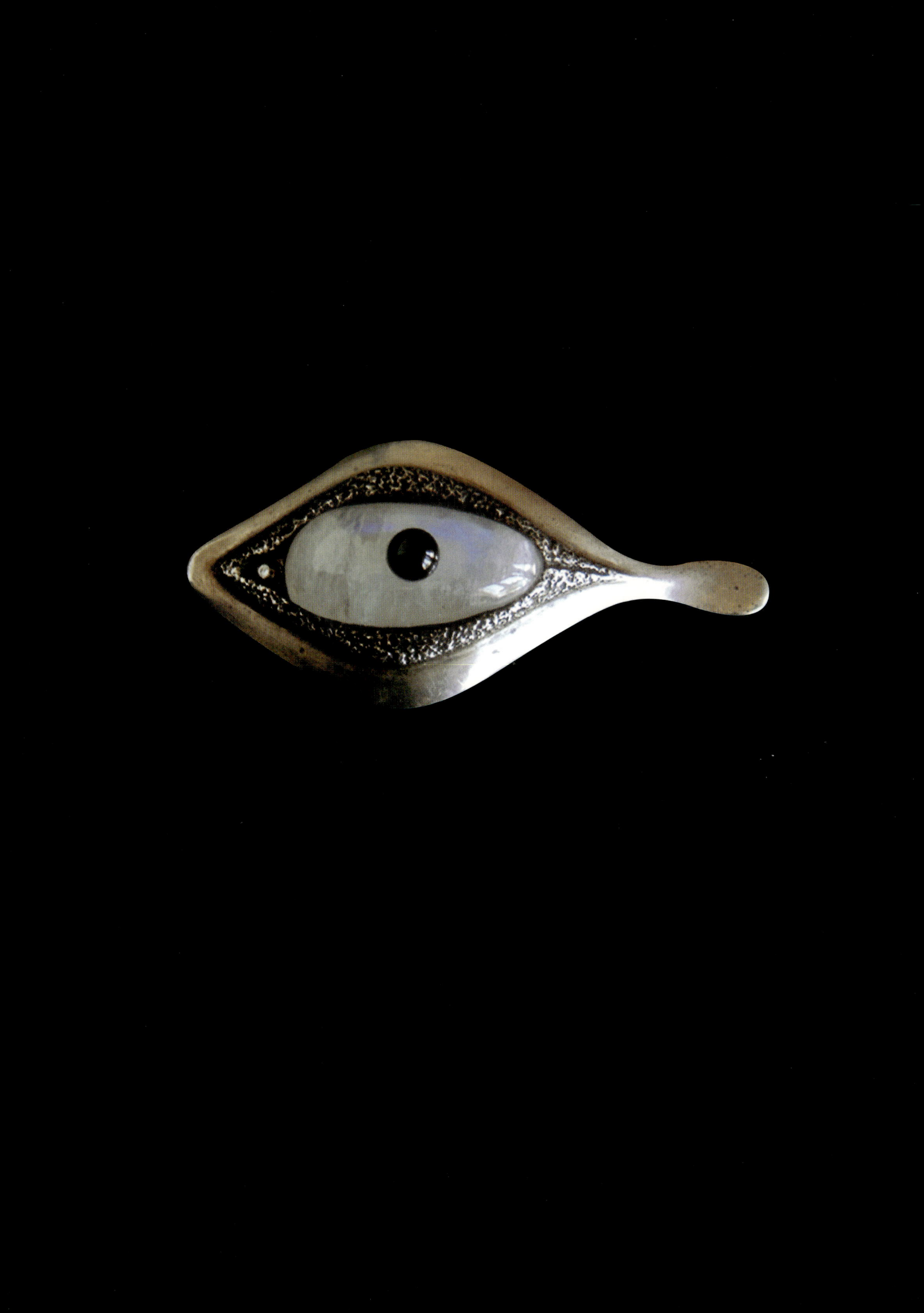

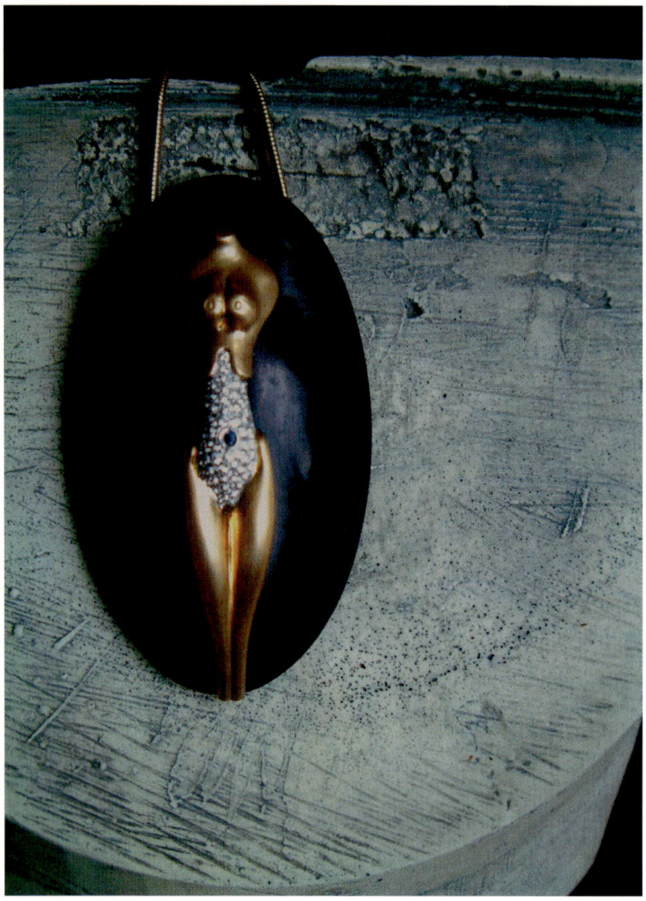

Torso II, Halskette

Torso II, Halskette
1997
versteinertes Palmenholz,
Gold 750, Brillanten, an einer
Goldkette

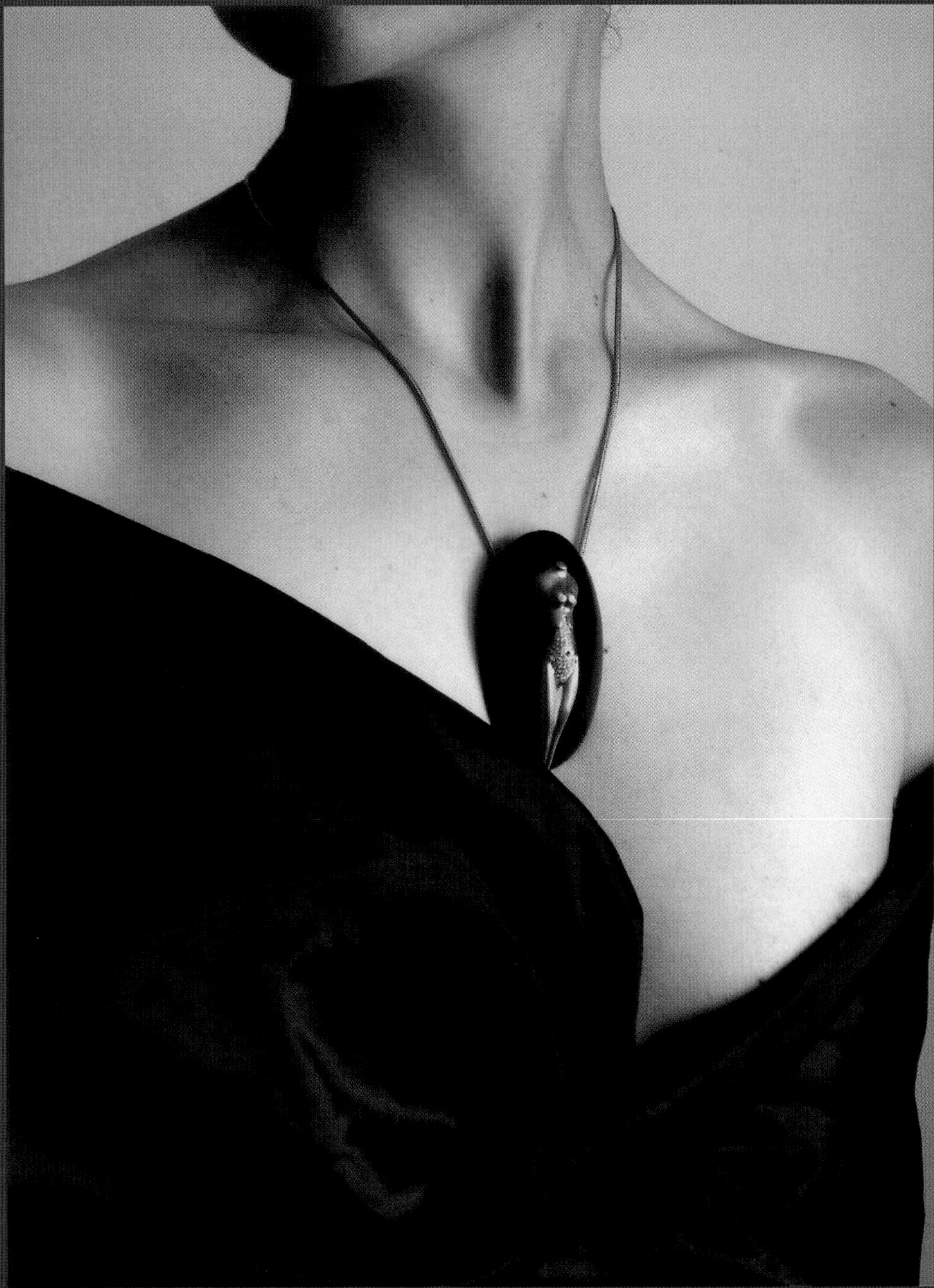

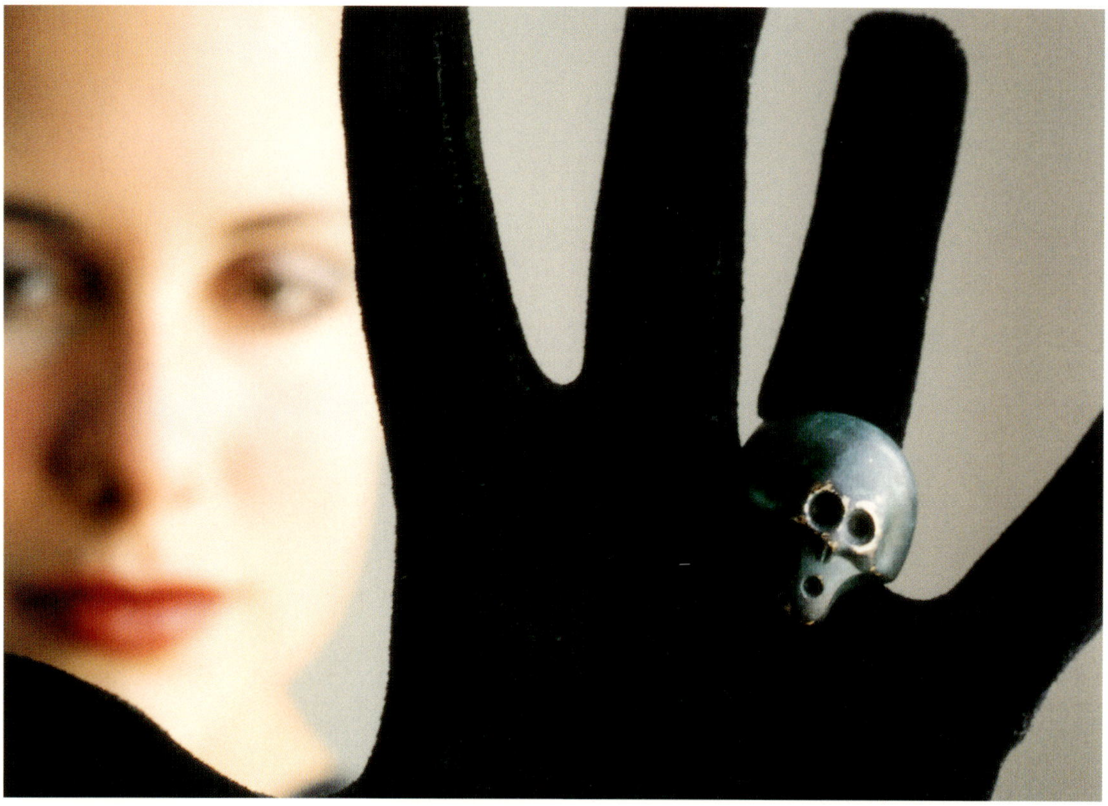

Angelikas Ring
1997
Bronze mit grüner Patina

Torso III, Halskette
1997
versteinertes Palmenholz,
Gold 750, Brillanten, an einer
Goldkette

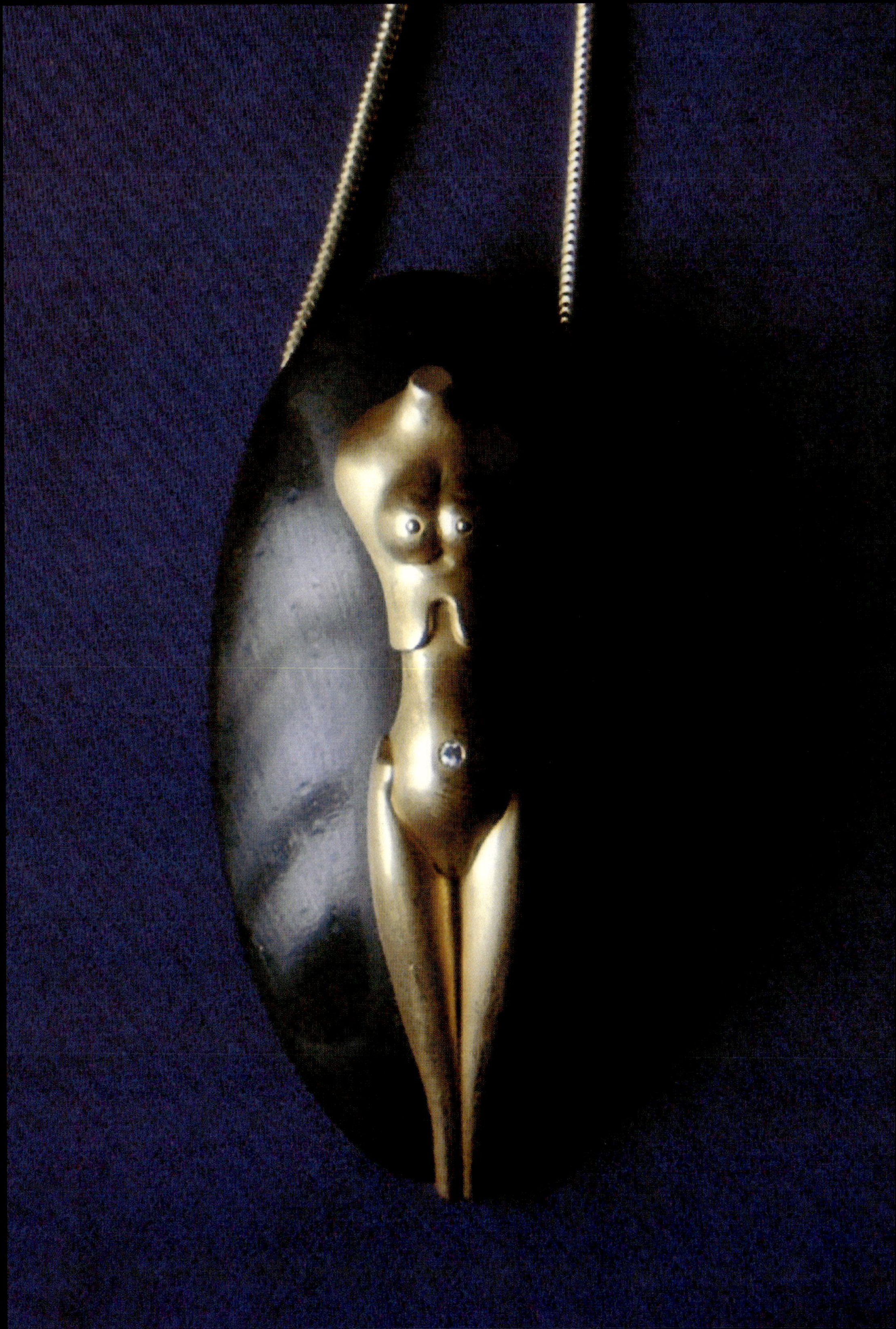

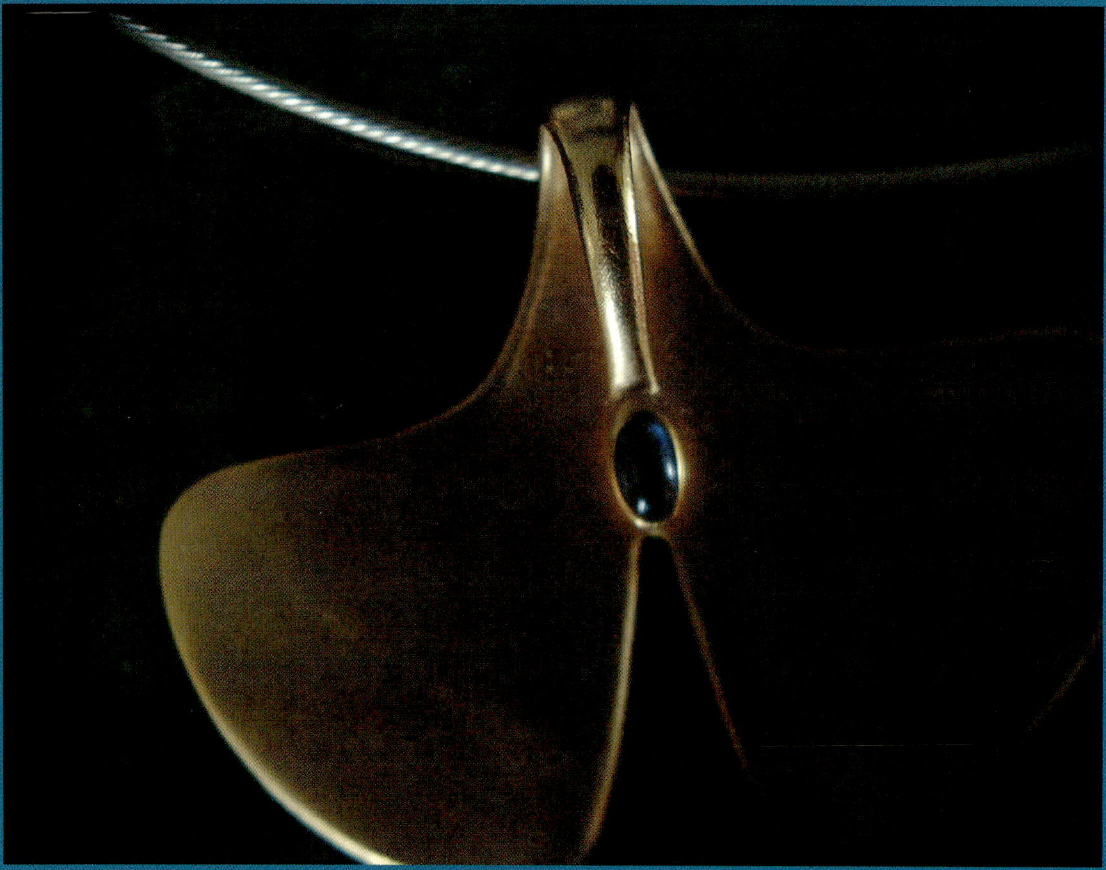

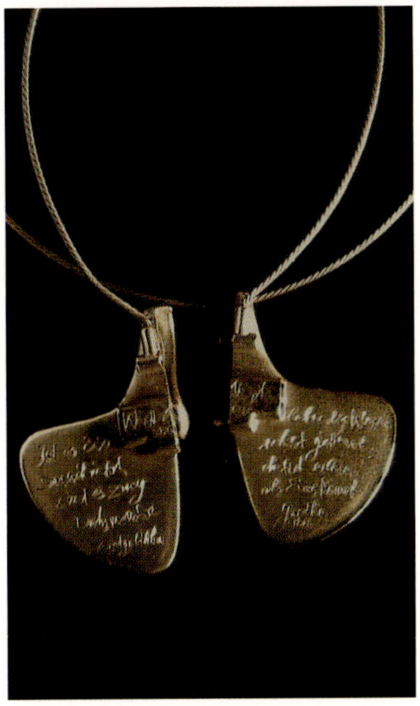

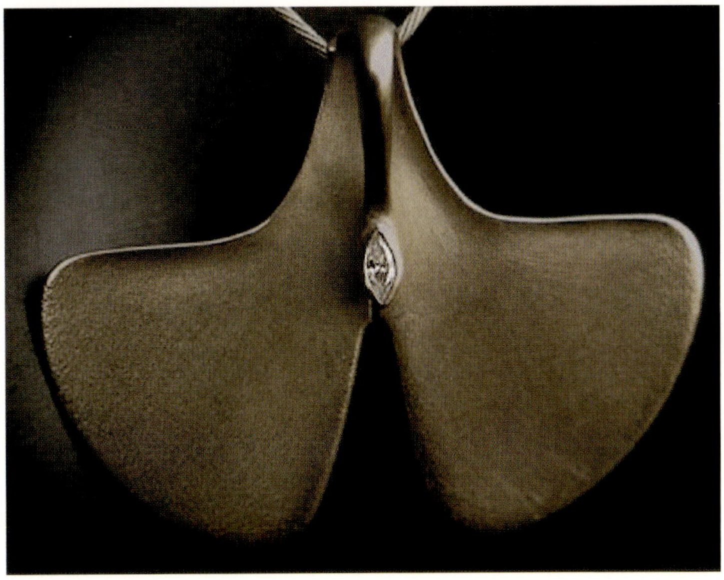

Rückseitig ist die zweite
Strophe des Goethe-Gedichts
Gingo biloba eingraviert.

Ginkgo-Collier
1998
Gelbgold 585 mit einem
Saphir in einer Goldfassung

Ginkgo-Collier, zweigeteilt
1998
Gold, Brillant

folgende Doppelseite:

Vorzeichnung zu
Ginkgo-Collier

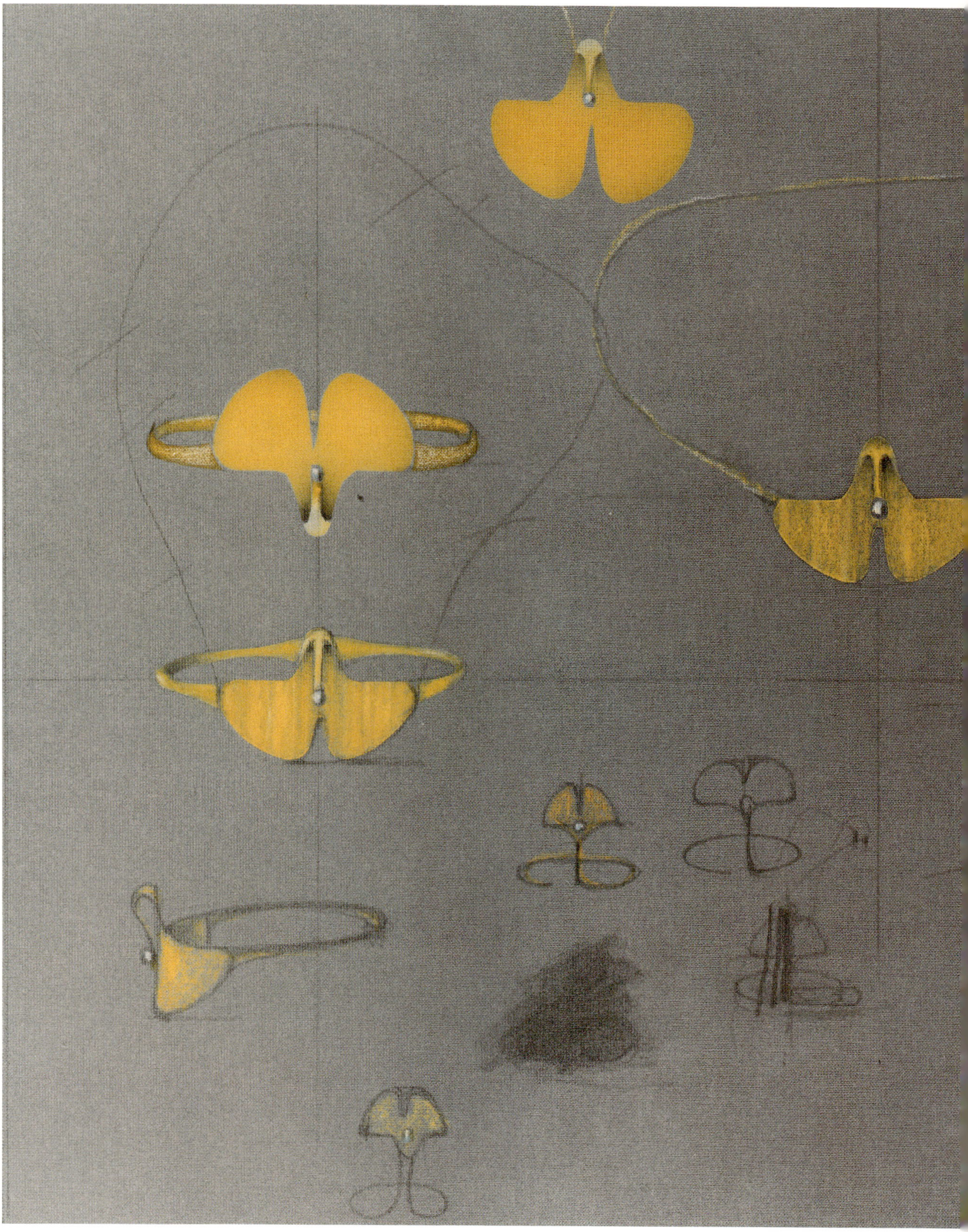

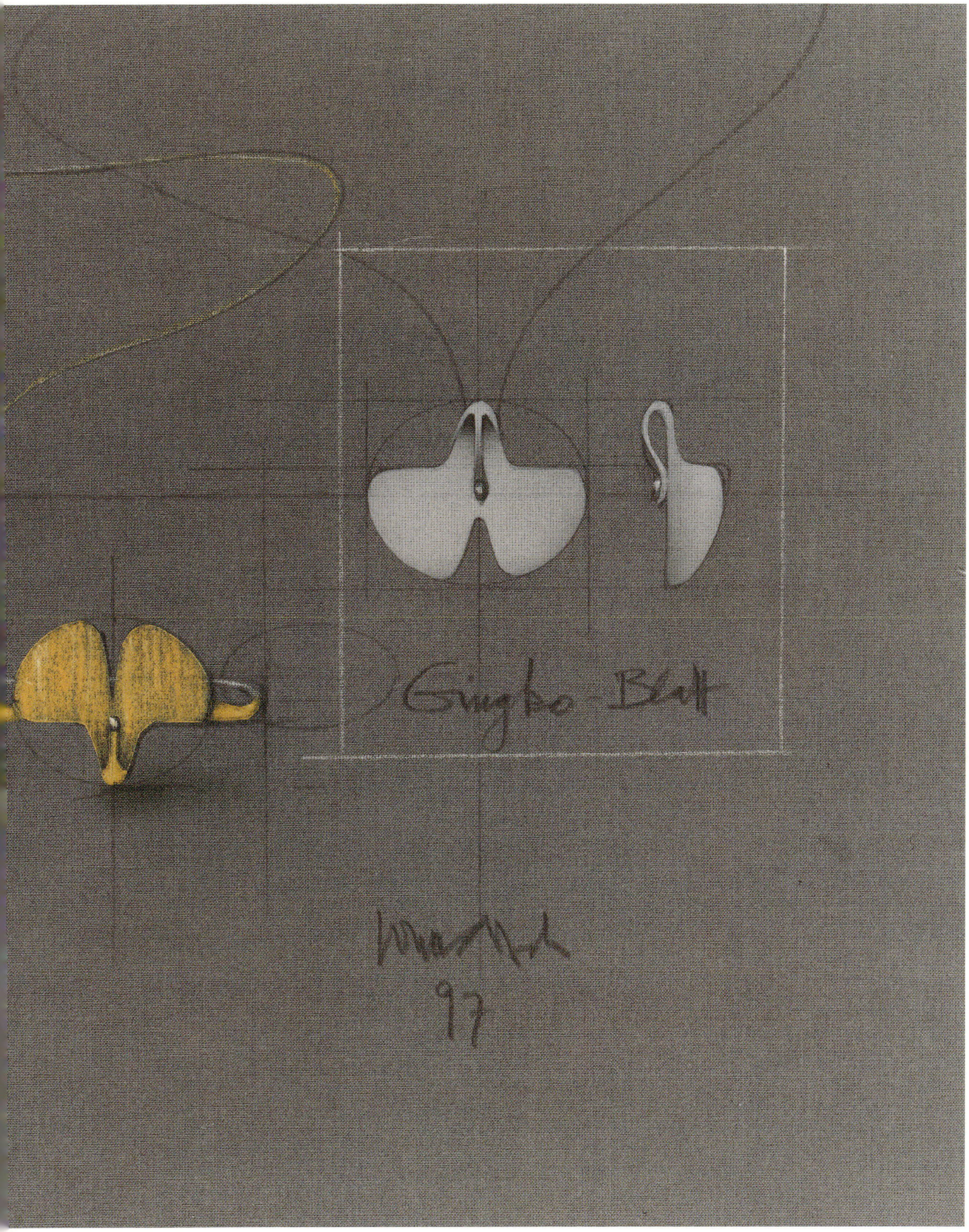
Gingko-Blatt
97

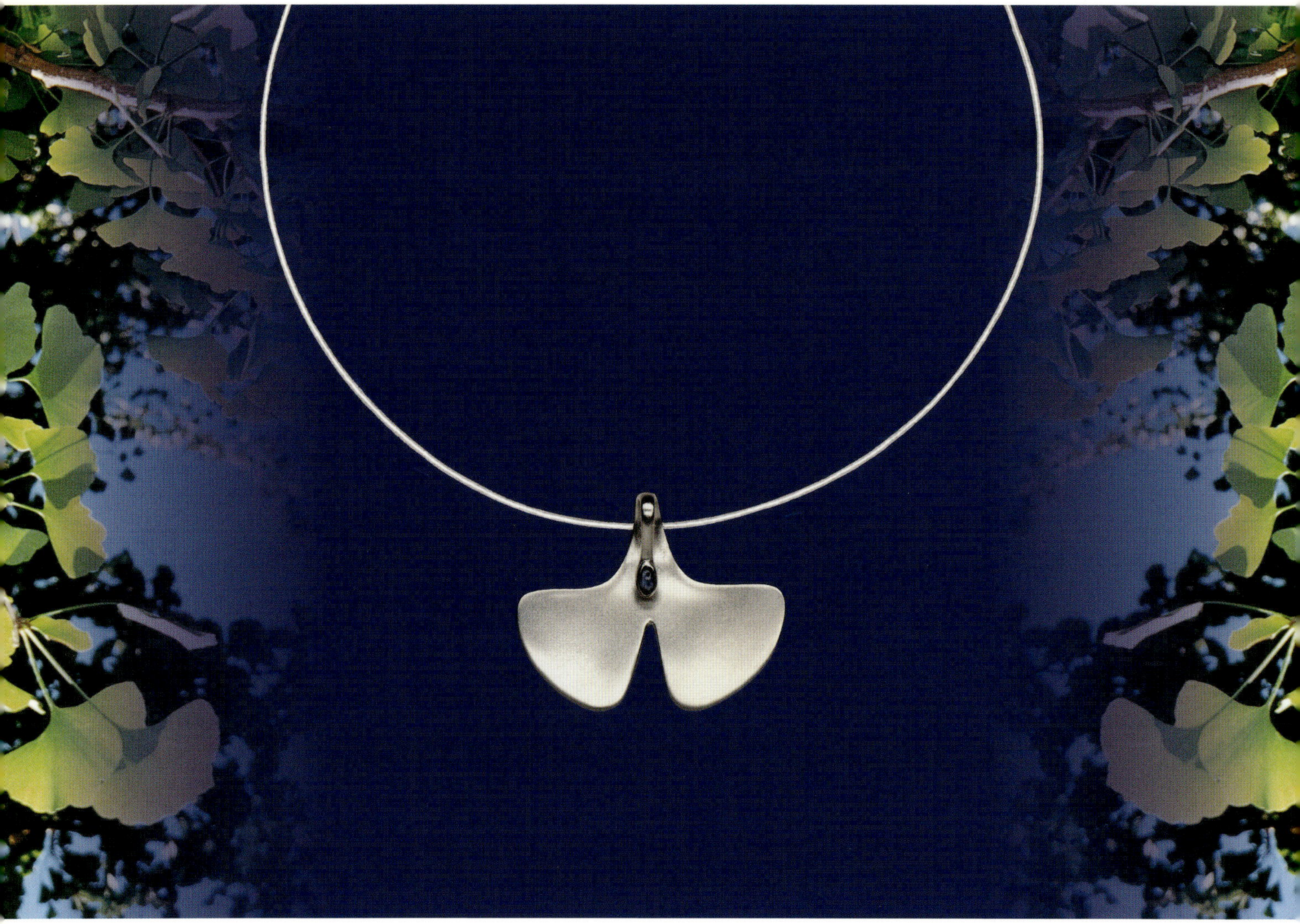

Foto: Edition Volker Huber

Ginkgo-Collier
1998
Sterling-Silber 925, mit Saphir
in Silberfassung

WUNDERLICH UND DER GINKGO

In der europäischen Kunst ist das Motiv des Ginkgo-Blatts als Dekor von Gebrauchsgegenständen und als Schmuckstück seit der 2. Hälfte des 19. Jahrhunderts verbreitet. Insbesondere Künstler des Jugendstils haben in Deutschland und in Frankreich Dosen, Kannen, Gläser, Vasen, Lampenfüße, Kapitelle, Stoffe, Anhänger, Ringe, Broschen und Gürtelschnallen mit dem Ginkgo-Blatt geschmückt. Dabei ist zunächst nicht auszumachen, ob sich die Künstler und Kunsthandwerker von der unmittelbaren Naturerfahrung leiten ließen, oder ob kulturelle Vermittlung die Anregung zur Gestaltung gab.

Wer sich heute als Künstler mit dem Blatt des Ginkgo-Baums beschäftigt, kann nicht unbeeinflußt sein von Goethes Gedicht *Gingo biloba* aus dem Jahr 1815. Denn dieses Gedicht zählt zu Goethes bekanntesten Werken. Es wurde in alle europäische und in zahlreiche außereuropäische Sprachen übersetzt und hat Künstler und Kunsthandwerker in aller Welt inspiriert. Doch kein Künstler vor ihm hat diese Vermittlung so unmittelbar zum Ausdruck gebracht wie Paul Wunderlich. Sein Schmuckstück trägt auf der Rückseite des Ginkgo-Blatts in Gravur die mittlere Strophe des Goethe-Gedichts in Wunderlichs Handschrift. Es schließt mit den Signaturen des Dichters und des Malers, als würden sie einen Vertrag zwischen Wort und Bild besiegeln! Ut pictura poesis.

Gingo biloba.

Dieses Baum's Blatt, der von Osten
Meinem Garten anvertraut,
Giebt geheimen Sinn zu kosten,
Wie' s den Wissenden erbaut.

Ist es Ein lebendig Wesen?
Das sich in sich selbst getrennt,
Sind es zwey? die sich erlesen,
Daß man sie als eines kennt.

Solche Frage zu erwiedern
Fand ich wohl den rechten Sinn;
Fühlst du nicht an meinen Liedern
Daß ich Eins und doppelt bin?

Johann Wolfgang Goethe

Indem der Künstler die Vermittlungsinstanz aufzeigt und unmittelbar in die Gestaltung des Werks einbringt, rückt er zugleich von der einfachen Nachahmung der Natur ab. Denn die Rezeption des Gedichts und der Symbolgehalt, den Goethe beim Anblick des Blatts in dieses projizierte und dichterisch gestaltete, verhindert das naive Sich-Einlassen auf den unmittelbaren Natureindruck. Im Bewußtsein des Bildkünstlers beeinflußt Goethes Gedicht zwangsläufig die Rezeption des Natureindrucks und damit seine Artikulation, die künstlerische Gestaltung.

Doch ist die Gravur des Gedichts mehr als ein Bekenntnis zu Goethe als dem Anreger. Wunderlich bezieht die Sprache als Gestaltungselement in sein Kunstwerk ein – wohlgemerkt in seiner eigenen Handschrift, als Zeichen der Aneignung. Er deutet den Symbolgehalt des Blatts um und bezieht ihn auf seine künstlerische Existenz, indem seine Gestaltung die Problematik von Sprache und Bild, von Inhalt und Form, von Bewußtsein und Sensualität reflektiert. So, als seien für Wunderlich Sprache und Bild Zwei, die sich erlesen, daß man sie als Eines kennt. Deshalb auch schließen die vier Gedichtzeilen auf der Rückseite des Ginkgo-Schmucks mit den beiden Unterschriften des Dichters und des Bildenden Künstlers, deshalb diese Vertragsbesiegelung.

Doch ist diese Einheit der scheinbaren Gegensätze nicht in gleichem Maße der Gestalt des Ginkgo-Blatts zu entnehmen wie Goethes spontanes Bild der Vereinigung der Liebenden. Daher beläßt Wunderlich diese Umdeutung des Symbolgehalts buchstäblich im Hintergrund, indem er das

Sprachbild auf der normalerweise nicht sichtbaren Rückseite des Schmuckstücks anbringt. Erst dem inspirierten Betrachter enthüllt sich so das Geheimnis, der Bedeutungswandel, der den Wissenden erbaut.

Einfache Nachahmung der Natur, Manier, Stil – dies sind die drei Stufen künstlerischer Gestaltung, die Goethe an den Kunstwerken ausmacht. In der Gestaltung des „Ginkgo-Colliers" folgt Wunderlich den theoretischen Maximen des Dichters. Mit drei Kunstgriffen führt er den Ginkgo-Schmuck von der einfachen Nachahmung über die Manier zum Stil. Zunächst stellt der Künstler das Blatt buchstäblich auf den Kopf. Die Blattspitzen zeigen nach unten, der Stiel biegt sich zurück über das Blatt. Diese unübliche Anordnung ermöglicht es Wunderlich, wie wir sehen werden, zusätzliche Inhalte zu vermitteln. Dann führt er den Stiel, der in dieser Anordnung nicht das Blatt zu tragen scheint, sondern von ihm fortstrebt, in einer zweifach gebogenen, s-förmigen Linie zum Blattkörper zurück. Es entsteht eine ideale Figur, die Schönheitslinie, die *Figura serpentinata*. Schließlich reduziert Wunderlich das Ginkgo-Blatt selbst jenseits aller Individuation auf mathematisch-geometrische Grundformen.

Anstelle der gabelnervigen Blattspreite und den spitzwinkligen Leitbündeln des Naturvorbilds betont Wunderlich die Umrißlinie seines Ginkgo-Blatts und läßt dessen Fläche ungegliedert wirken, als wolle er ein Tableau schaffen, vor dem der blaue Saphir seine Leuchtkraft magisch entfaltet.

Der Umriß des Blatts ist als „große, simple Linie" gestaltet. Er beschreibt den Umfang eines

Halbkreises, in den die Blattspreite wie eine Parabel (Parabel!) eingeschnitten ist. Beachtet man dazu das Oval der Steinfassung, eine Ellipse, und die Sinuskurven des Blattstengels, dann zeigt sich, daß Wunderlichs „Ginkgo-Collier" nach mathematischen Formeln und ihren geometrischen Entsprechungen gestaltet ist.

Am Eingang zu Platons Akademie konnte man lesen, daß der Zutritt nur Geometern erlaubt sei. Goethe hat in seinem Werk mehrfach auf diese Zutrittsbeschränkung aufmerksam gemacht. In der Reduktion der Welt auf die euklidische Geometrie erkennt der Dichter die vollkommenste Vorbereitung, ja Einleitung in die Philosophie:

„Wenn der Knabe zu begreifen anfängt, daß einem sichtbaren Punkte ein unsichtbarer vorhergehen müsse, daß der nächste Weg zwischen zwei Punkten schon als Linie gedacht werde, ehe sie mit Bleistift auf's Papier gezogen wird, so fühlt er einen gewissen Stolz, ein Behagen. Und nicht mit Unrecht; denn ihm ist die Quelle alles Denkens aufgeschlossen, Idee und Verwirklichtes, potentia et actu, ist ihm klargeworden; der Philosoph entdeckt ihm nichts Neues, dem Geometer war von seiner Seite der Grund alles Denkens aufgegangen" (Wilhelm Meisters Wanderjahre).

In diesem Sinne ist Wunderlich Geometer. Indem er ein Naturphänomen seiner Zufälligkeit entkleidet und nach allgemeinen Verhältnissen anlegt, zeigt er seine Fähigkeit, den Gegenstand nach Maßgabe von Einsicht ins Gesetzliche und damit von Wesenserkenntnis zu gestalten. Diese Fähigkeit nennt Goethe Stil. Sie ist eine künstlerische Verfahrensweise, die sich im Werk objektiviert.

„Ein Maler, wenn er irgend Genie hat, versteht sich auf die Wahrheit und Einheit des Entwurfs; und er weiß, daß er sogar dann unnatürlich ist, wenn er der Natur zu sehr folgt und strickt das Leben kopiert. Denn seine Kunst erlaubt es ihm nicht, Natur gänzlich in sein Werk aufzunehmen, sondern nur einen Teil. Sein Werk jedoch, wenn es denn schön sein und Wahrheit in sich bergen soll, muß ein Ganzes sein, durch sich selbst, vollständig, unabhängig und in allem so groß und umfassend, wie er es nur bewerkstelligen kann. So müssen Details, um dies zu erreichen, zugunsten des generellen Entwurfs aufgegeben werden, und alle Dinge dem untergeordnet sein, was das wichtigste ist: eine gewisse Leichtigkeit der Seherfahrung zu bewirken, eine einfache, klare und zusammengeschlossene Ansicht, die durch die Betonung von einem jeden besonderen oder deutlich unterschiedenen Ding gebrochen oder gestört würde" (Earl of Shaftesbury 1737, zitiert nach Werner Busch, Das sentimentalische Bild).

„Eine gewisse Leichtigkeit der Seherfahrung...". Sie ist es, die Wunderlichs „Ginkgo-Collier" trotz aller theoretischen Implikationen und sentimentalischen Assoziationen auszeichnet. Und doch kann sich an den nüchternen geometrischen Formen ein Feuer entzünden. Denn Wunderlichs „Ginkgo-Collier" ist ihm, wie unter der Hand, aber doch für jeden erkenntlich, zu einen Erotikon erster Güte geworden, zu einem androgynen Objekt, in dem das später Getrennte im mythologischen Ursprung vereint ist. „...Daß ich Eins und doppelt bin".

Das „Ginkgo-Collier" von Paul Wunderlich ist ein vielschichtiges Kunstwerk, das den Gehalt des

Gedichts mit der Naturvorlage des Ginkgo-Blatts, unter Anwendung Goethescher Erfahrungen und Maximen, in einem Schaustück vereint. Indem es darüber hinaus der von Shaftesbury geforderten gewissen Leichtigkeit der Seherfahrung genügt, kann es zugleich eine wichtige Funktion erfüllen, die von der aktuellen Kunstkritik mißbilligt wird: die Funktion des Dekors, des Schmucks. In dieser Widerständigkeit gegen die Forderungen der Zeit erwächst Wunderlichs Schmuckstück eine weitere Qualität: die der Zeitlosigkeit.

Volker Huber

Ginkgo-Collier
1998
Sterling-Silber 925 mit Saphir
in Silberfassung

Rückseitig zweite Strophe des Goethe-Gedichts *Gingo biloba* eingraviert.

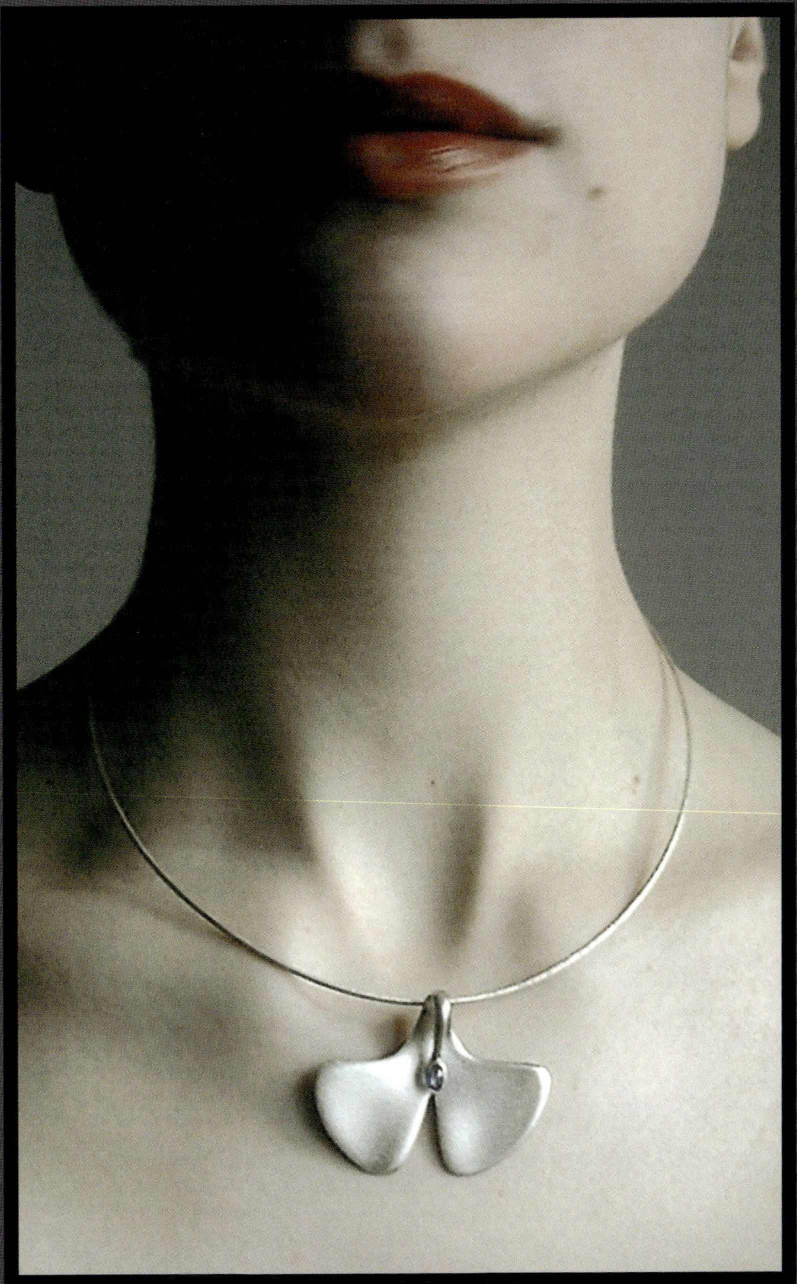

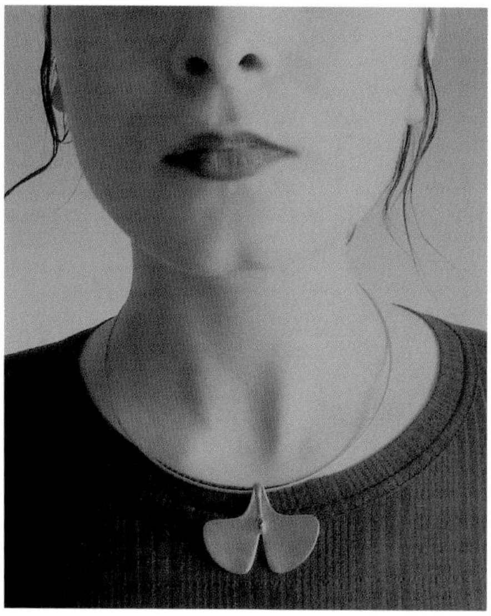

Ginkgo-Collier, Gelbgold 585, Saphir

Ginkgo Biloba, Armreif
1998
Silber, Gold, Perle, Brillant

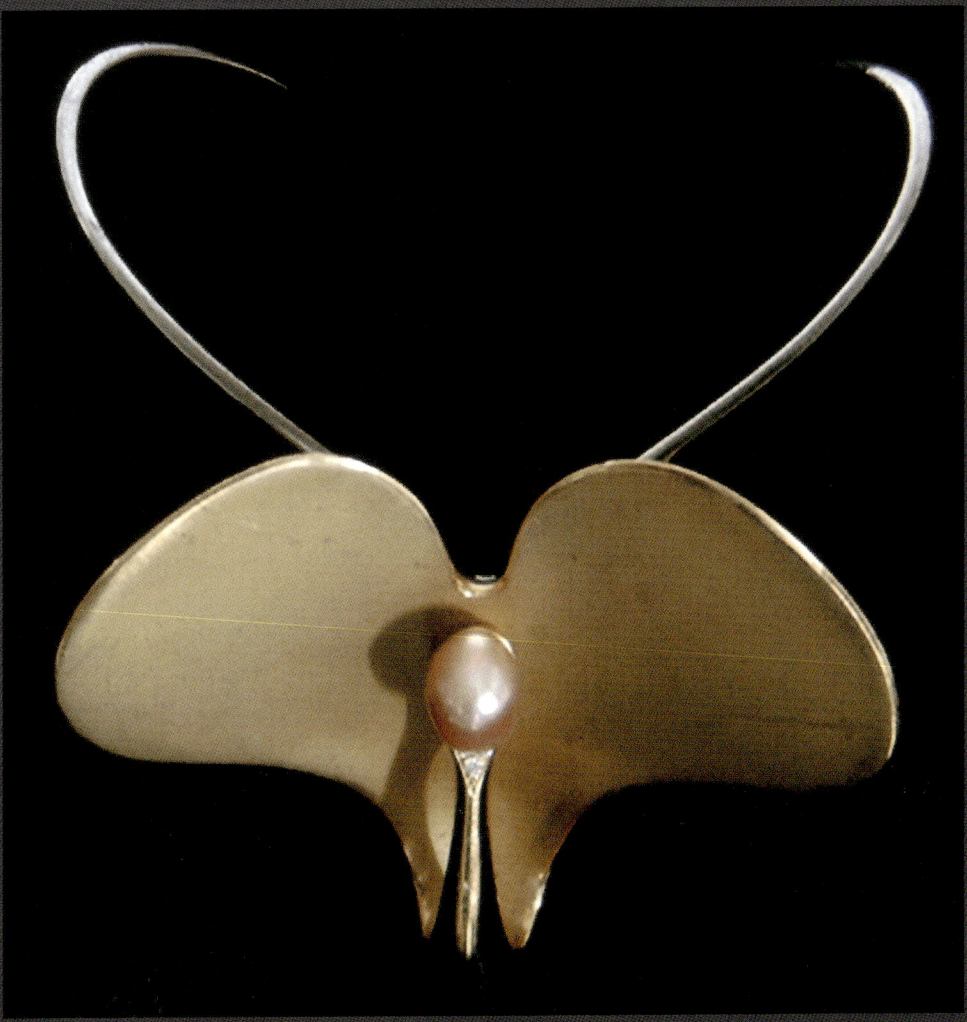

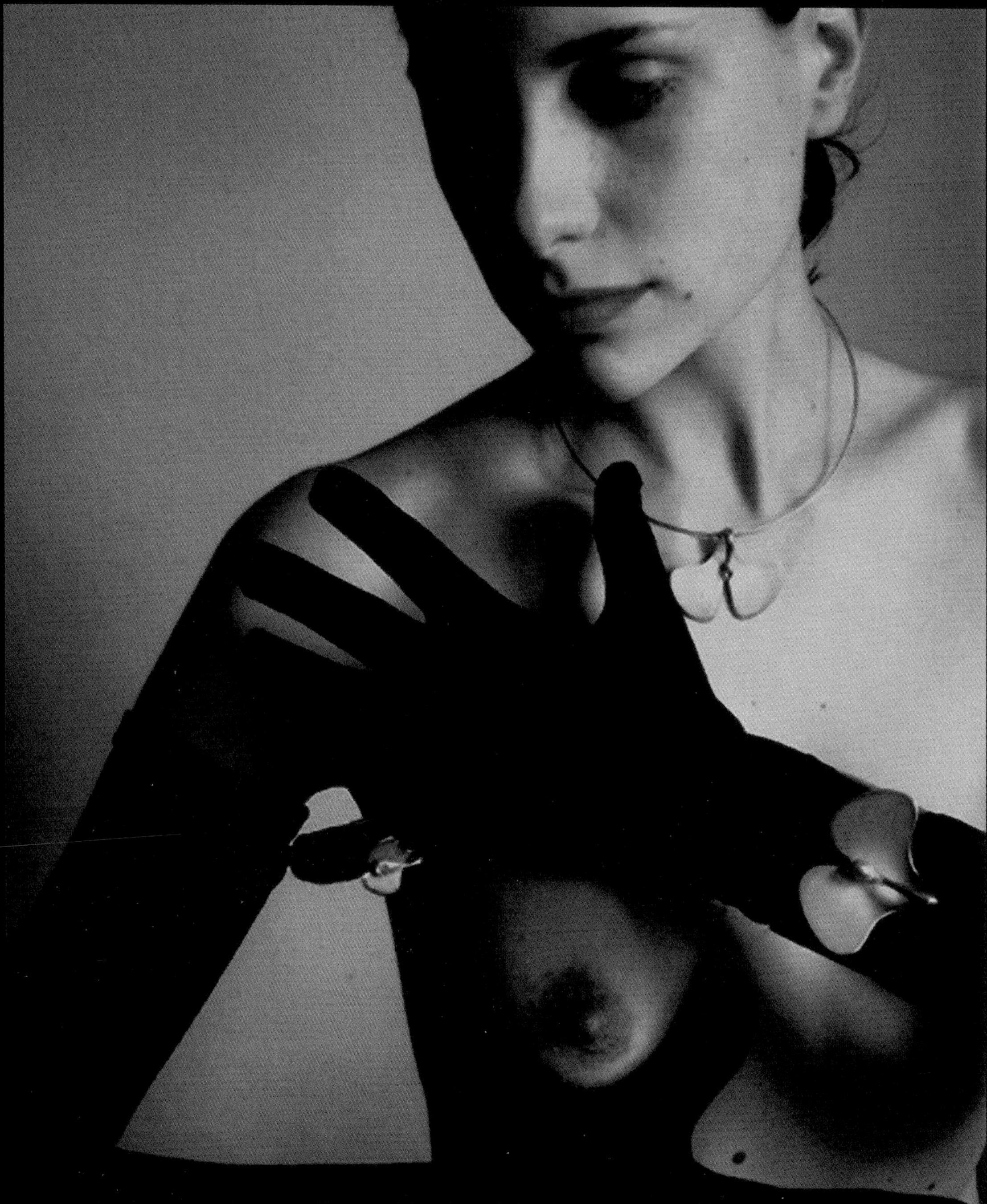

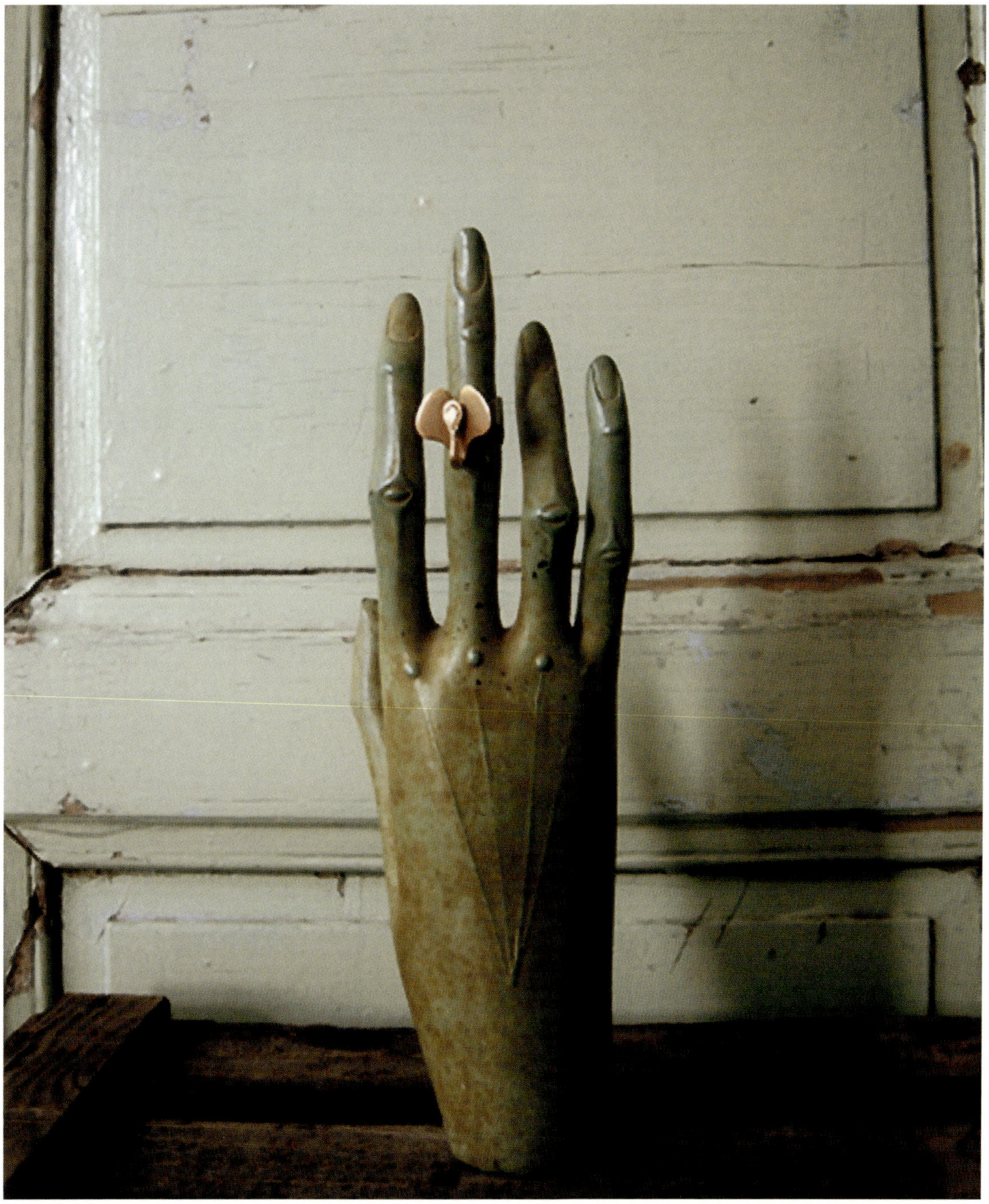

Ginkgo-Collier, Ginkgo Biloba,
Armreif, Ginkgo Biloba, Ring

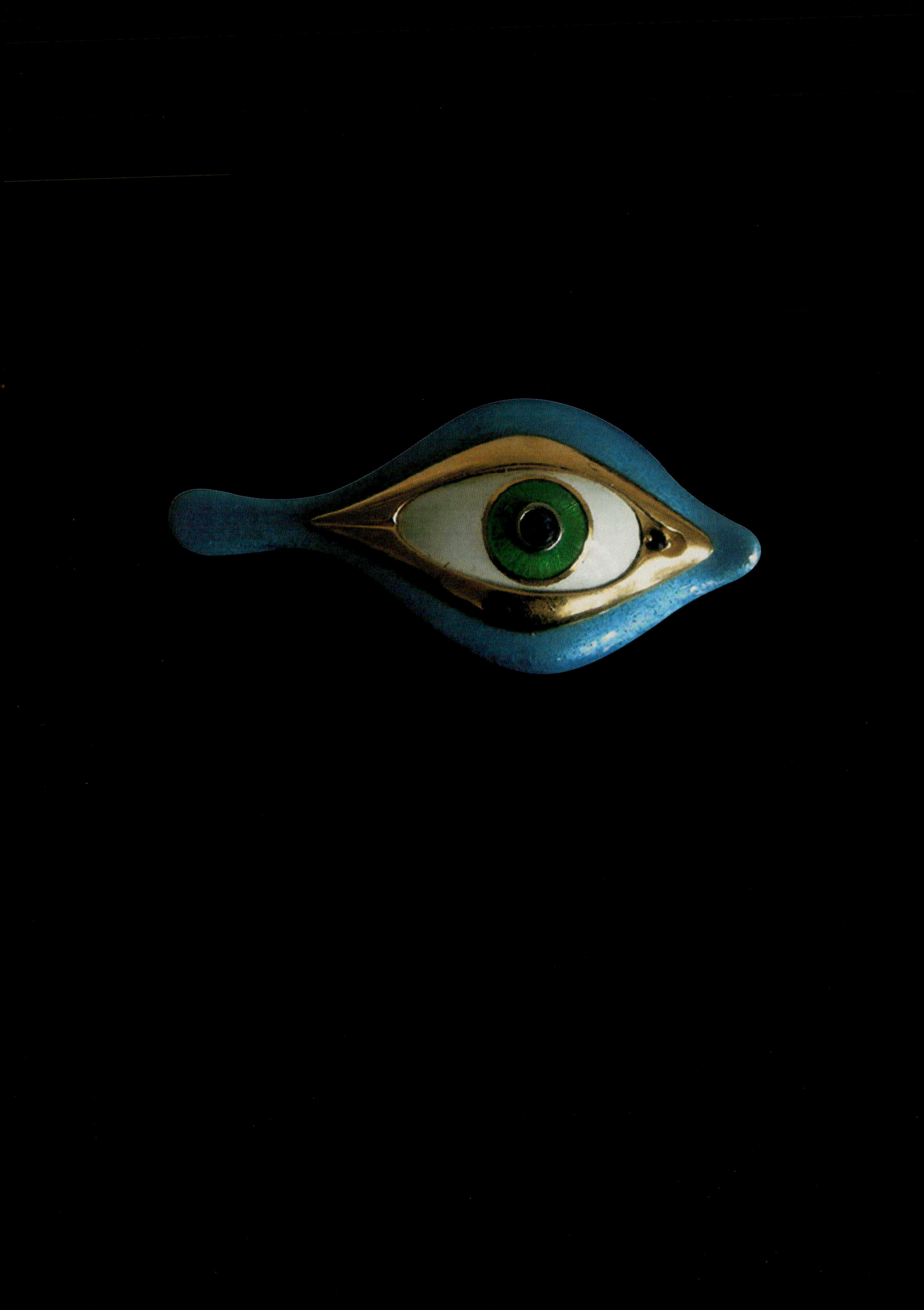

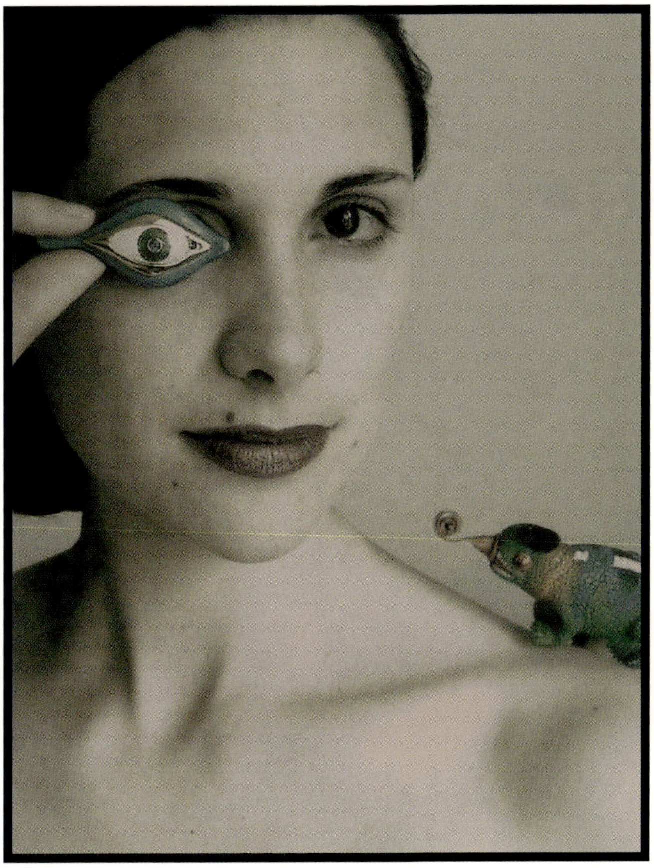

Auge II, Brosche
1998
Gold, blaues Emaille, 2 Saphire

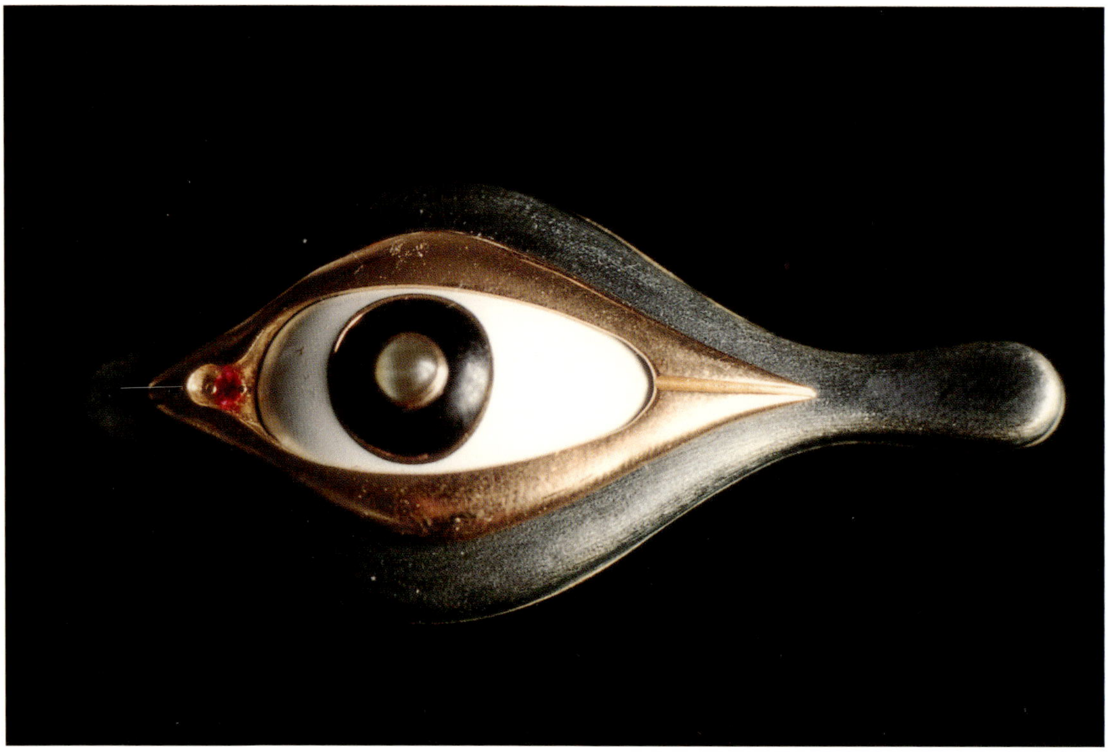

Auge III, Brosche
1998
Gold, Emaille, 2 Rubine

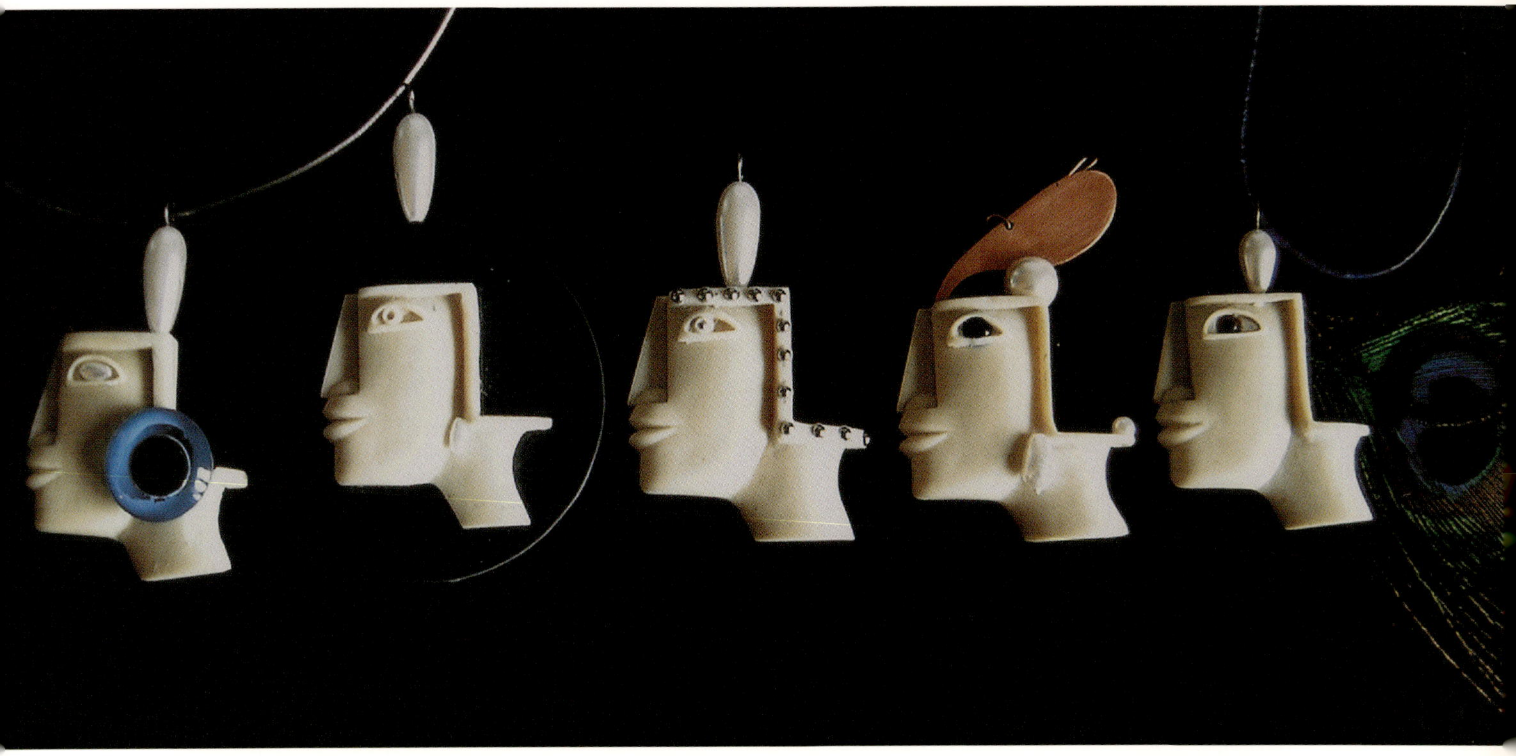

Diana-Collier (Entwürfe)
1999
Polymer, Glas, Perlen

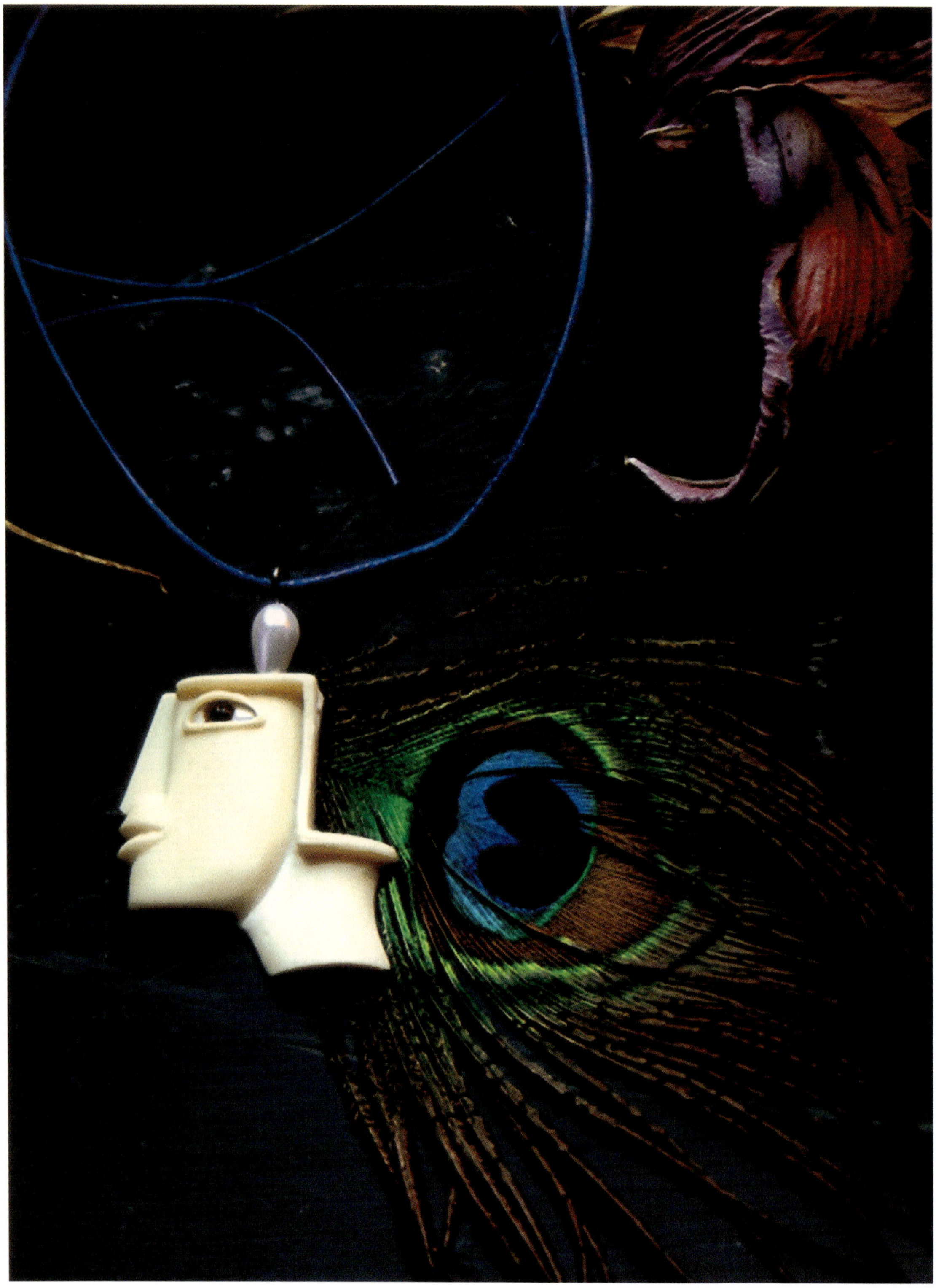

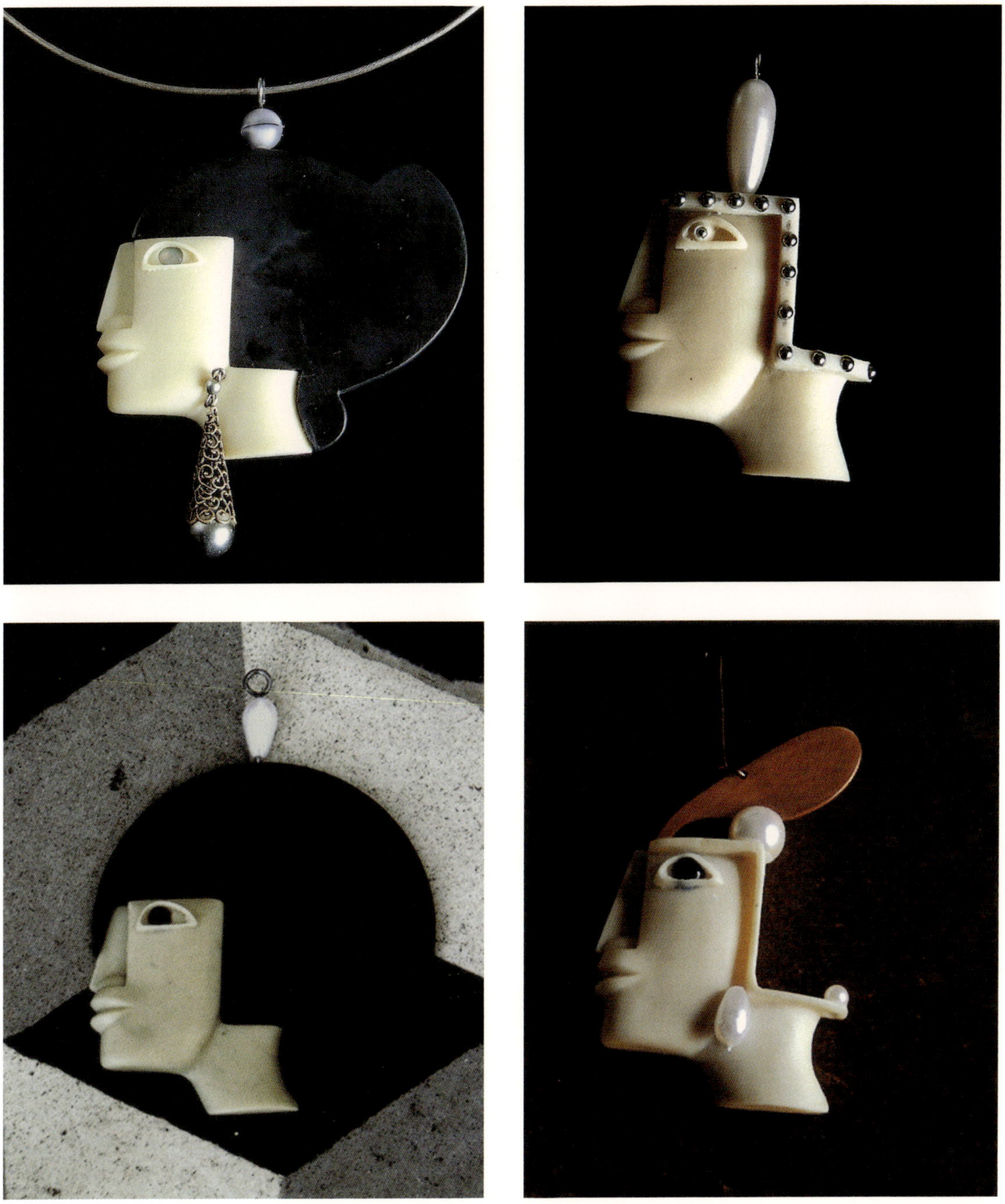

Diana-Collier (Entwürfe)
1999
Polymer, Glas, Perlen

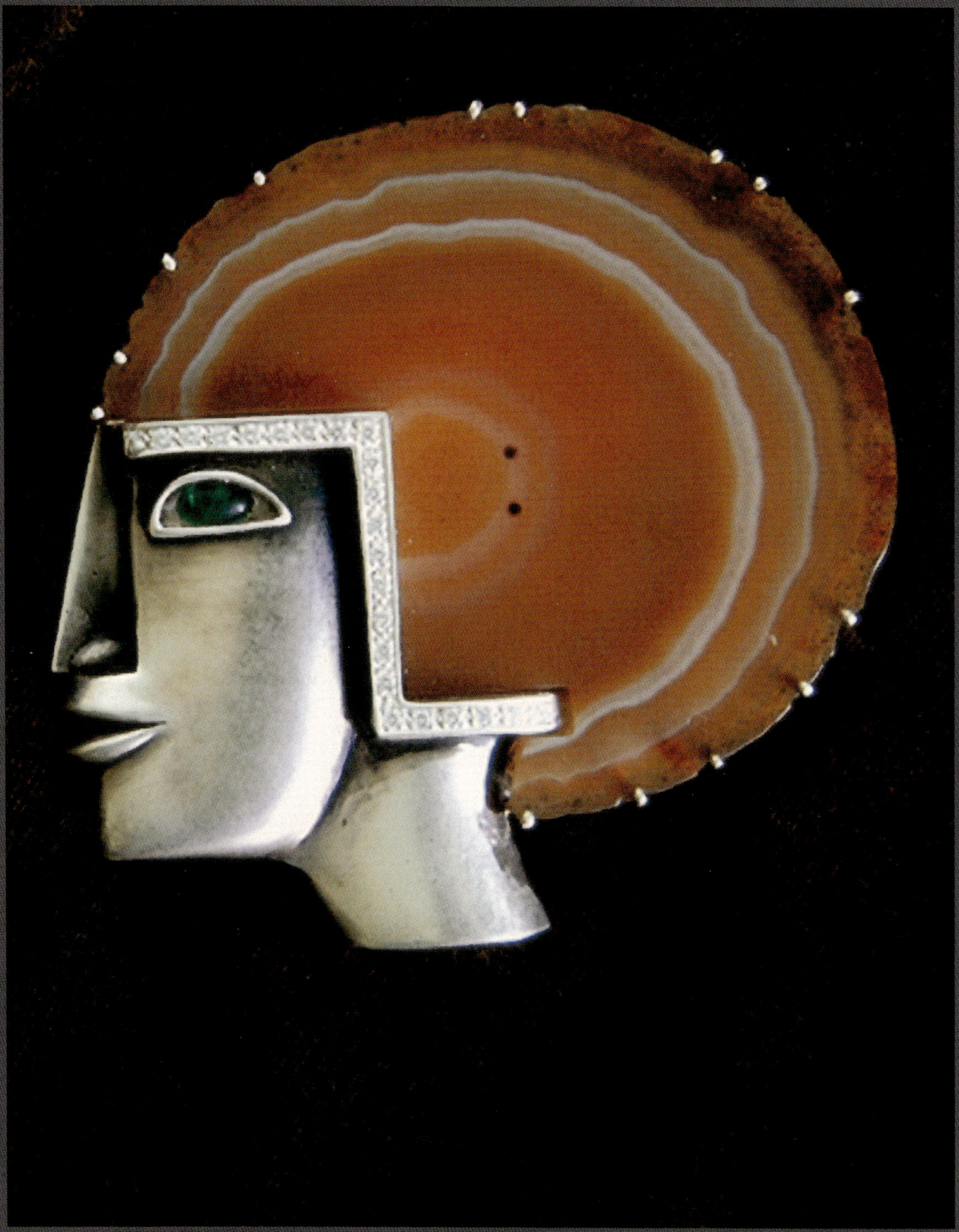

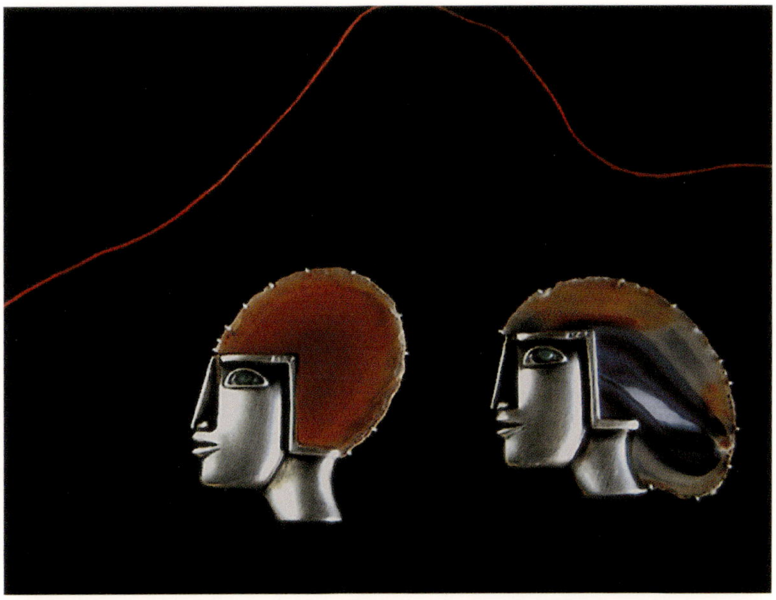

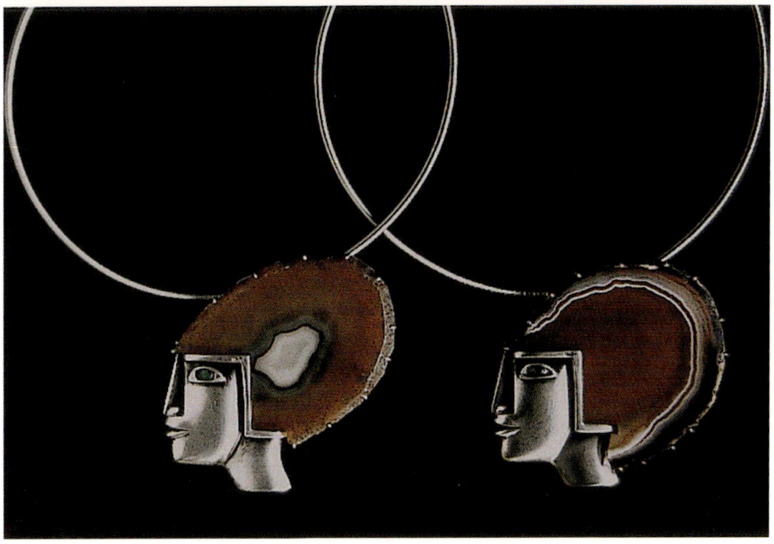

Diana-Collier II
2000
Sterling-Silber 925, Opal,
Achatscheibe, Brillanten

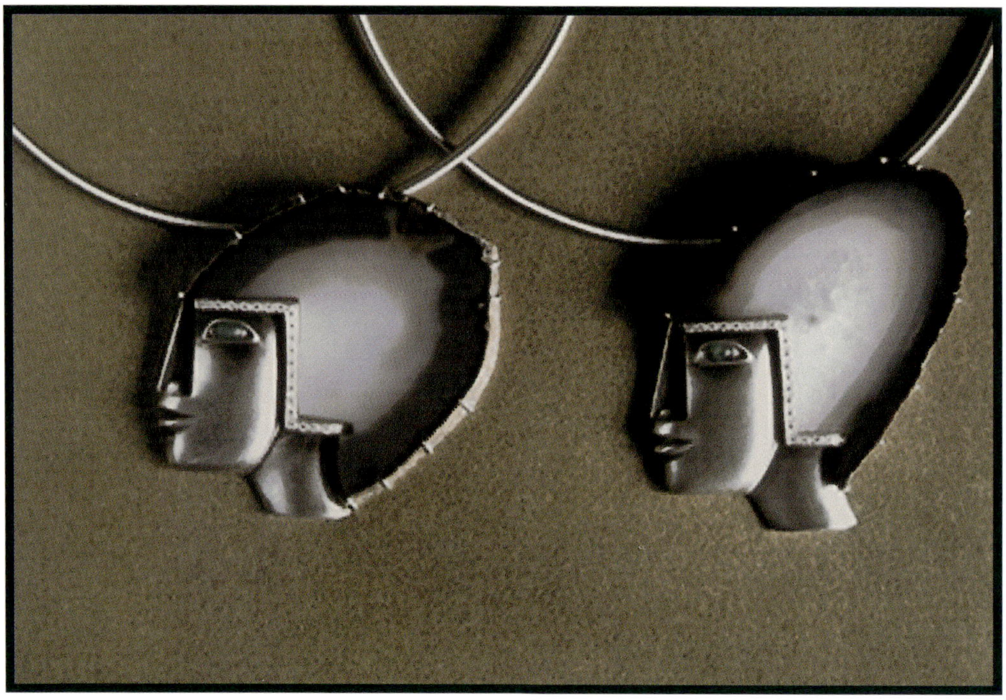

Diana-Collier II
2000
Sterling-Silber 925, Opal,
Achatscheibe, Brillanten

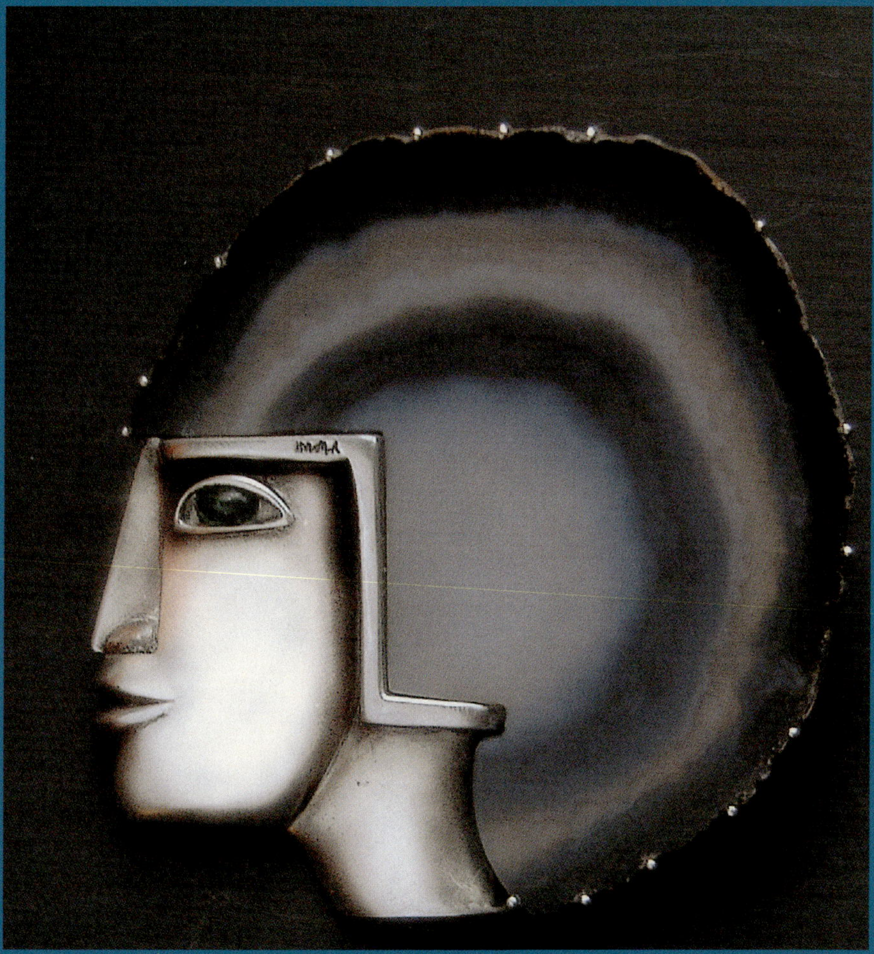

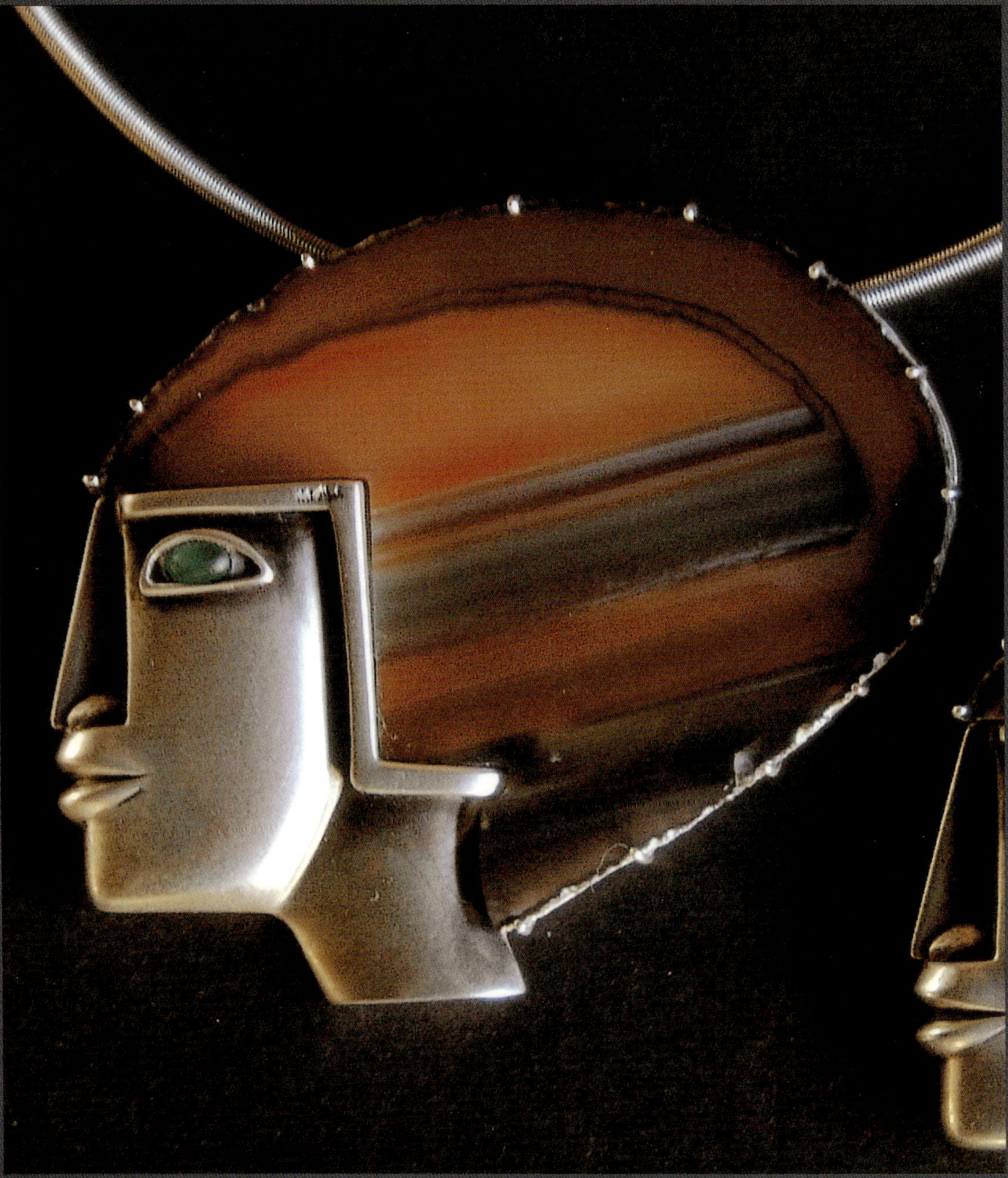

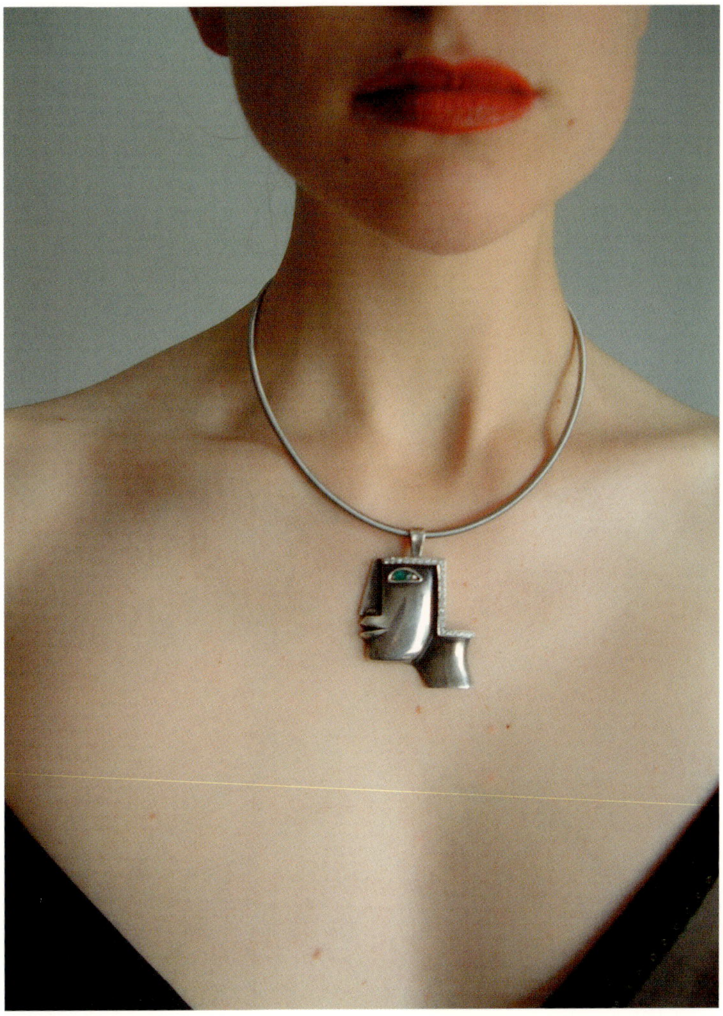

Diana-Collier II
2000
Sterling-Silber 925, Opal,
Achatscheibe, Brillanten

Diana-Collier I
2000
Sterling-Silber 925, Smaragd,
Brillanten, am Silberreif

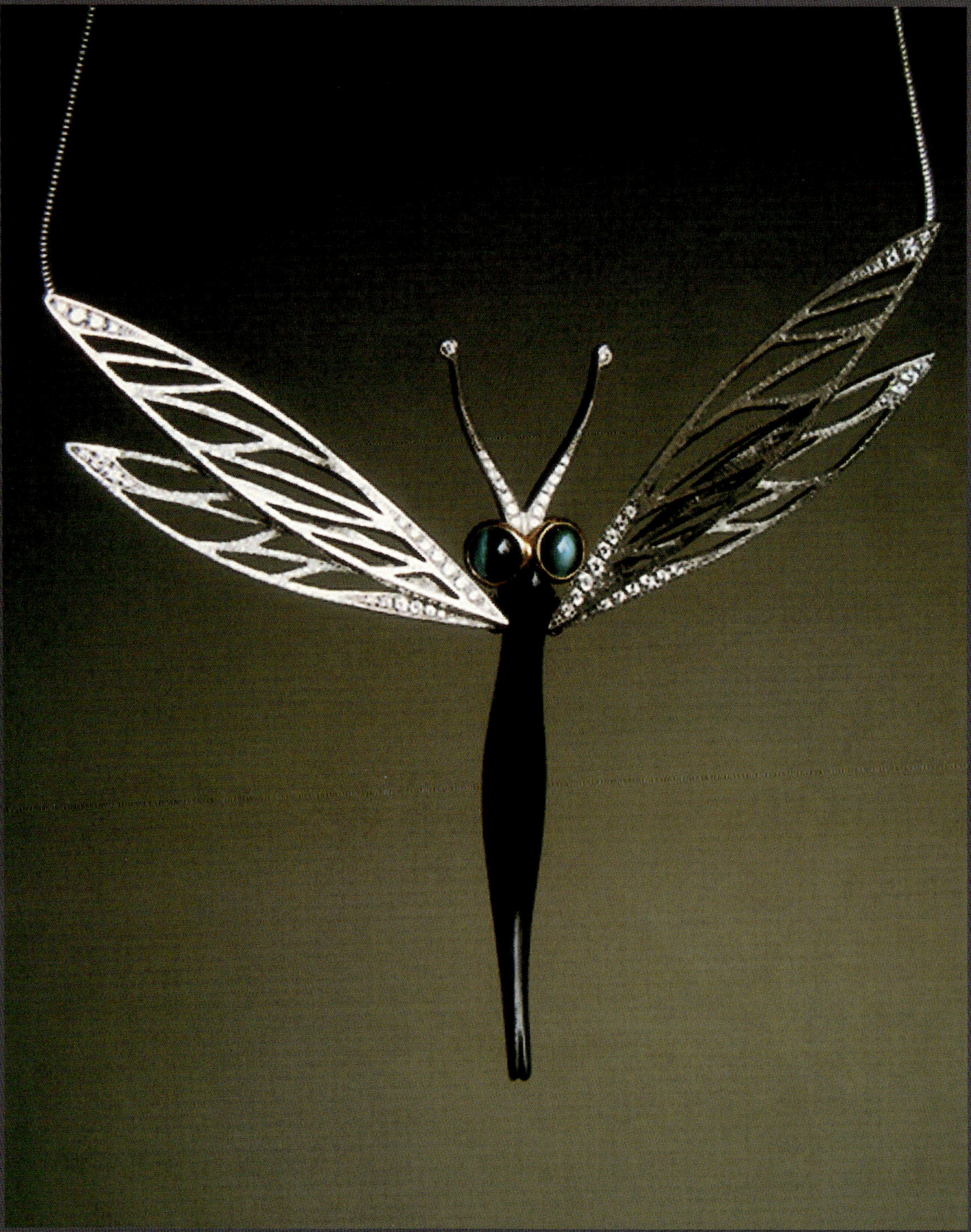

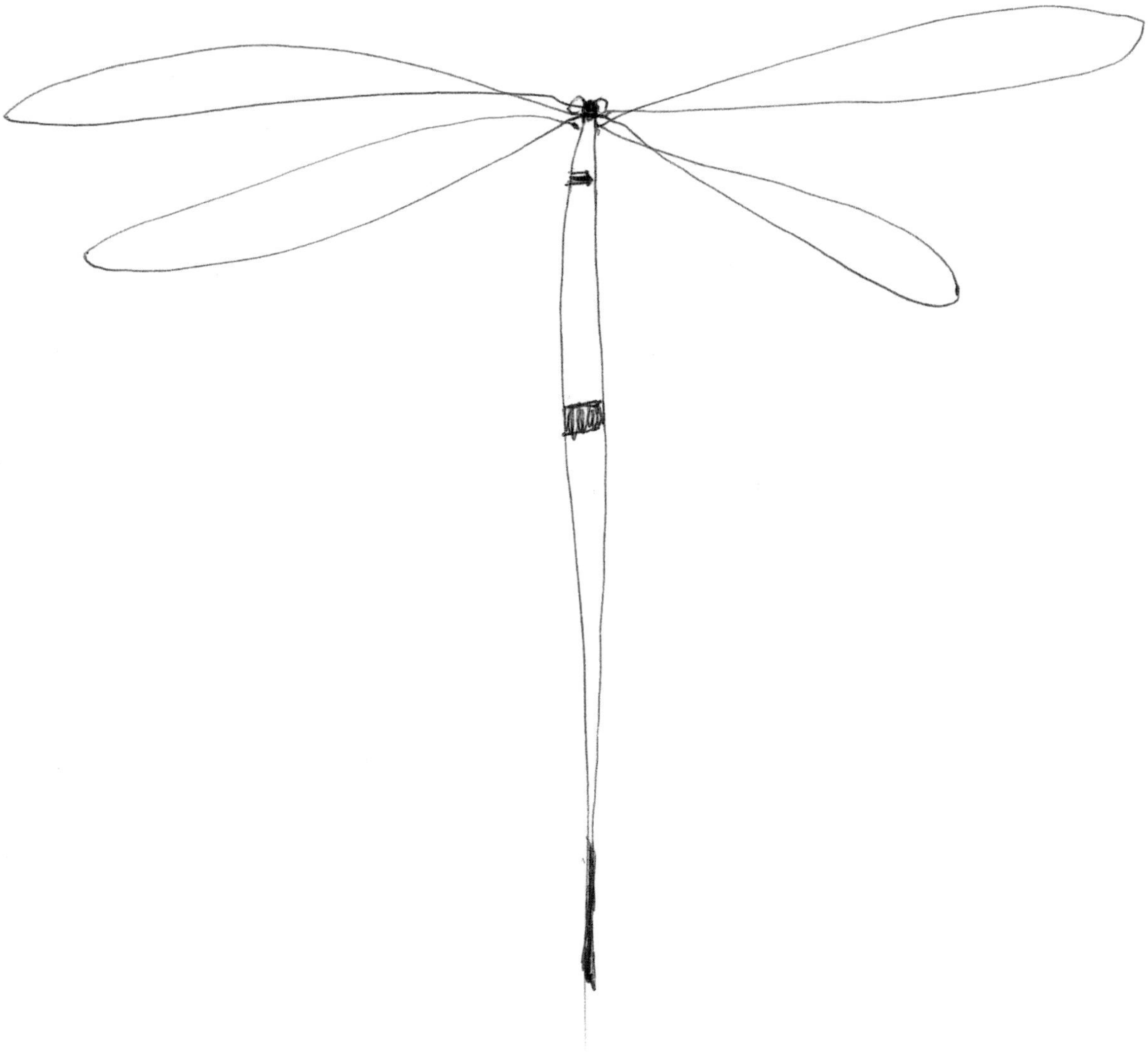

Libelule, Collier
2001
Weissgold, Horn, 2 Saphire
in Goldfassung, Brillant-Splitter,
an einer Weißgoldkette

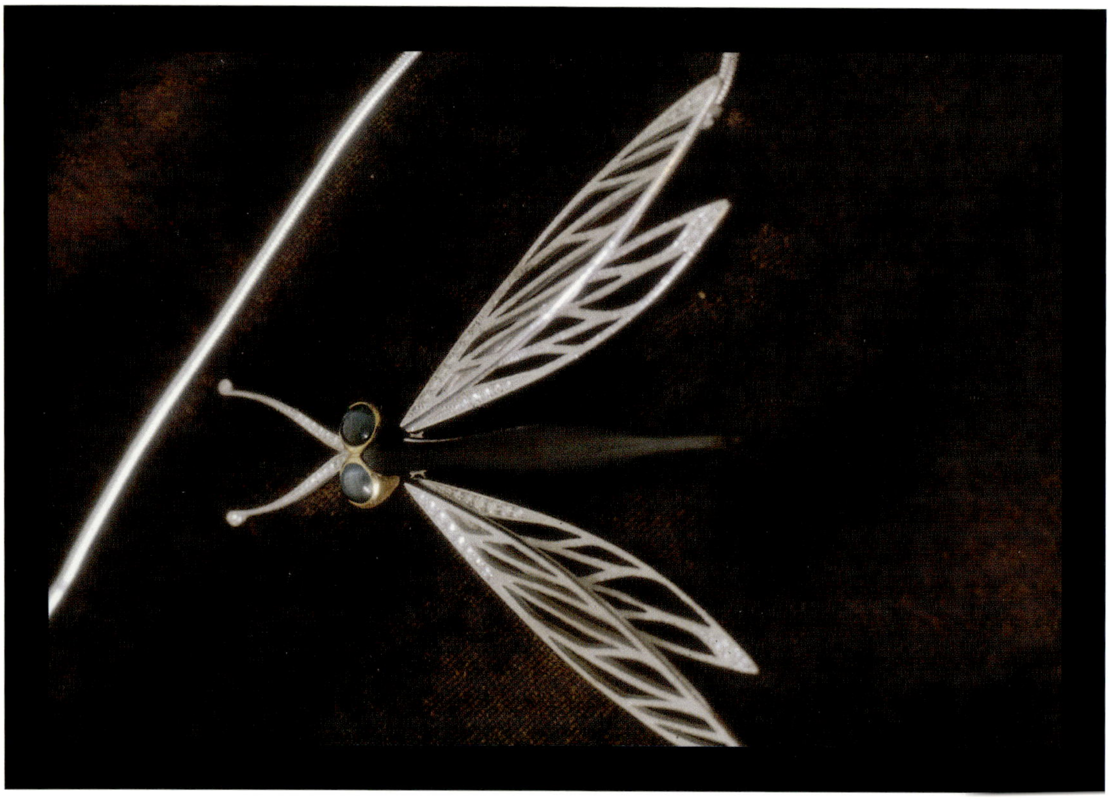

Libelule, Collier

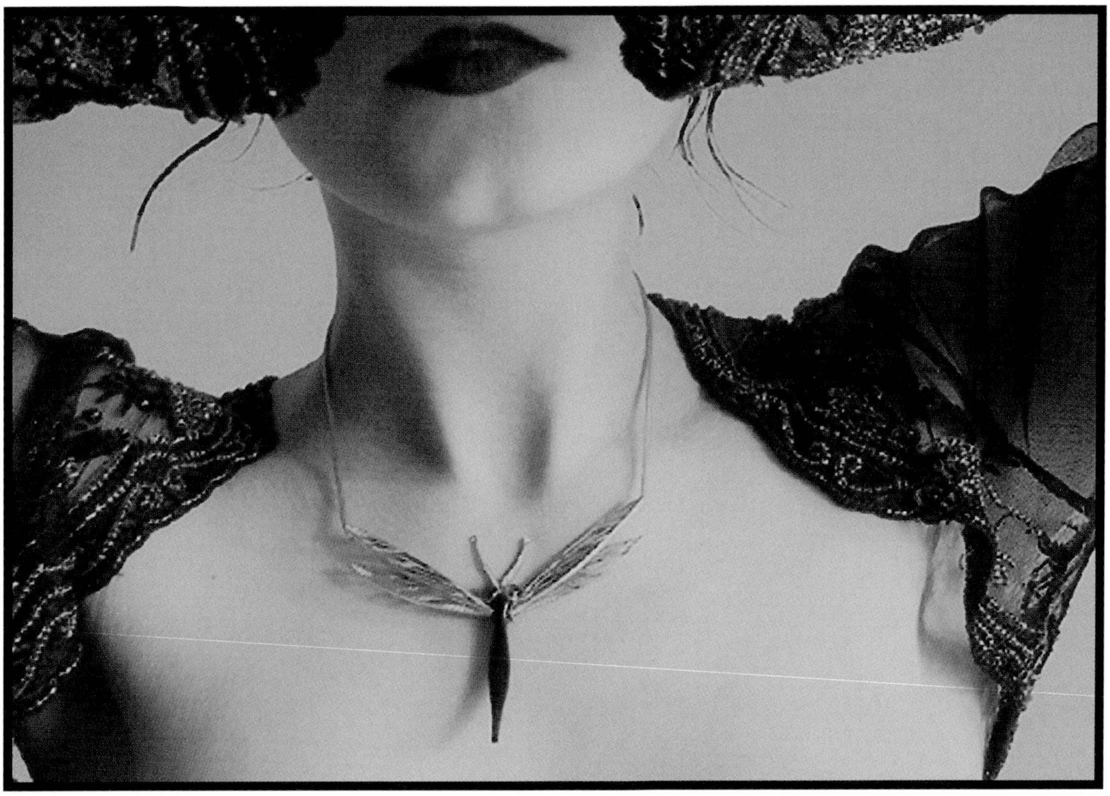

Libelule, Collier

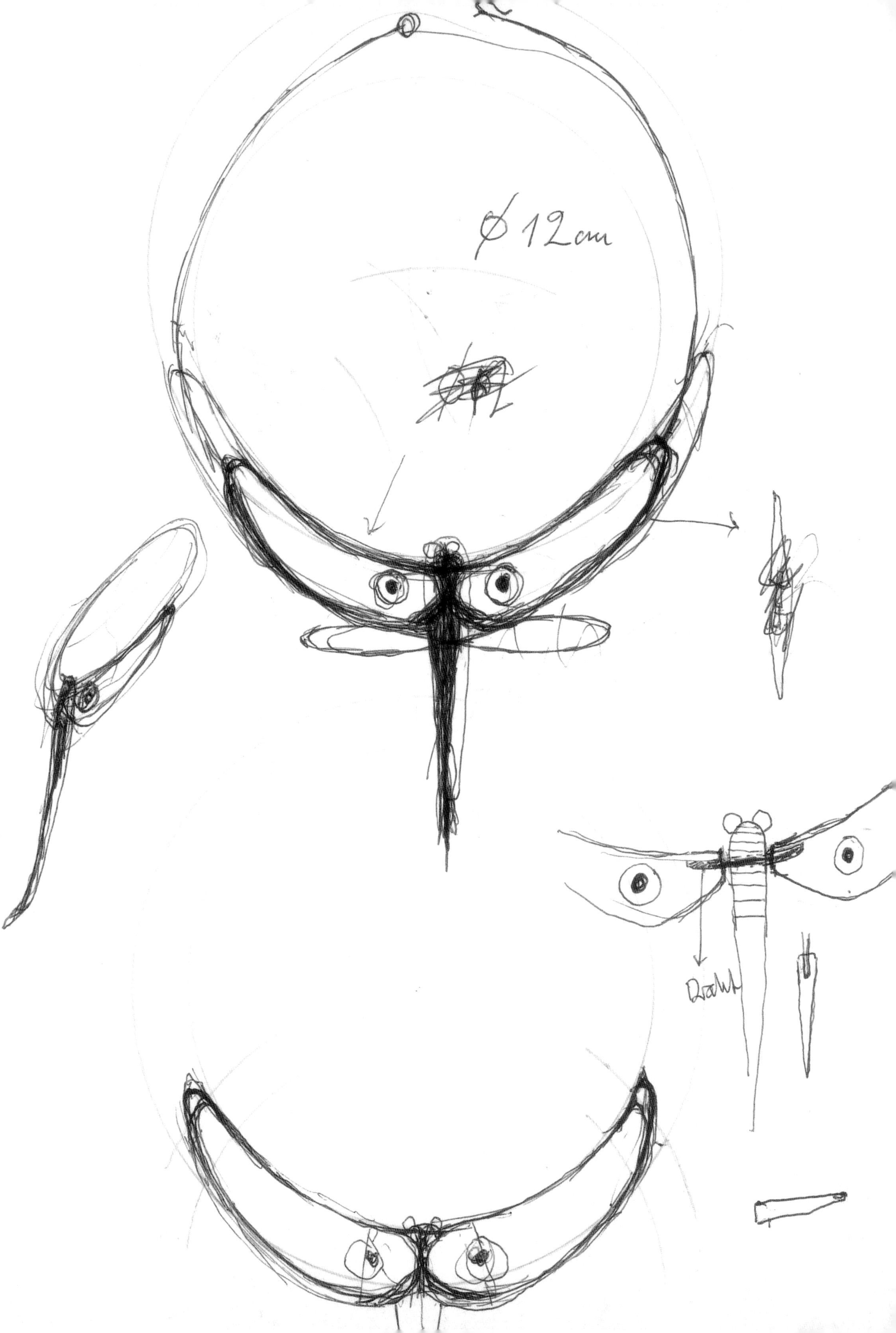

Ø 12cm
Draht

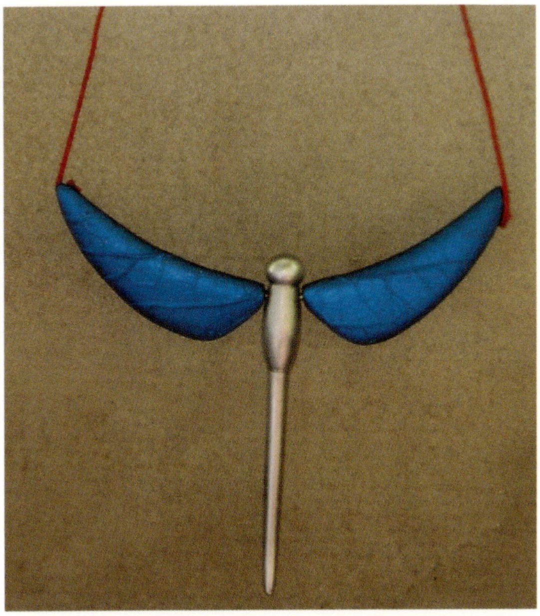

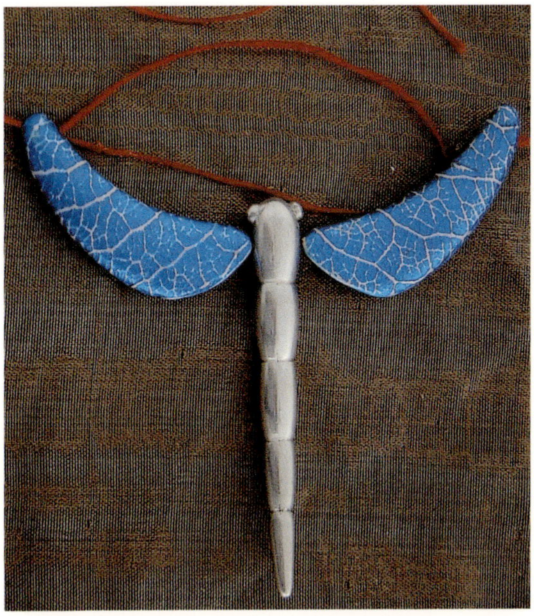

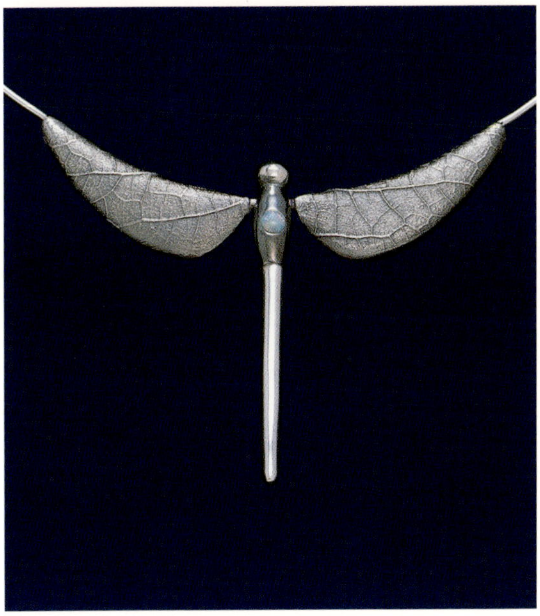

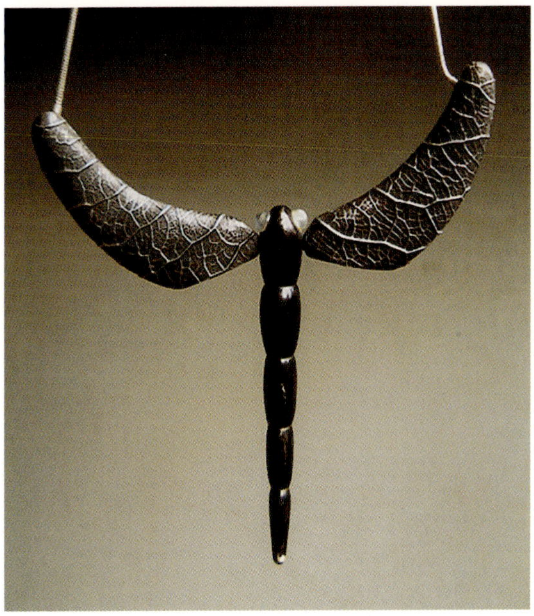

Foto: Edition Volker Huber

Libelle (klein)
2000
a) Aluminium, blau eloxierte Flügel
Libellen-Collier
b) Sterling-Silber 925, mit einem Opal in Silberfassung

Libelle (groß)
2000
a) Aluminium, blau eloxierte Flügel
b) Silber, 2 Mondsteine

folgende Doppelseite:

Libelle (groß)
1999
Silber vergoldet, 2 Rubine

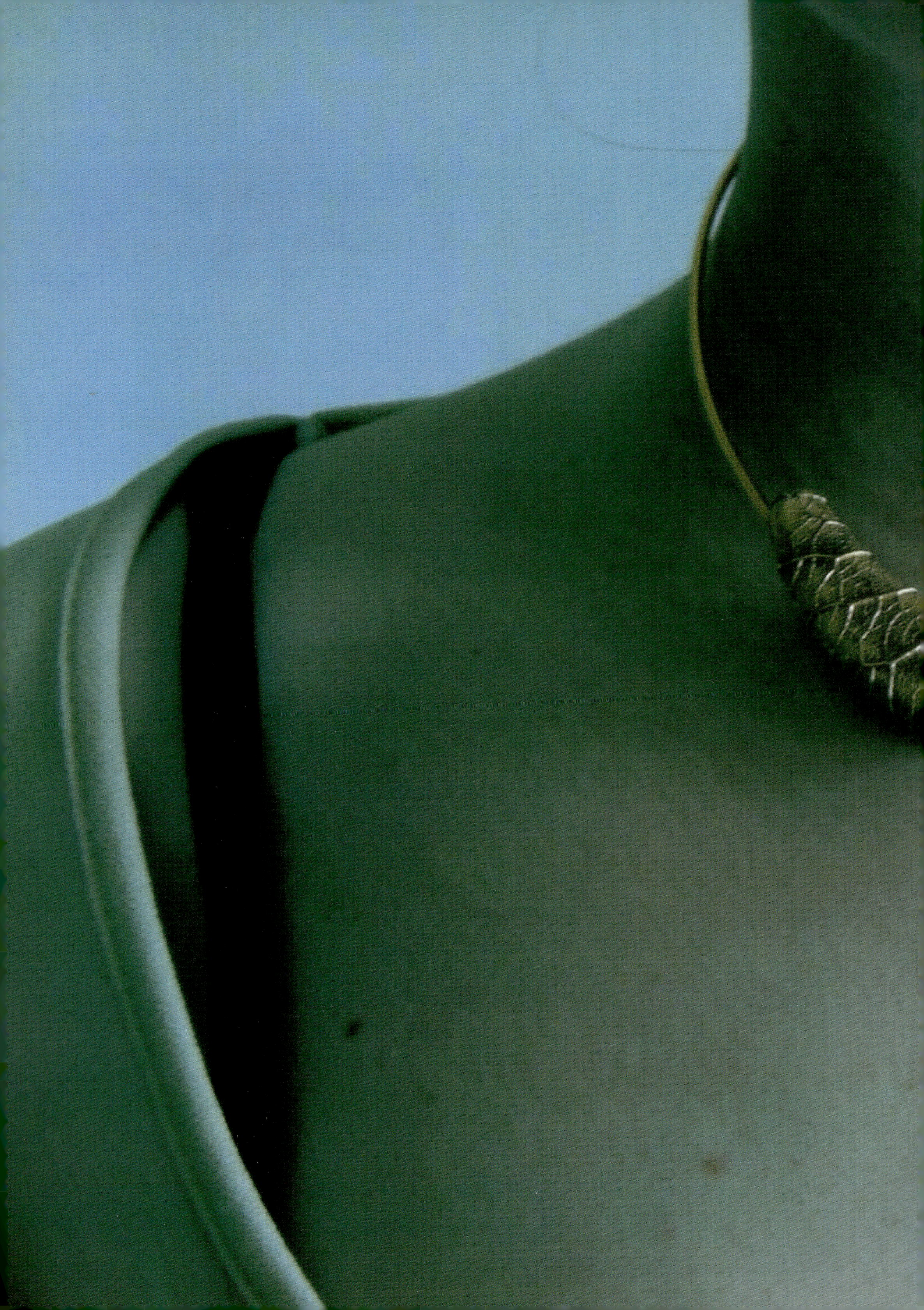

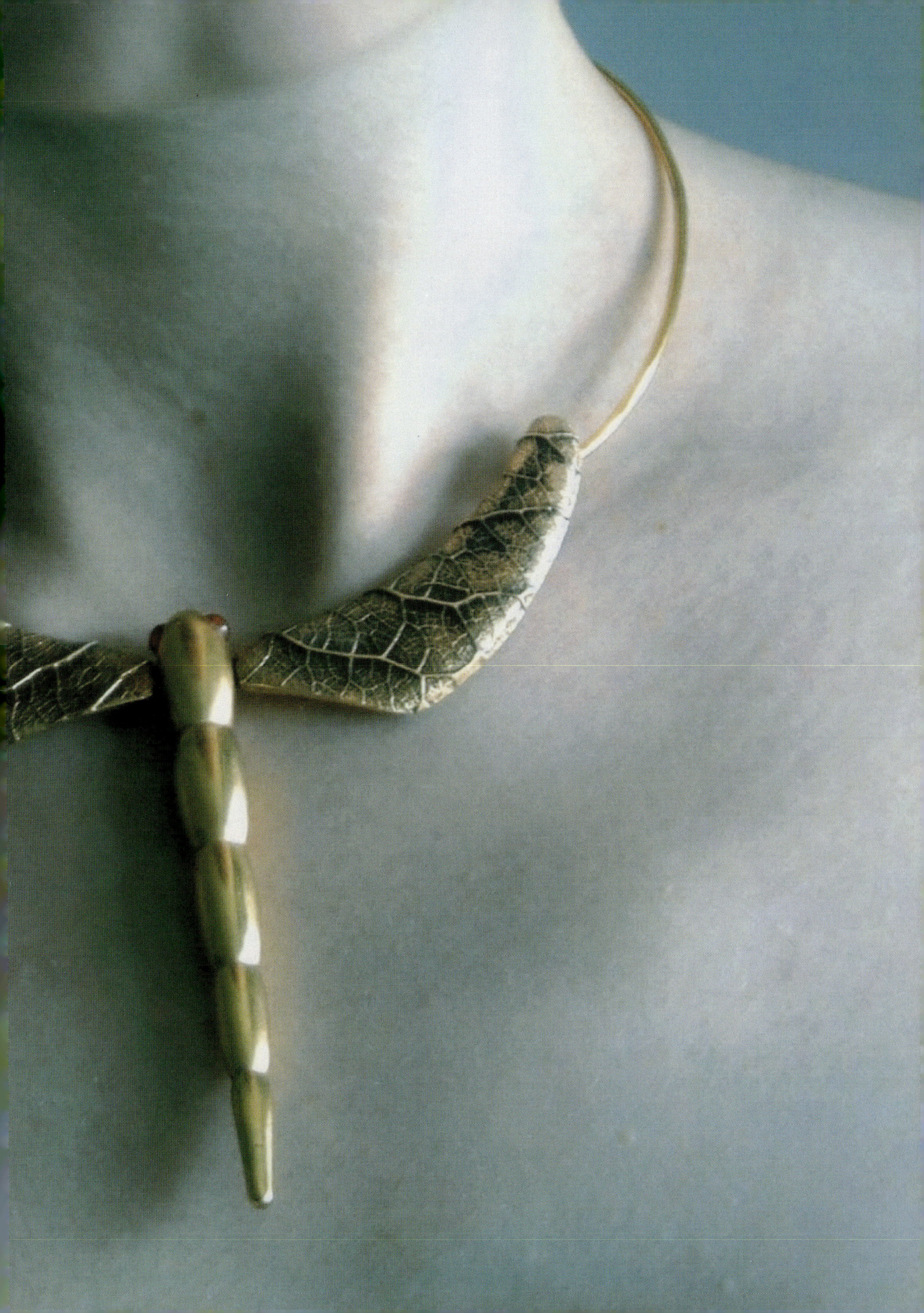

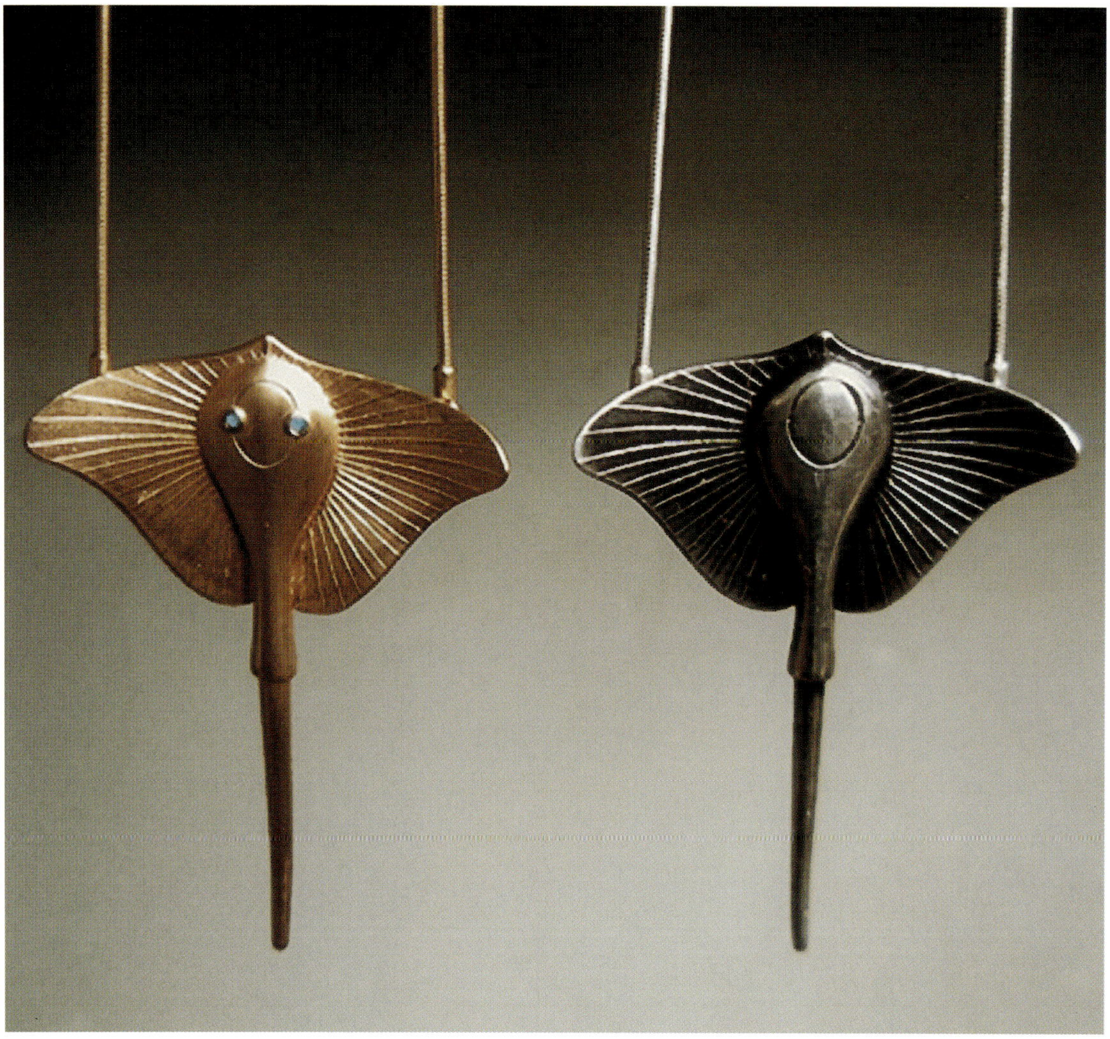

Rochen I, Collier
1999
Silber, vergoldet, 2 Rubine

Rochen II, Collier
1999
Sterling-Silber 925

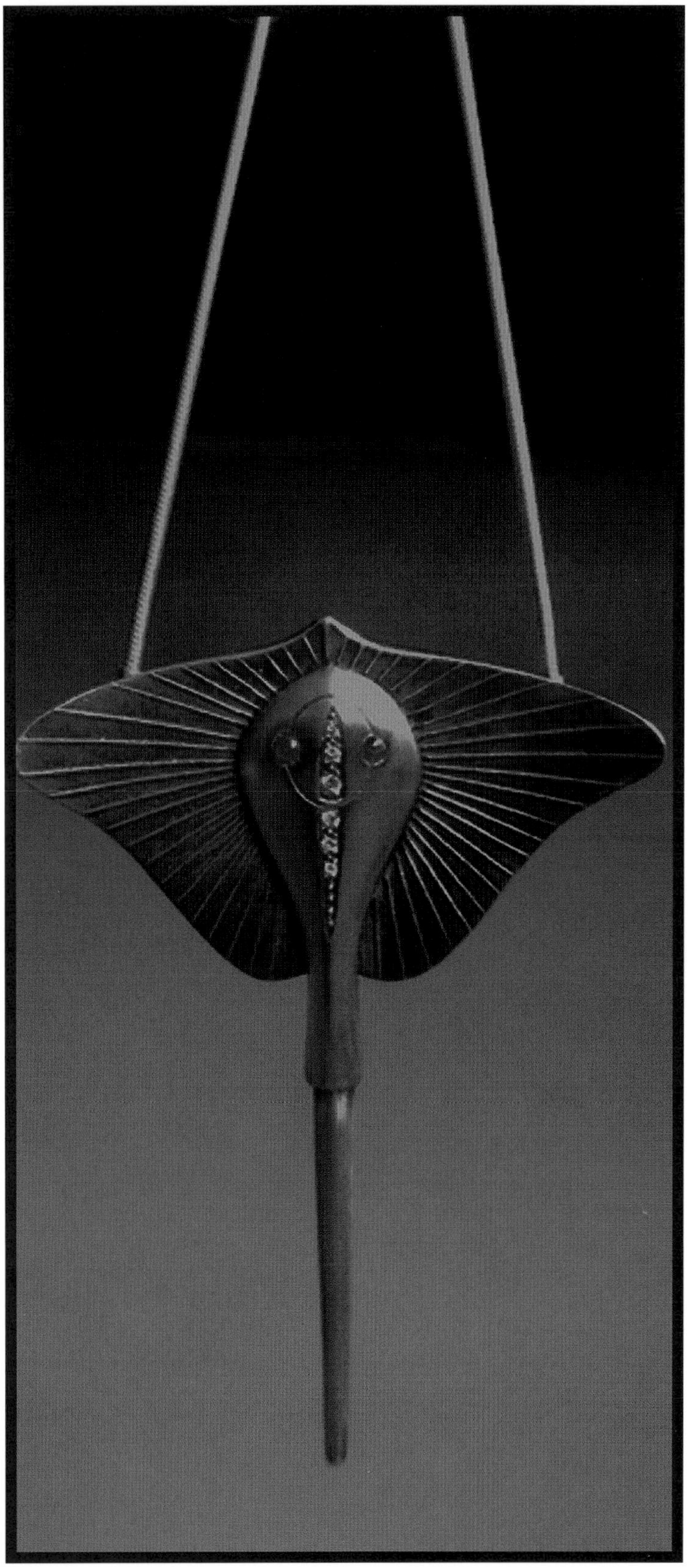

Rochen III, Collier
2000
Sterling-Silber 925, 2 Rubine,
Brillant-Splitter

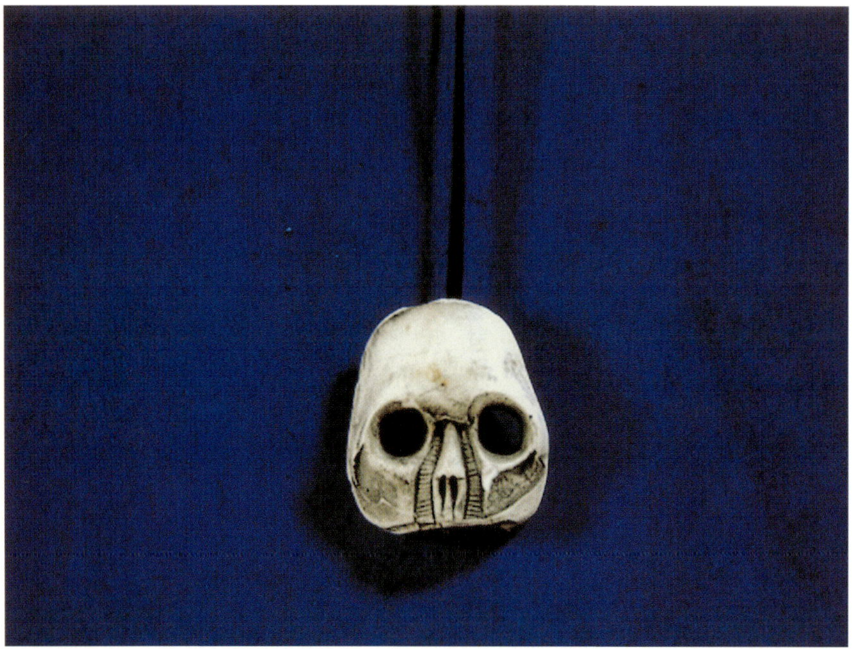

Totenköpfchen
1999
Gips

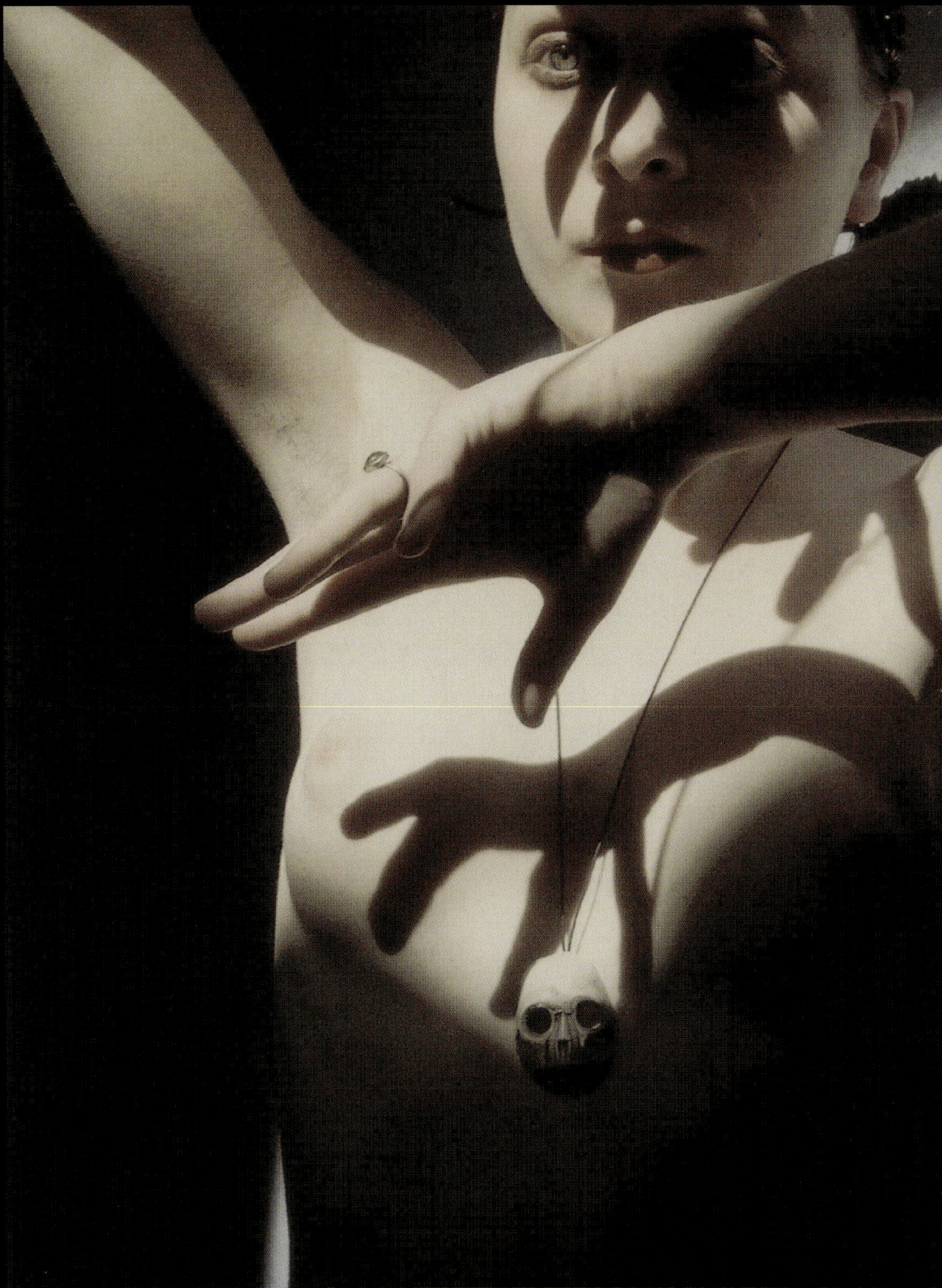

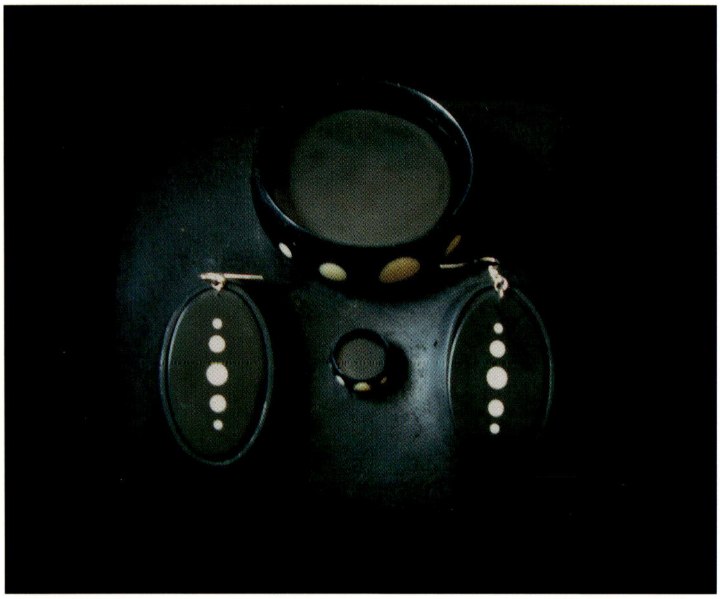

Armreif, Ohrhänger, Ring
2001
Polymer, schwarz mit elfen-
beinfarbenen Punkten

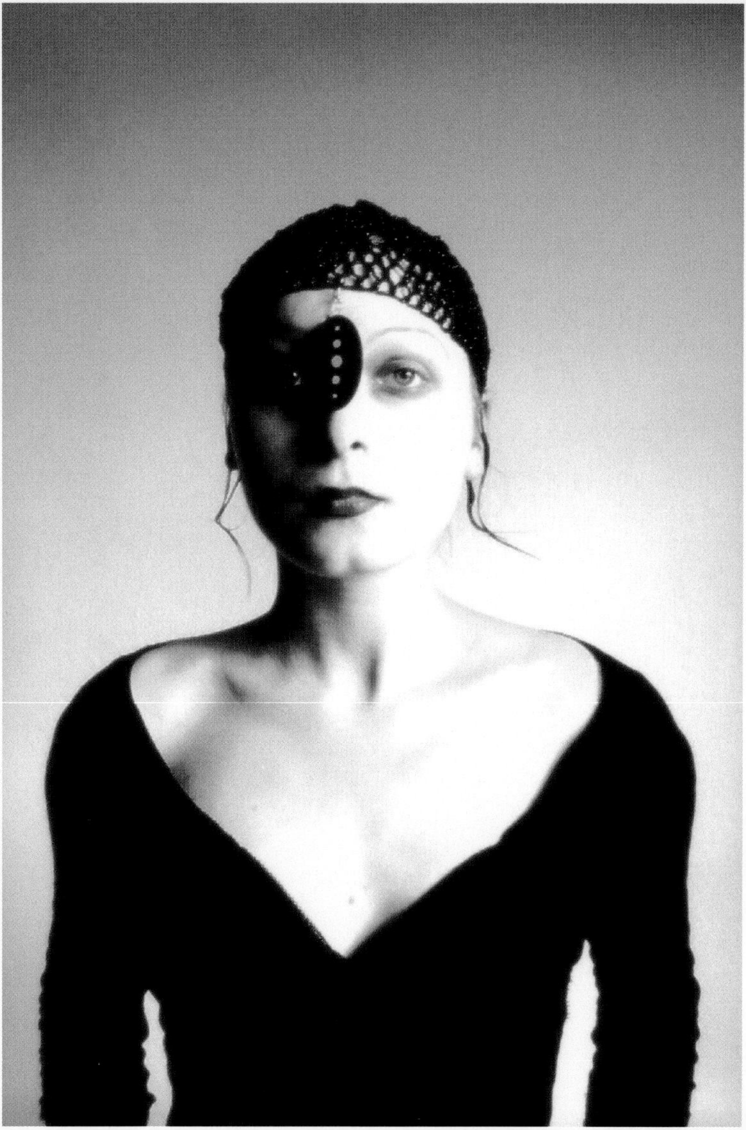

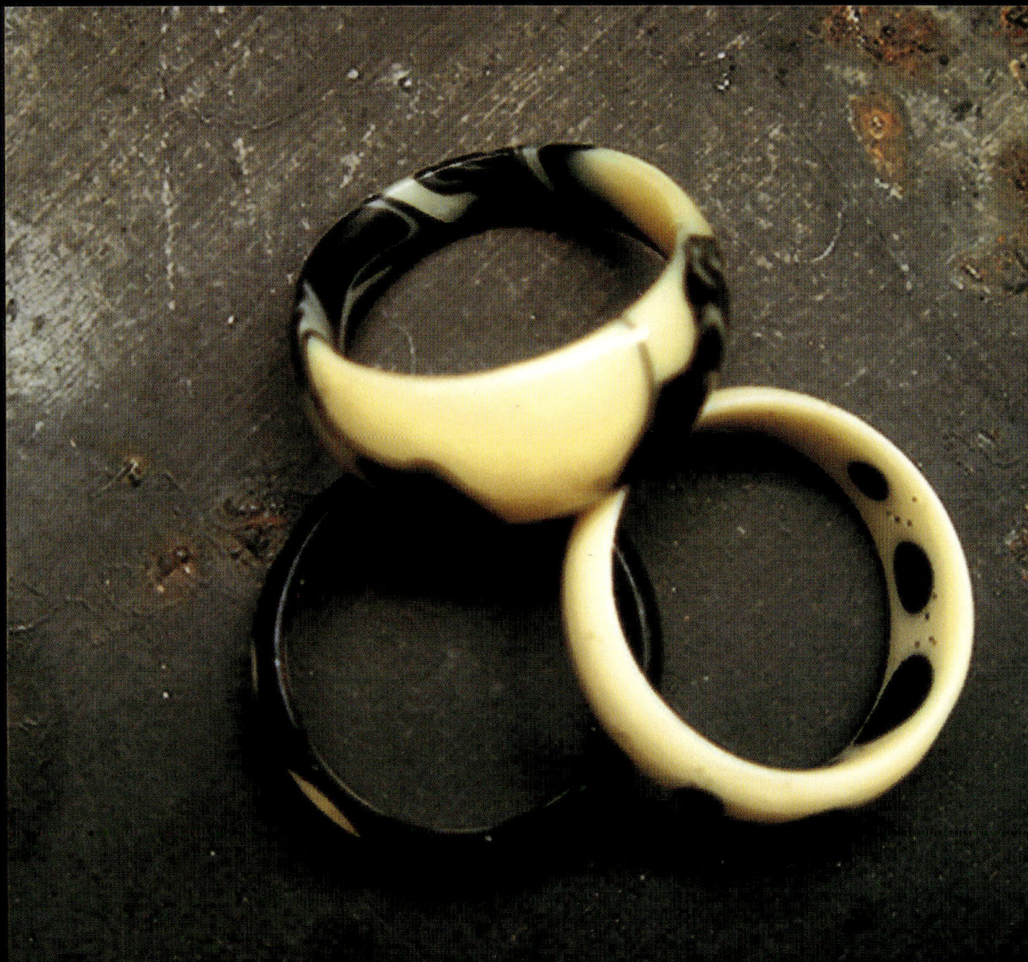

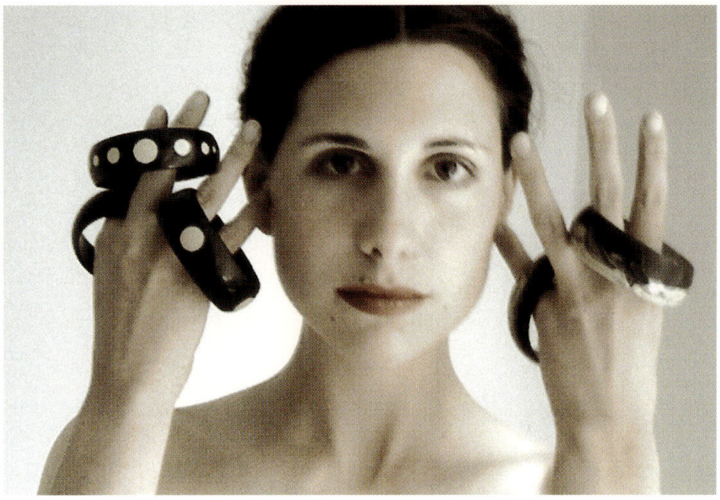

Armreifen
2001
Polymer, elfenbeinfarben,
schwarz

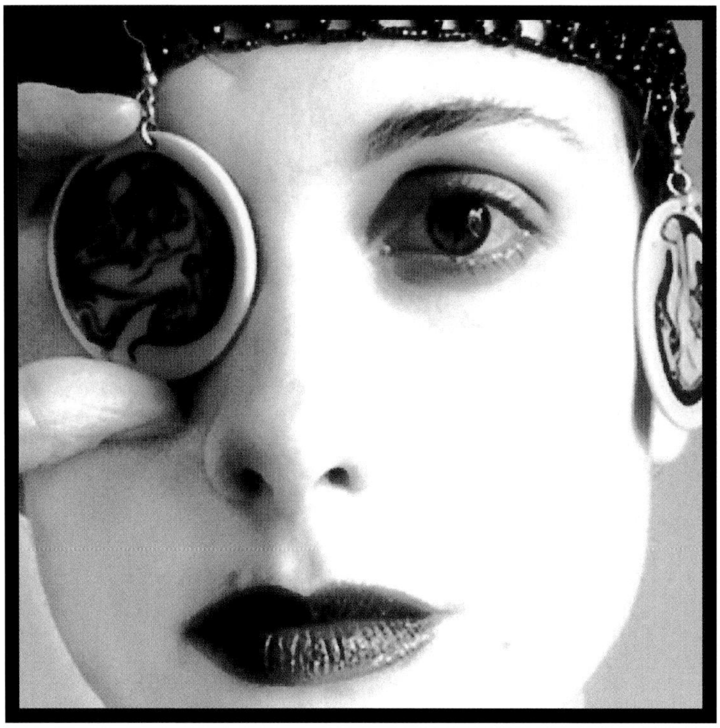

Ohrhänger (oval)
2001
Polymer, schwarzweiss
marmoriert

Vivian und Simone mit Calla-Collier, Armreif, Ohrhänger und Ring

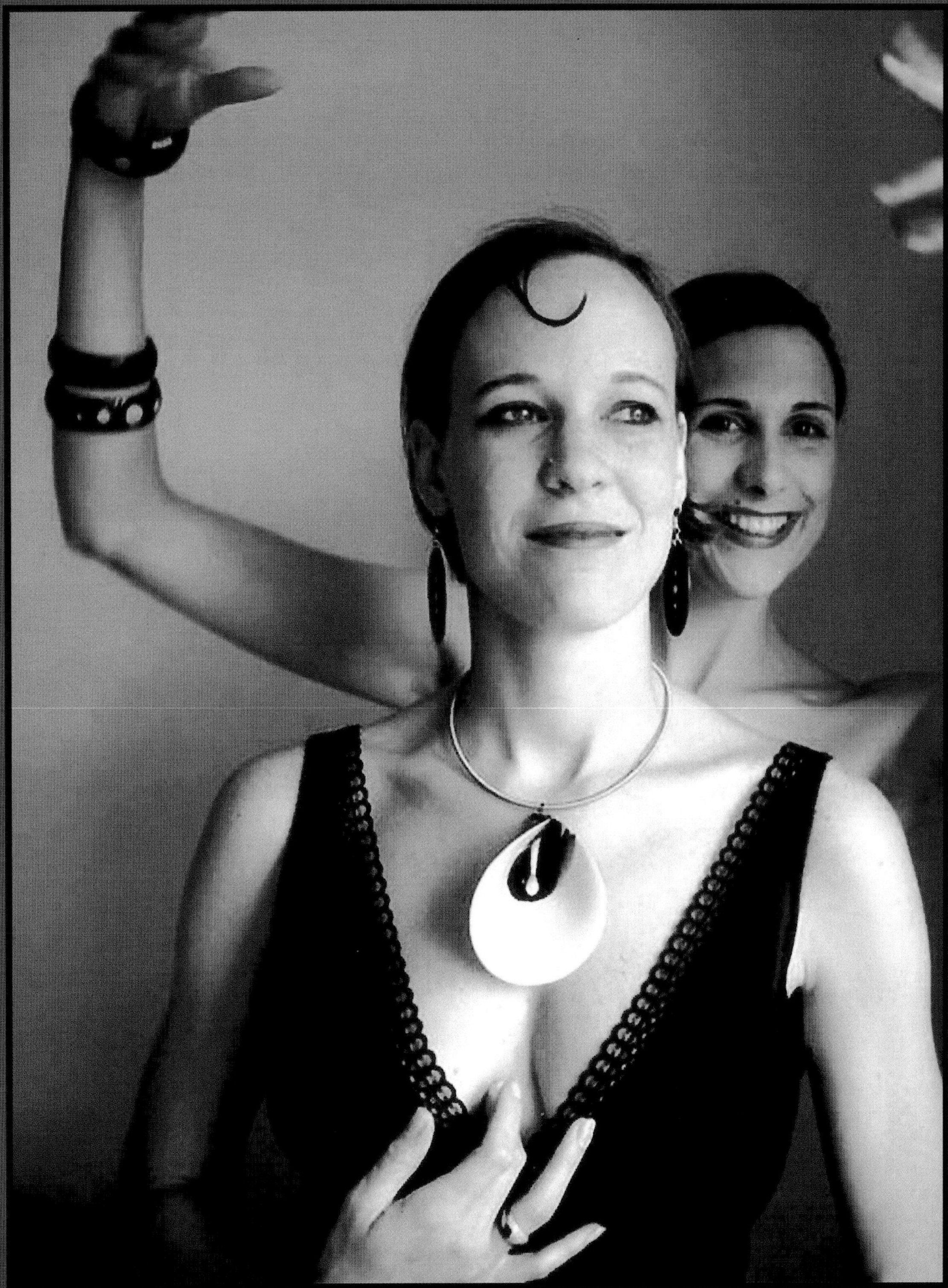

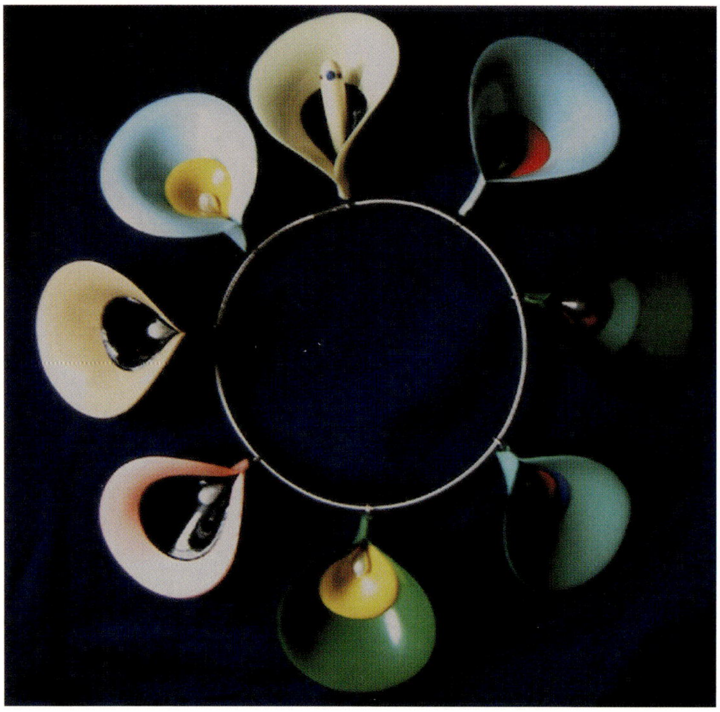

Calla-Collier
2001
Polymer, in verschiedenen
Farbkombinationen,
mit einer Perle

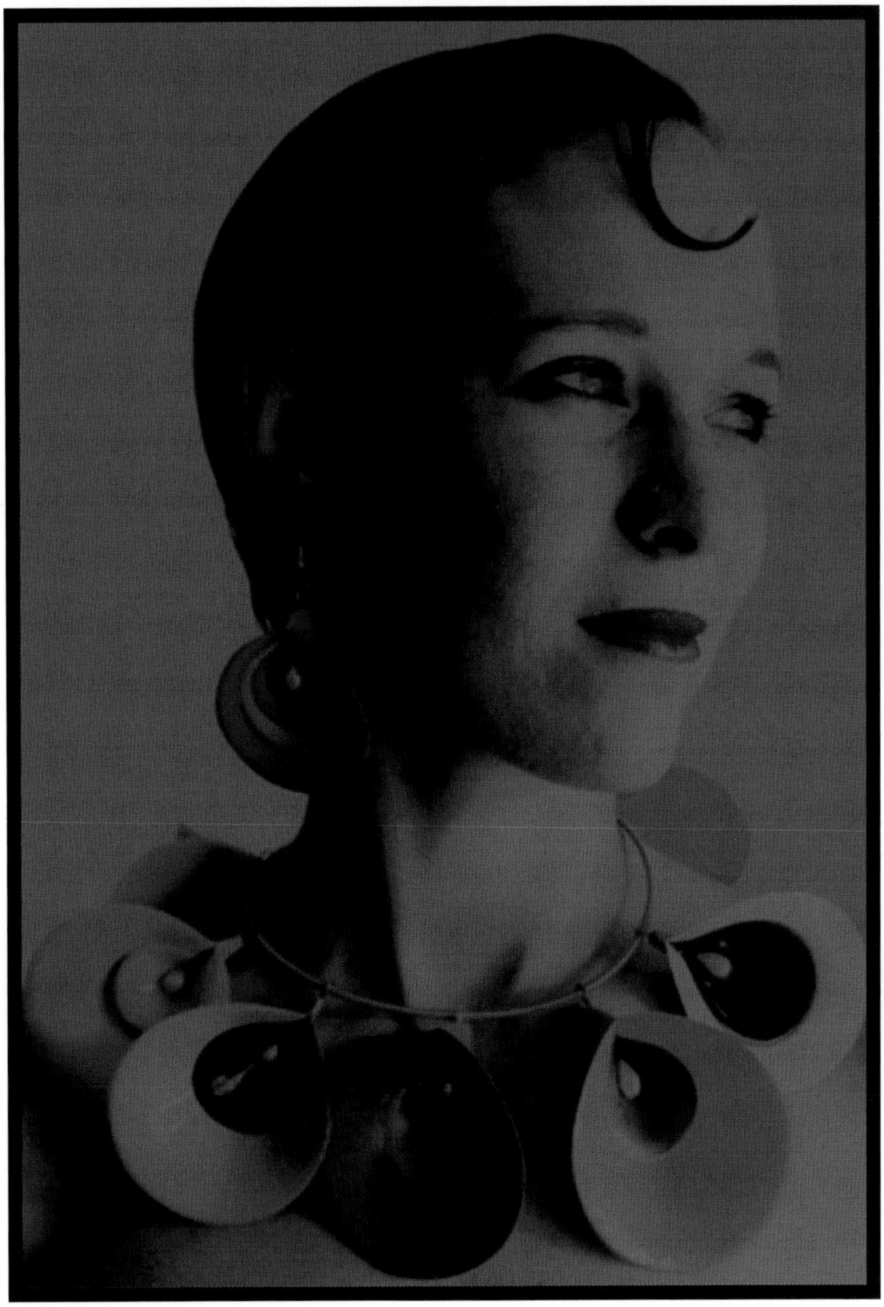

Calla-Collier, Calla, Ohrschmuck

folgende Doppelseite: Calla-Collier

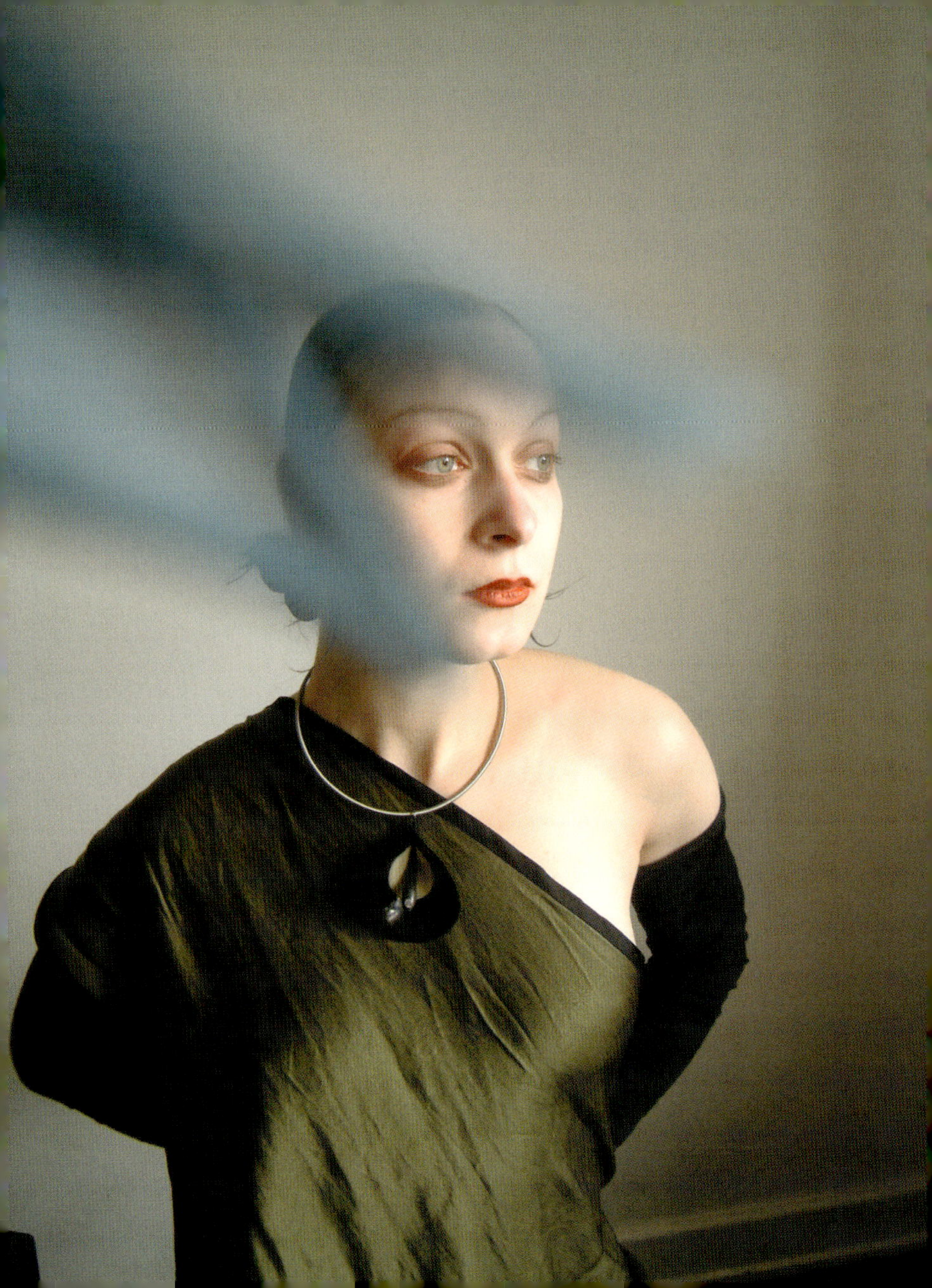

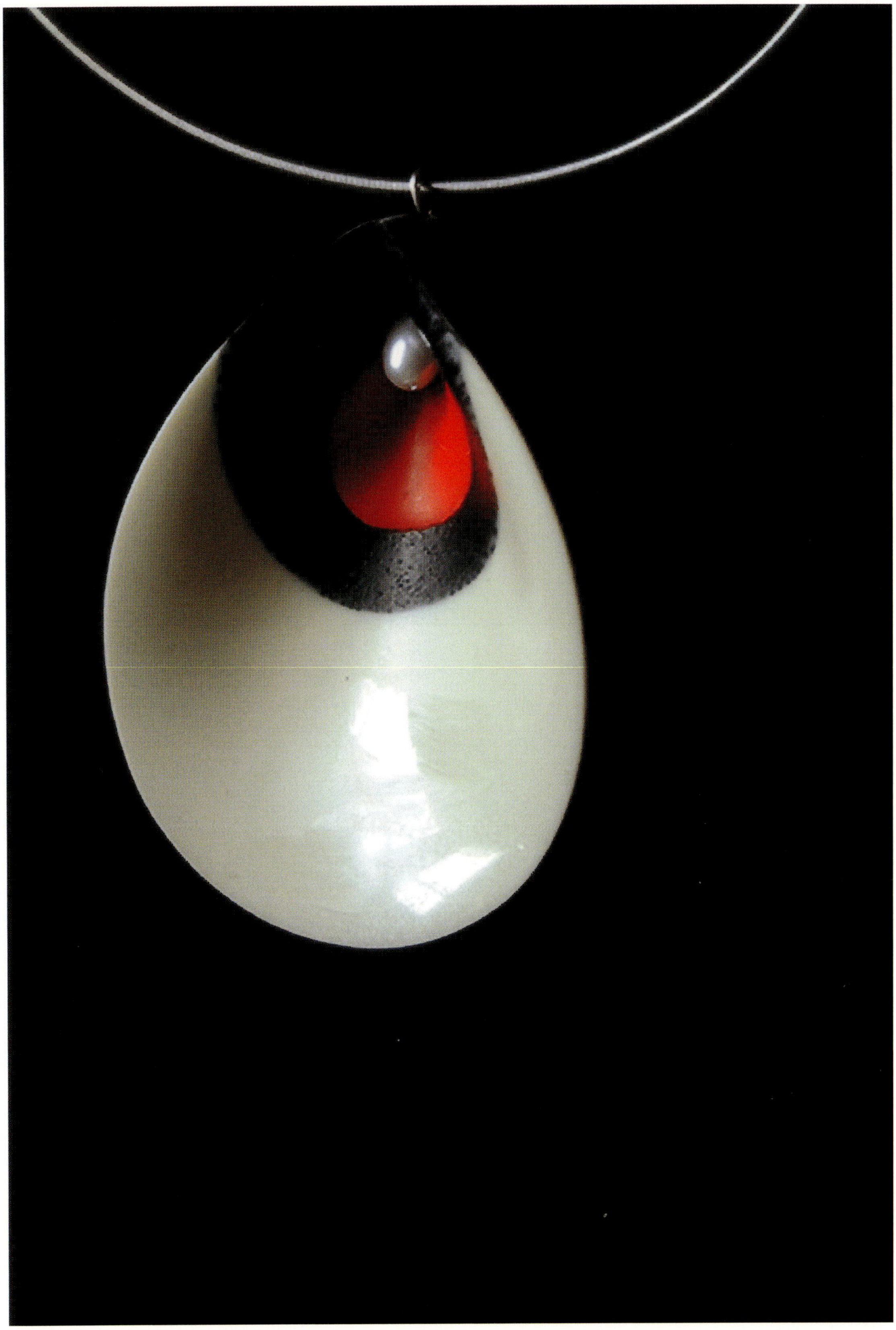

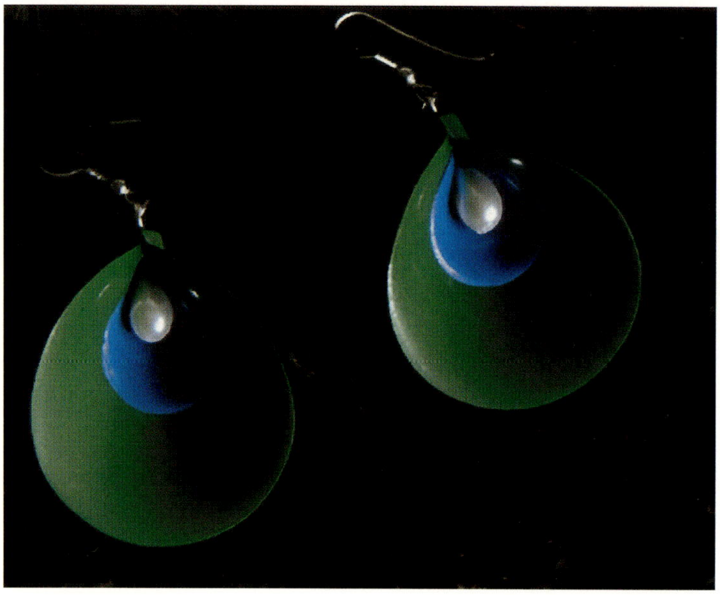

Calla, Ohrschmuck
2001
Polymer, grün-blau,
mit einer Perle

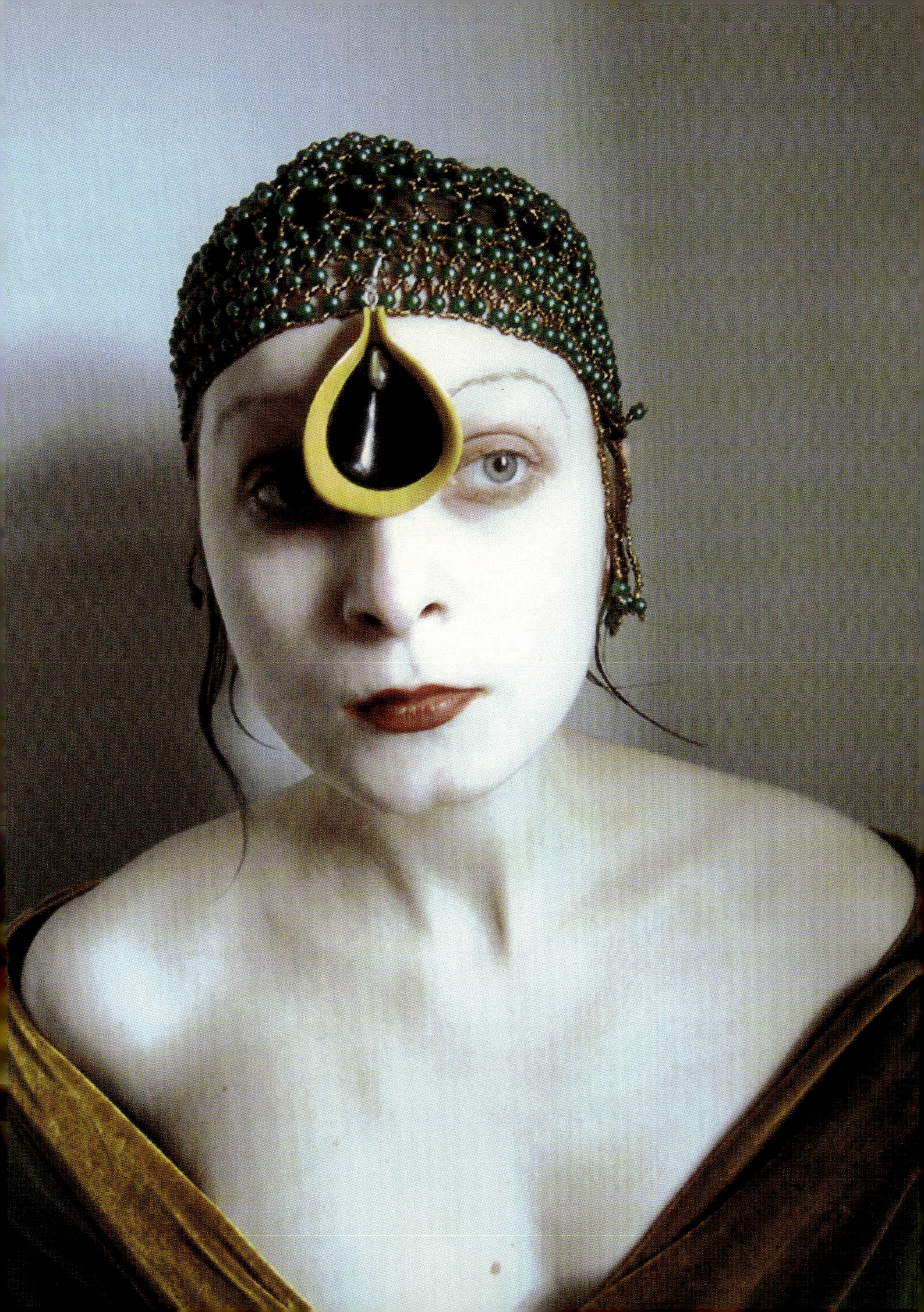

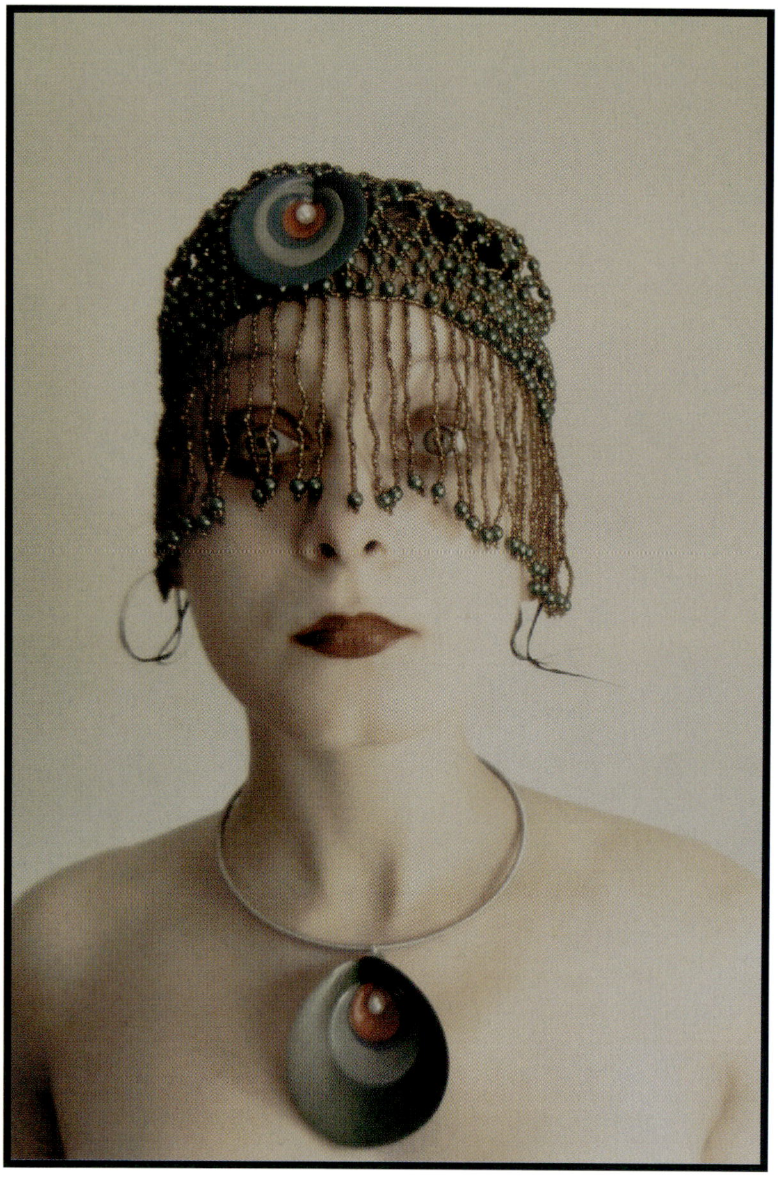

Calla-Collier, Calla, Ohrschmuck

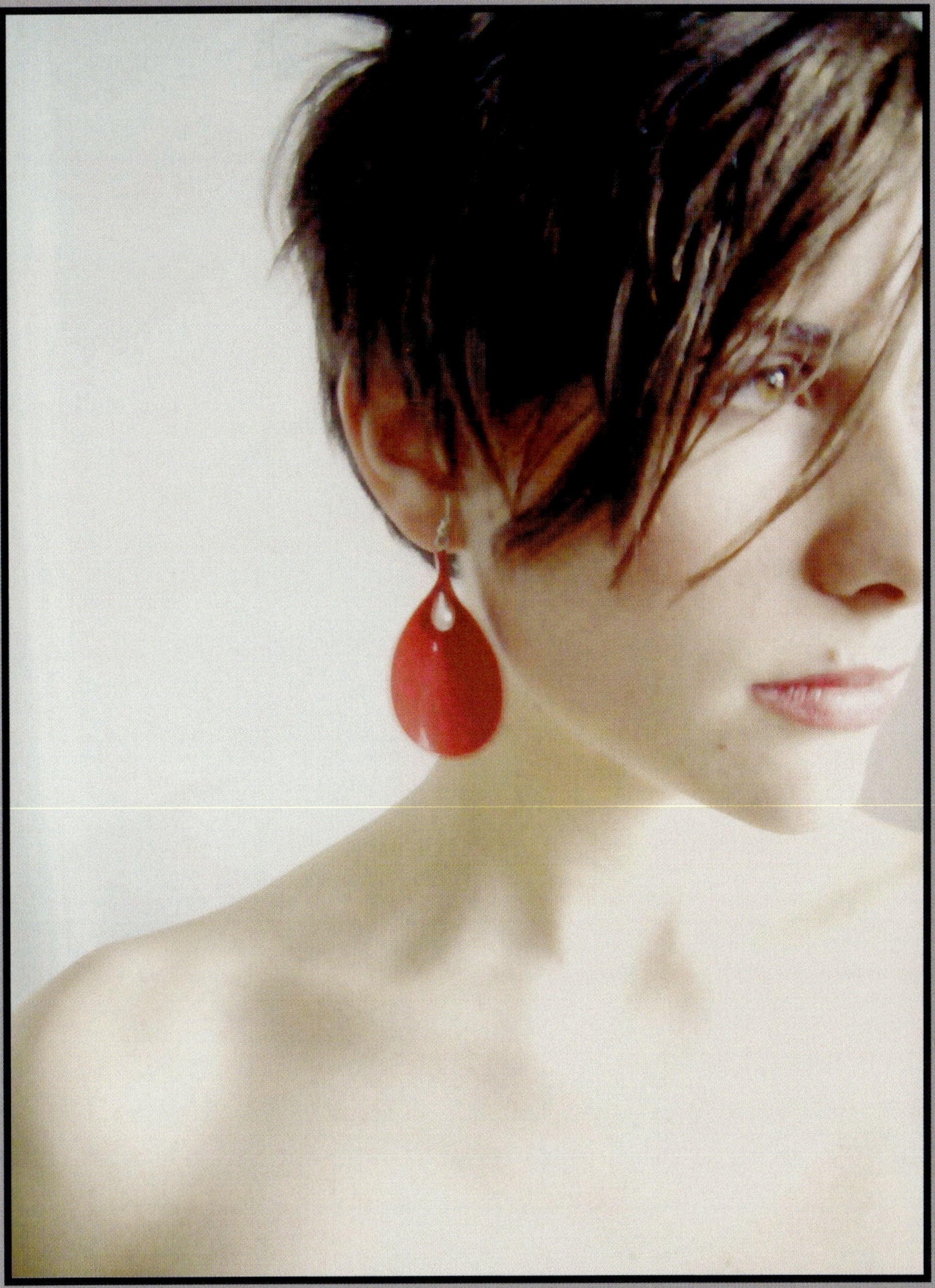

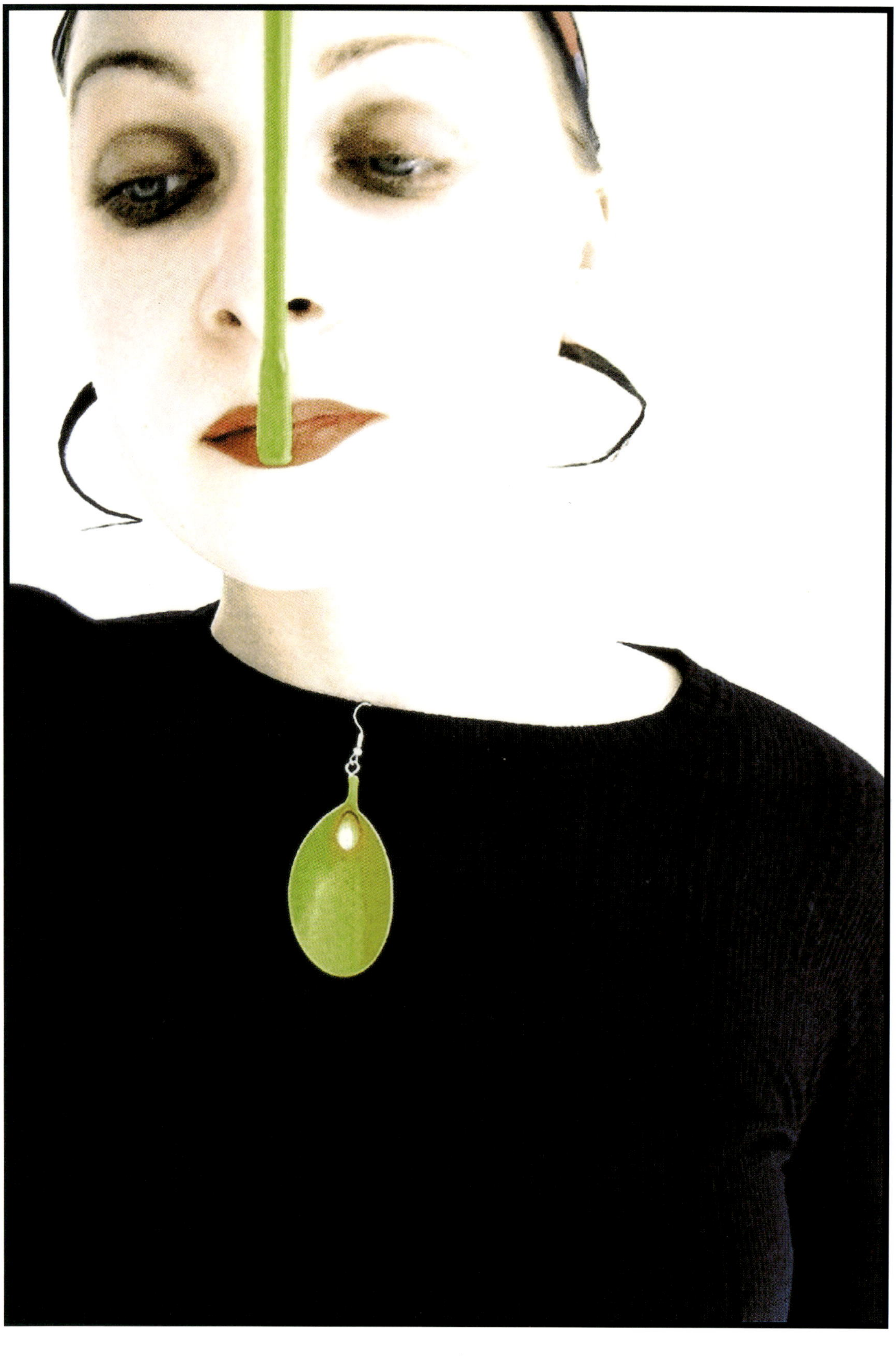

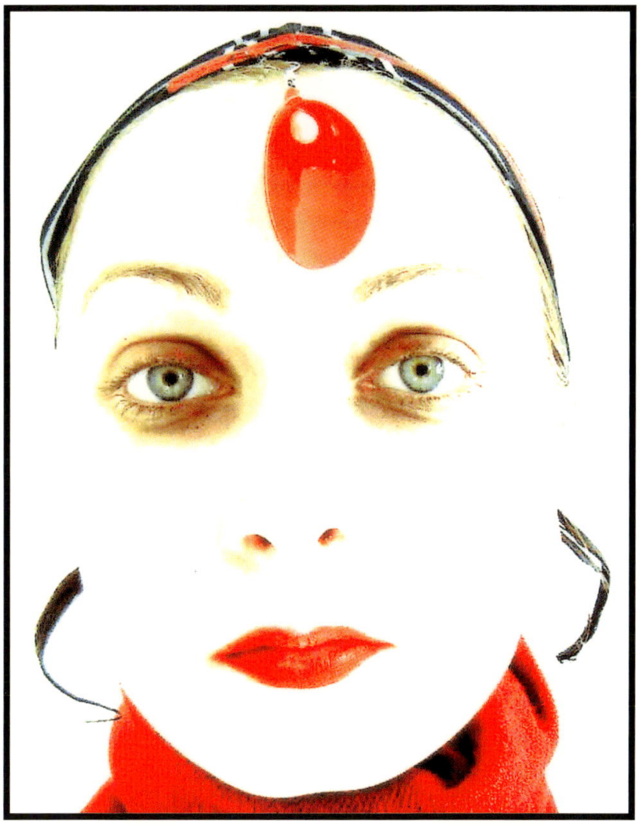

Calla, Ohrschmuck

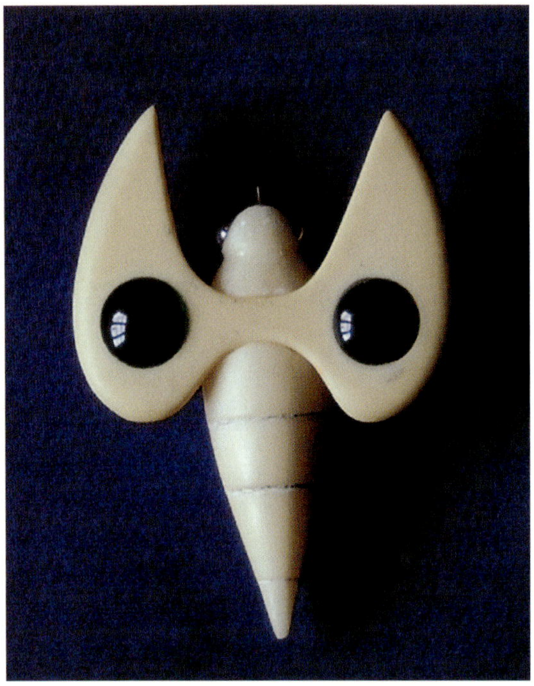

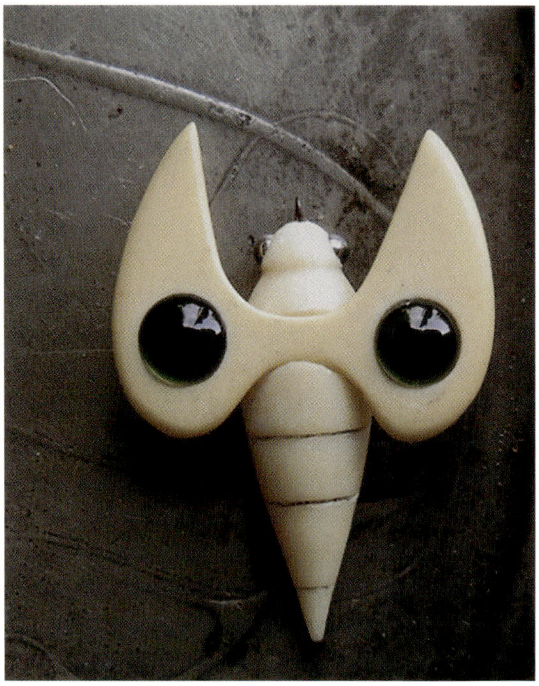

Käfer, Brosche (Entwurf)
2001
Polymer, Glas

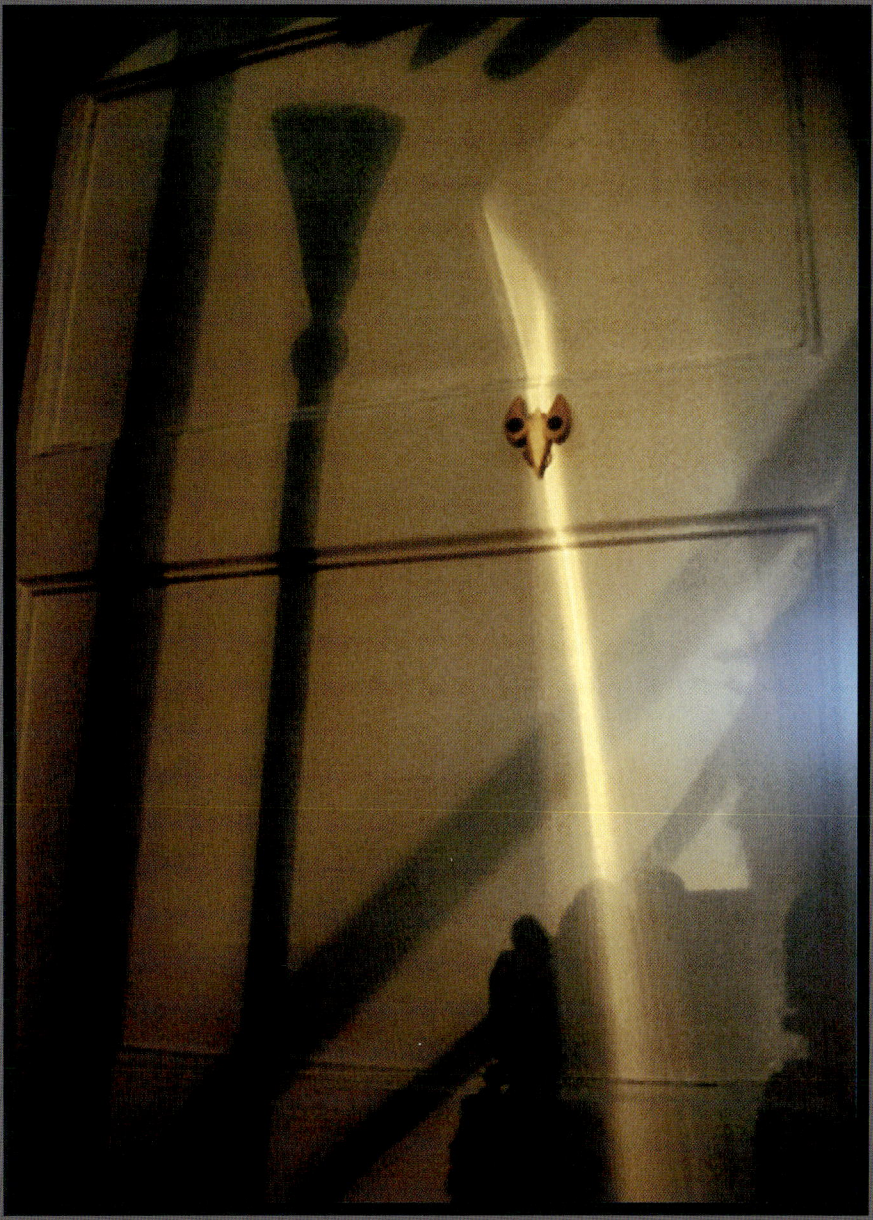

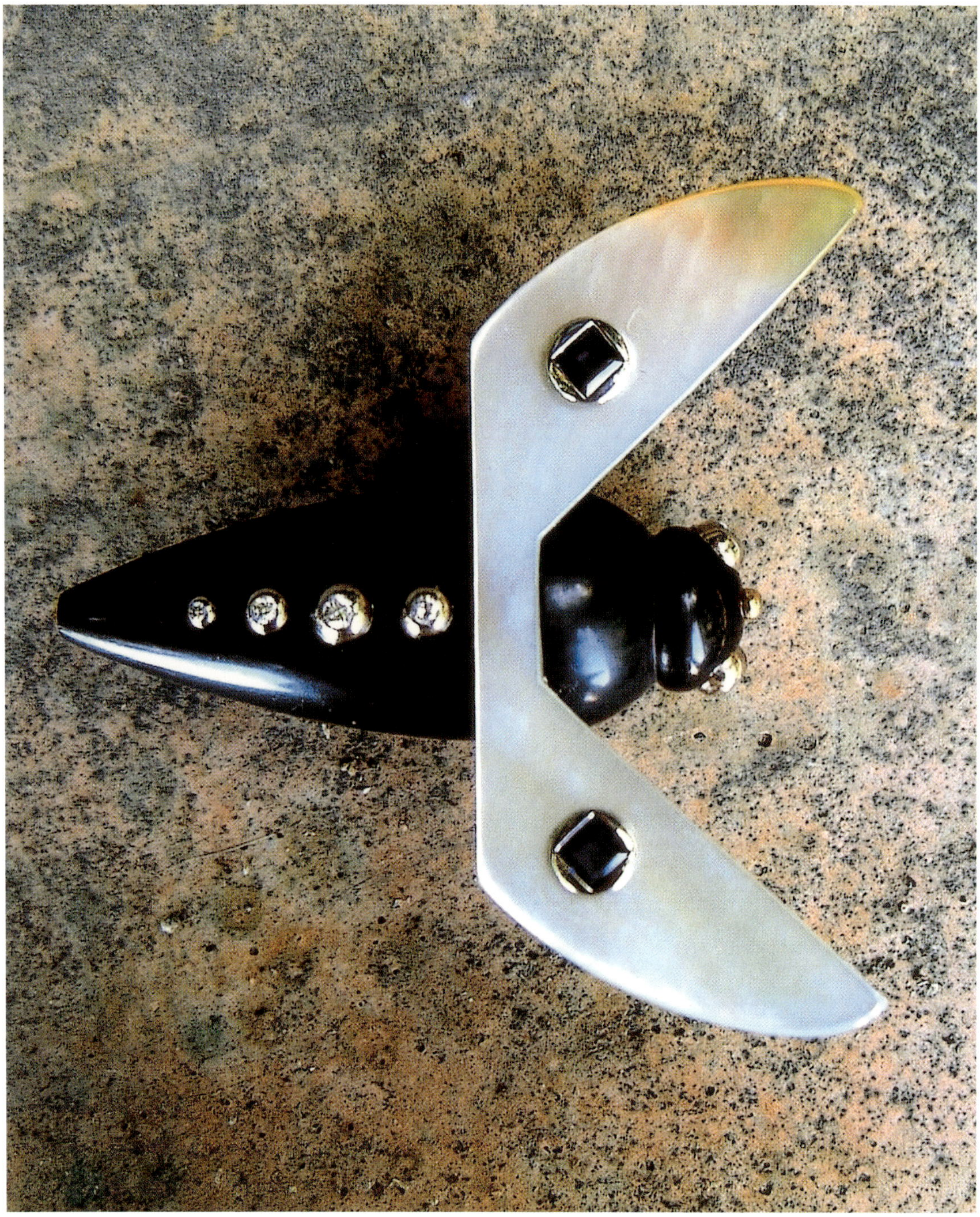

Käfer, Brosche
2001
Büffelhorn, Perlmutt, Brillanten,
2 Smaragde, Weißgold

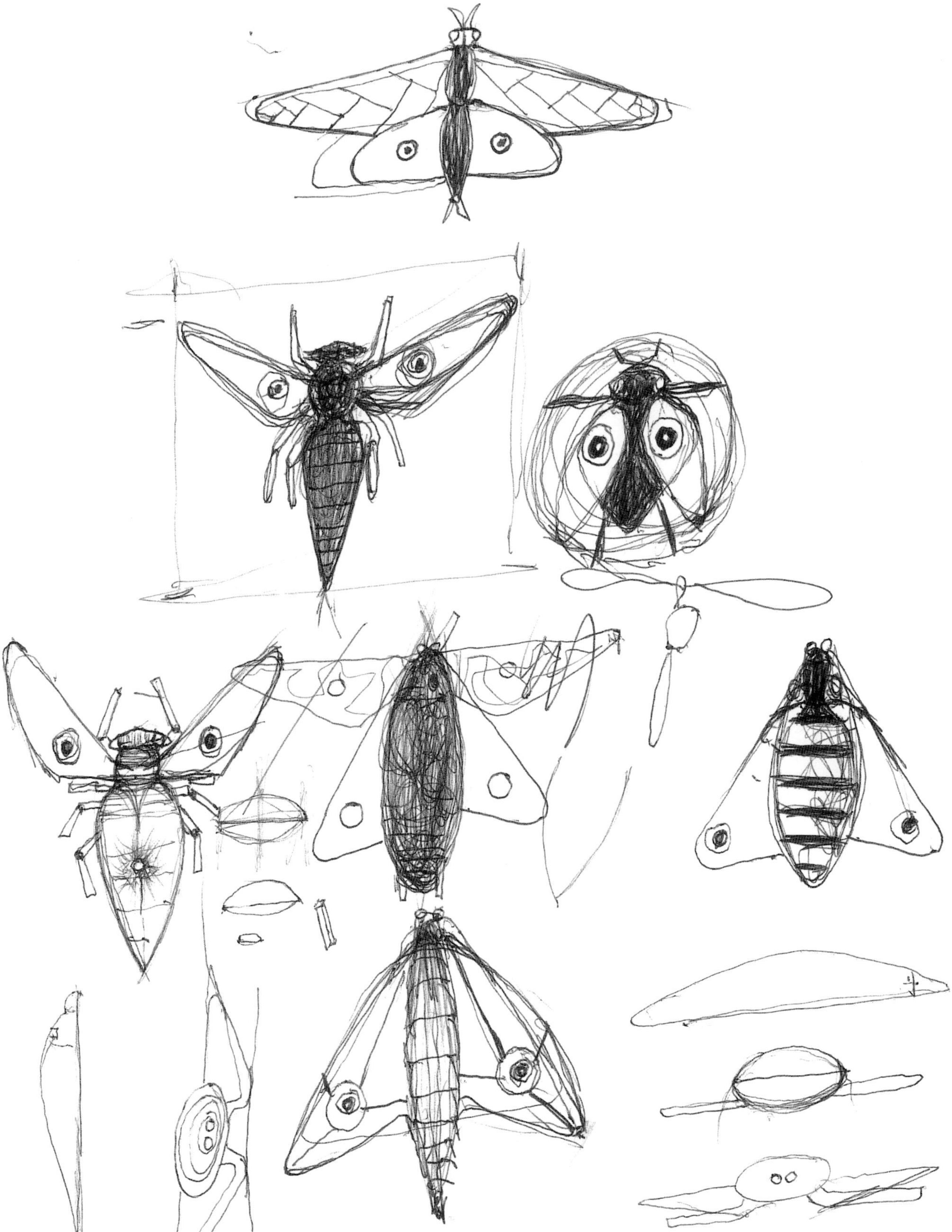

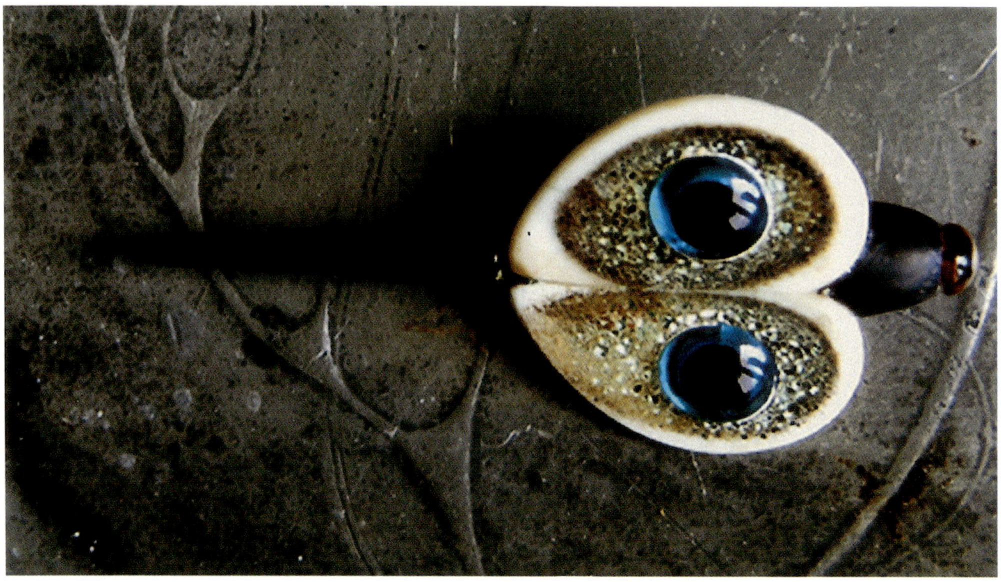

Falter, Brosche
2000
Ebenholz, Knochen, Glas

Schwalbe (Entwurf)
2000
Polymer, Glas

Libelle, Sommerschmuck (Entwurf)
2000
Polymer bemalt, Glas

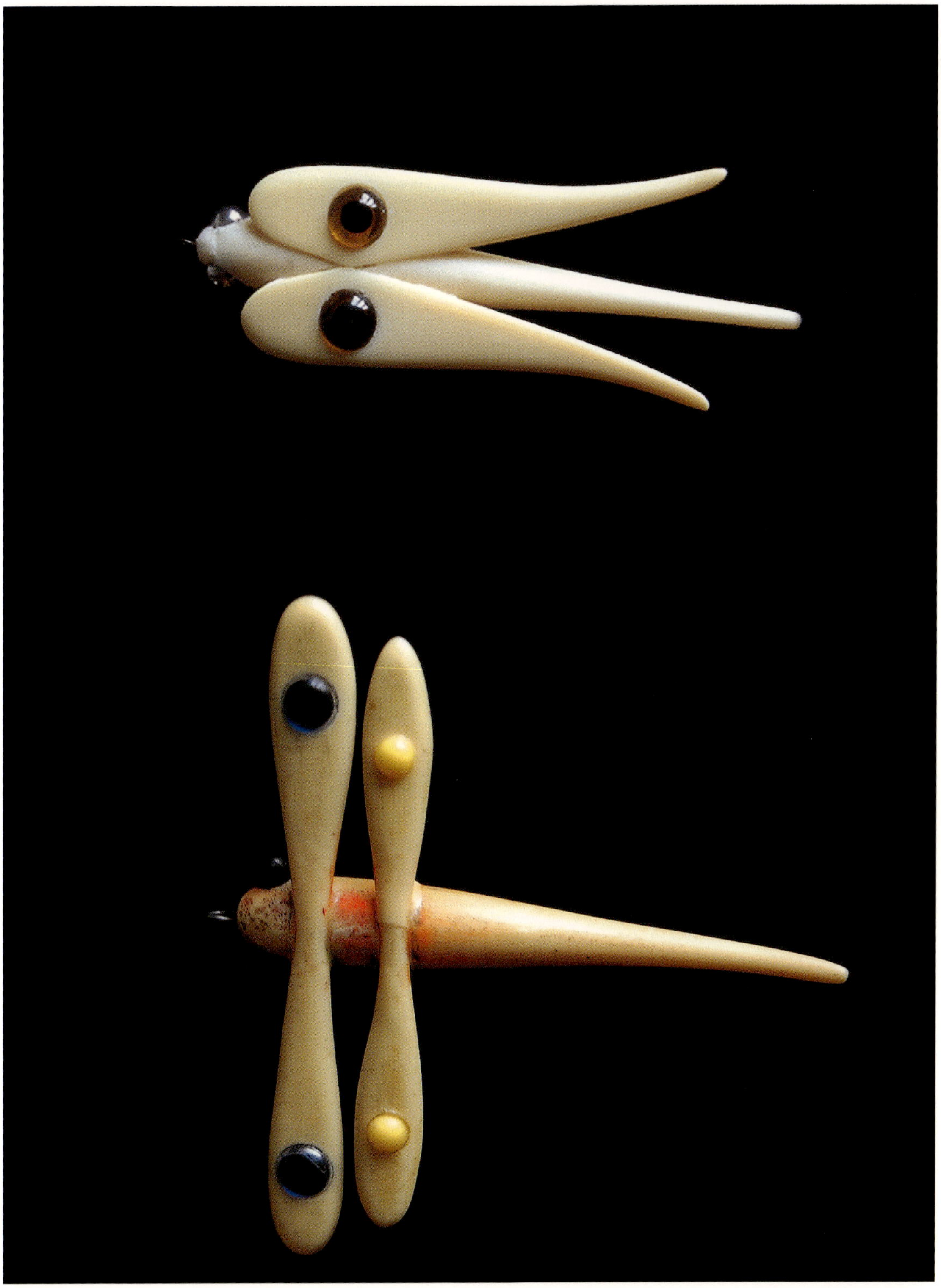

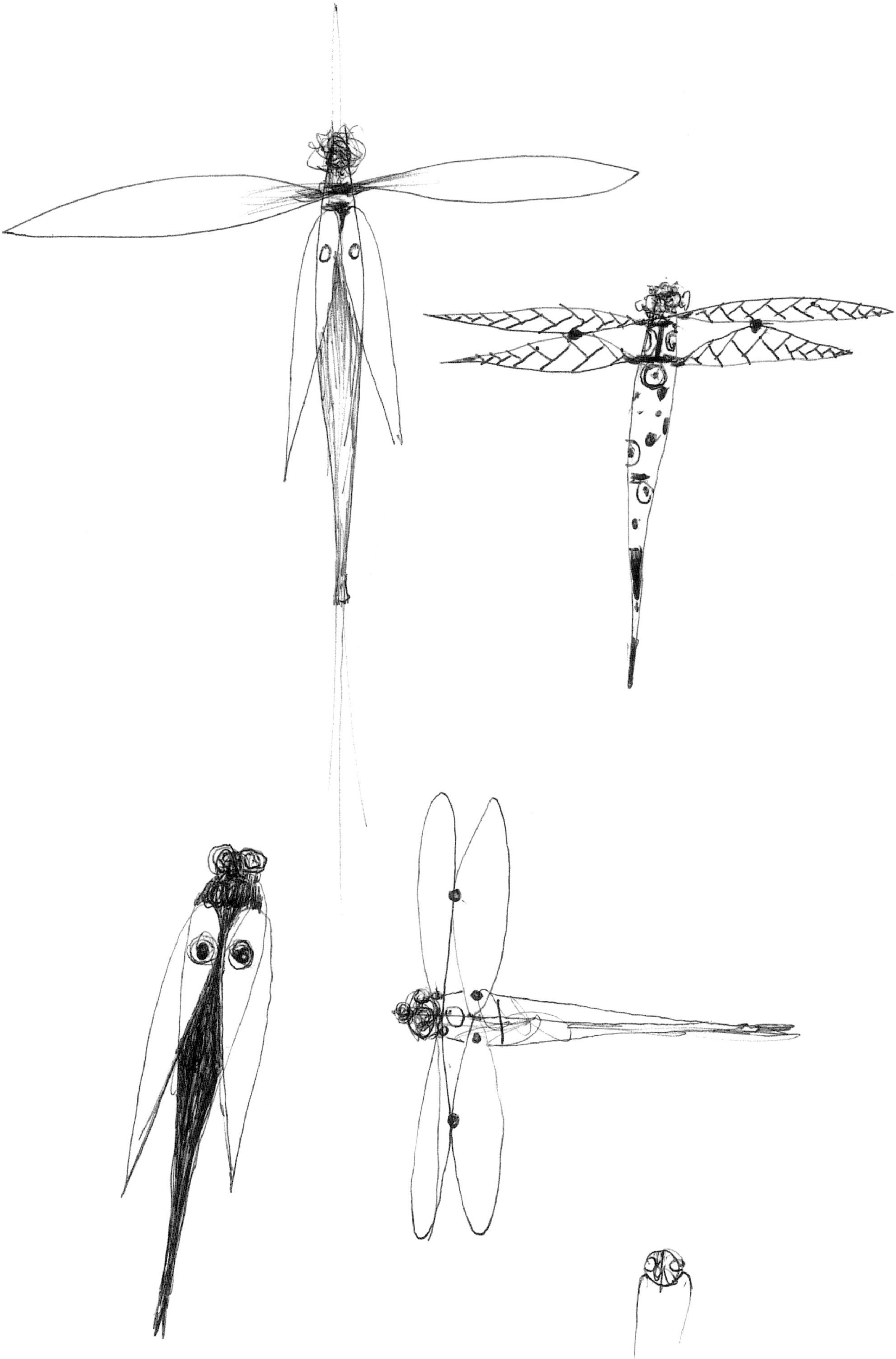

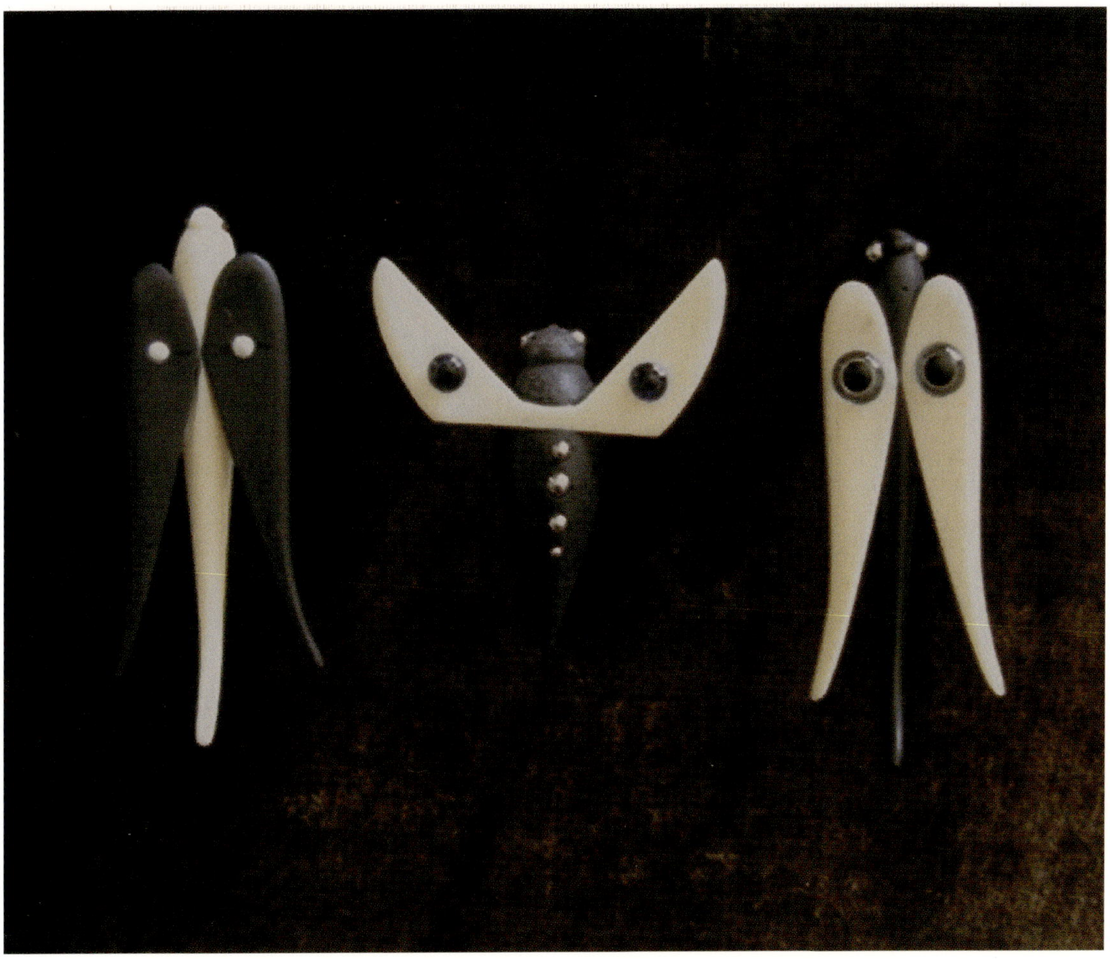

Schwalbe, Käfer (Entwürfe)
2000
Polymer, Stahl, Glas

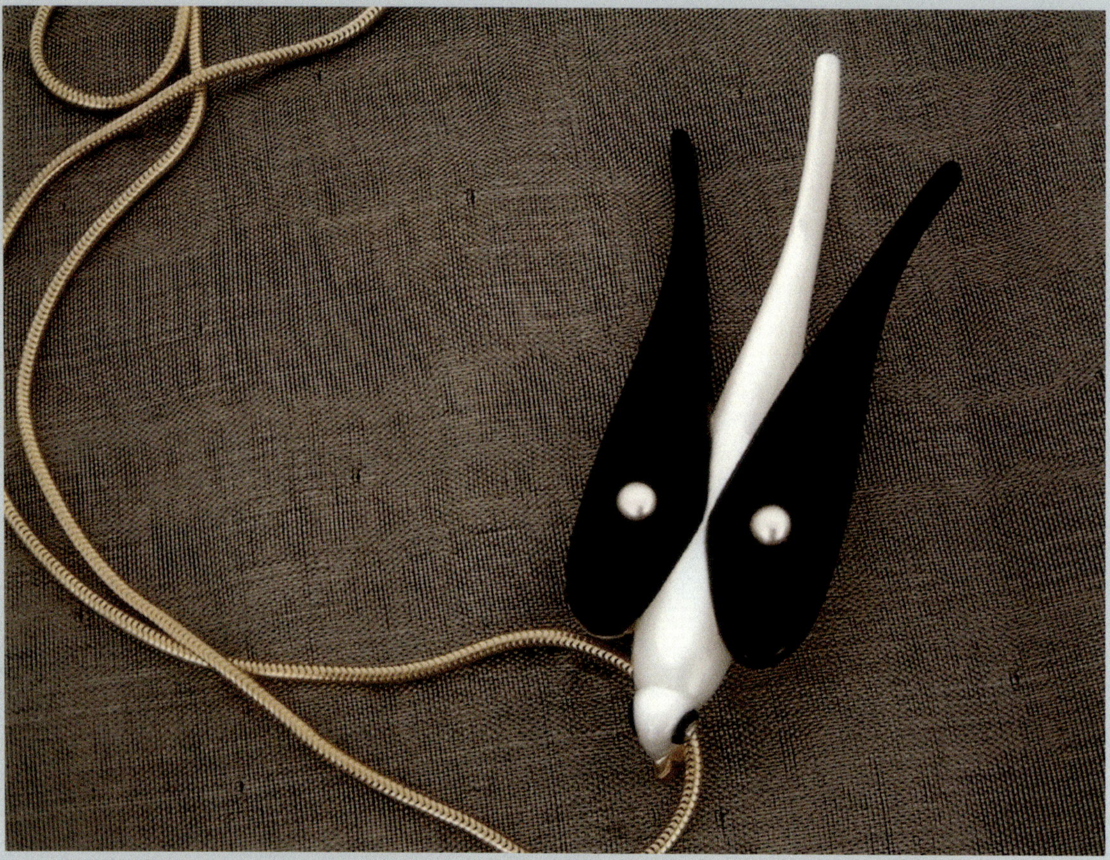

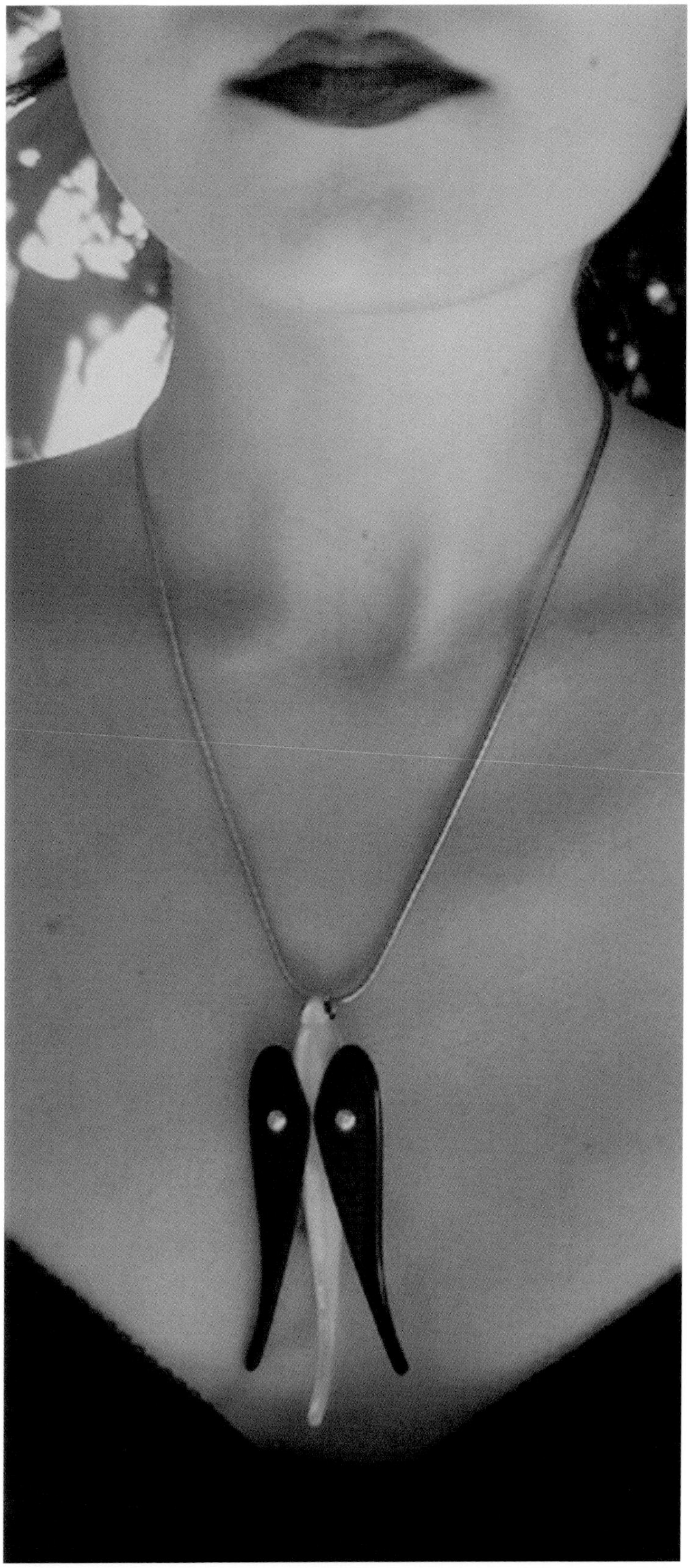

Schwalbe, Collier
2001
Büffelhorn, Perlmutt, Gold,
2 Diamanten, 2 Perlen,
Goldkette

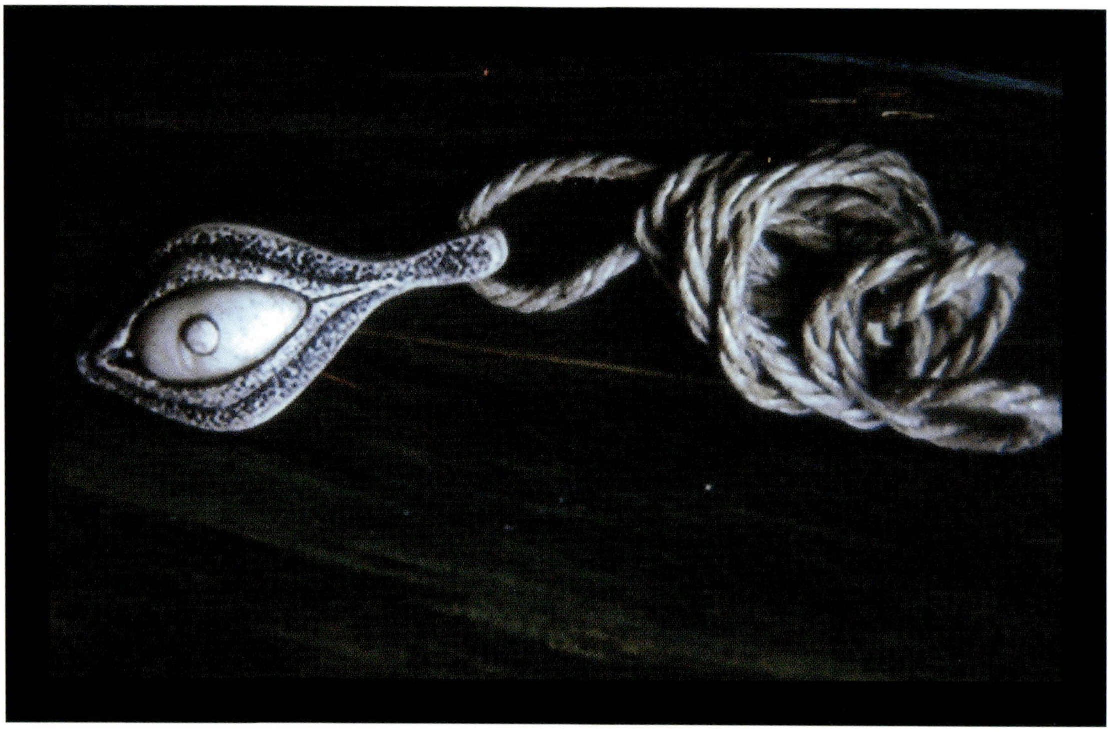

Auge
1995
Gips

Gipsschmuck
1995
zum Teil bemalt

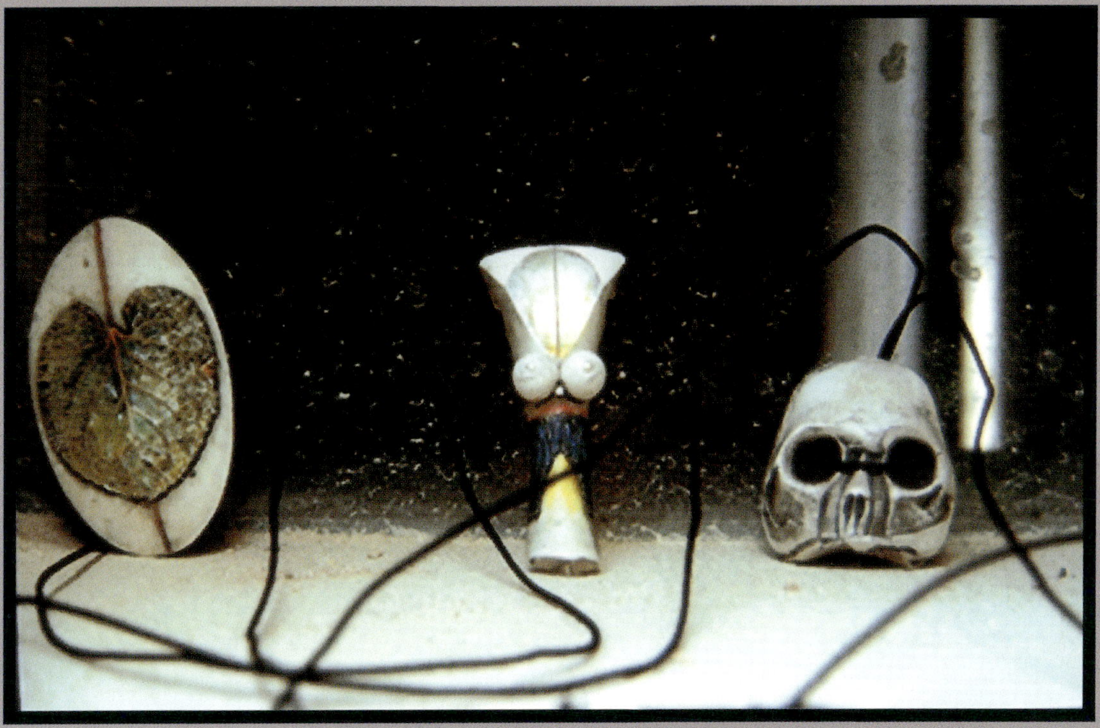

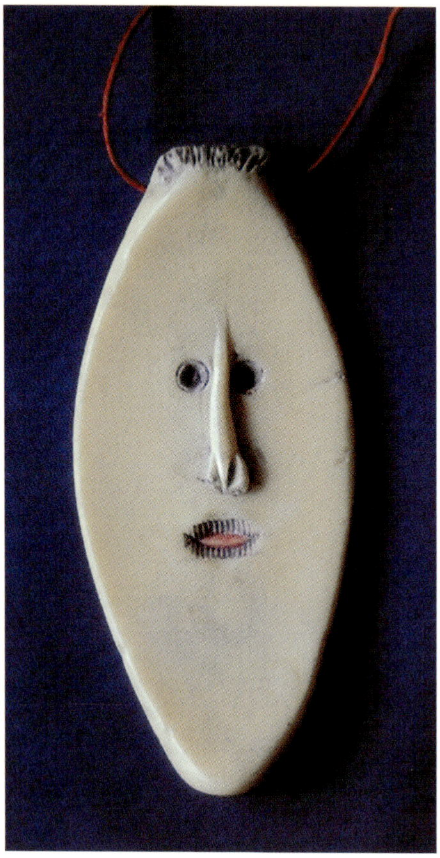

Kopf
1999
Polymer, bemalt

Gipsköpfchen
1995
Gips

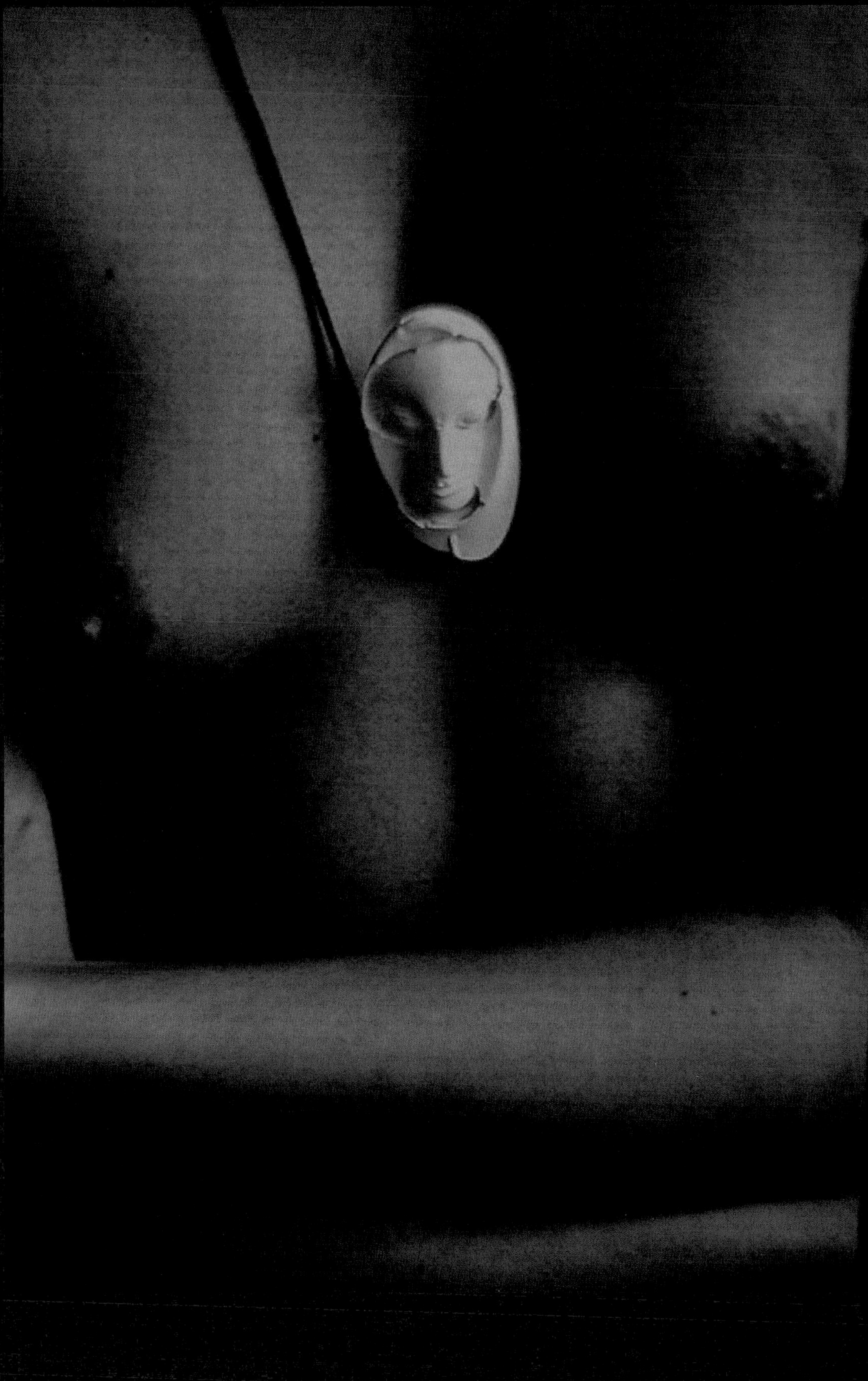

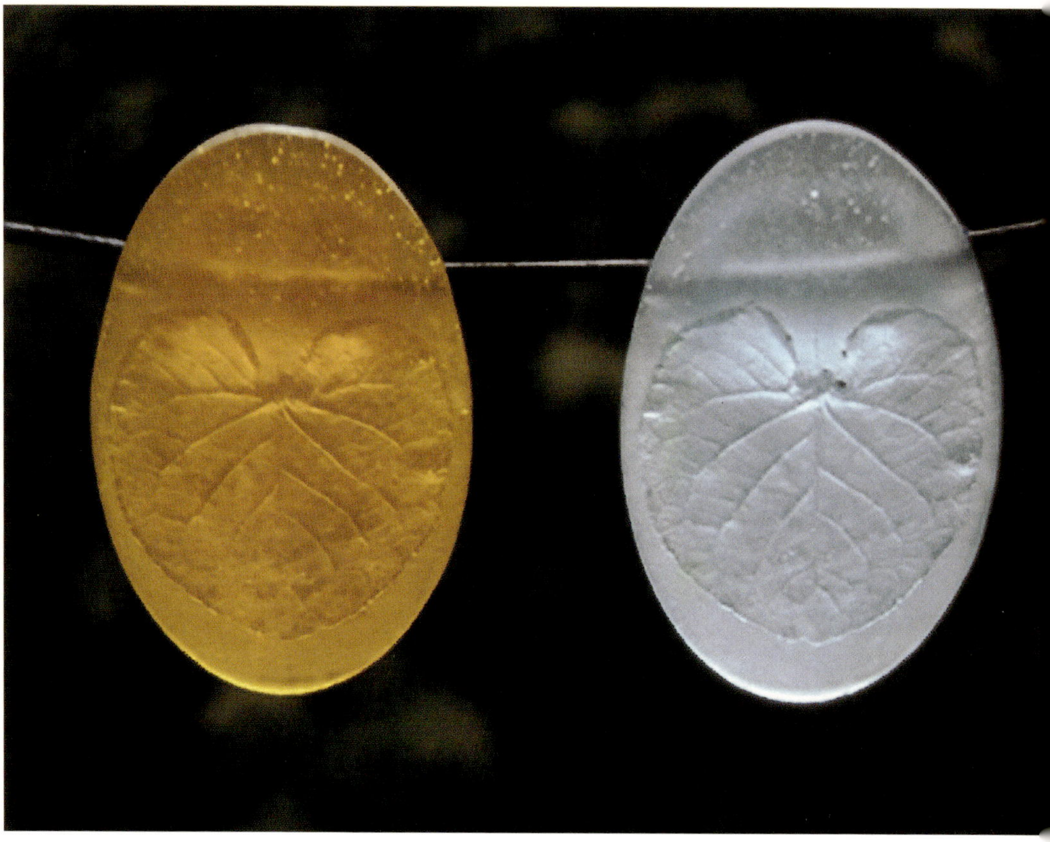

Veilchenblatt, Pâte de verre
1995
Polymer

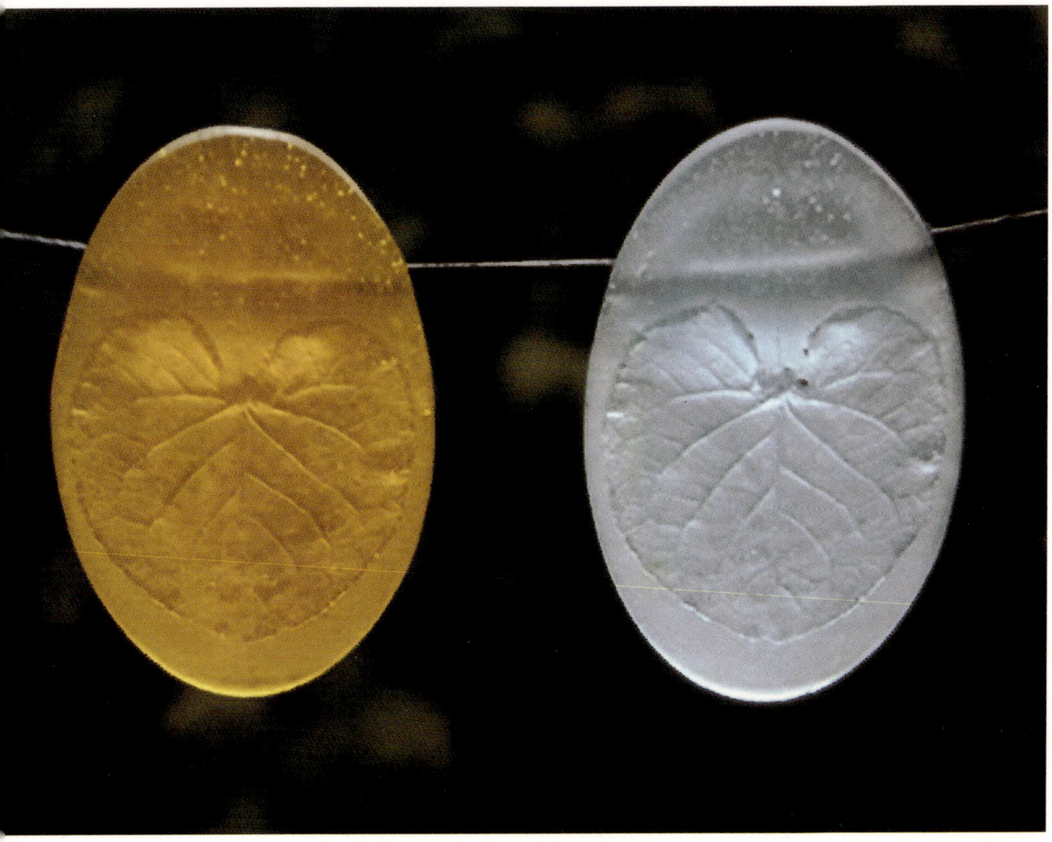

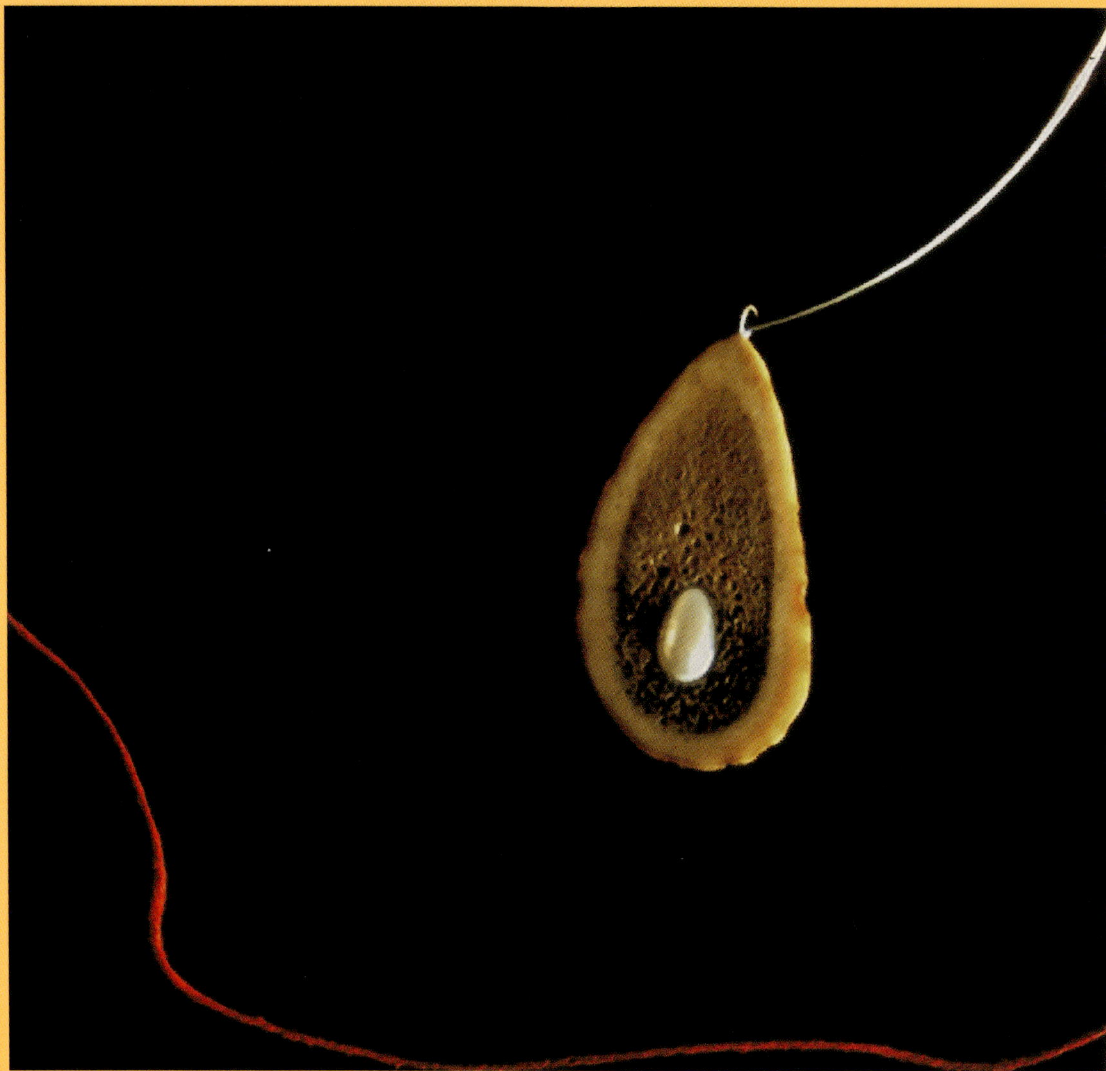

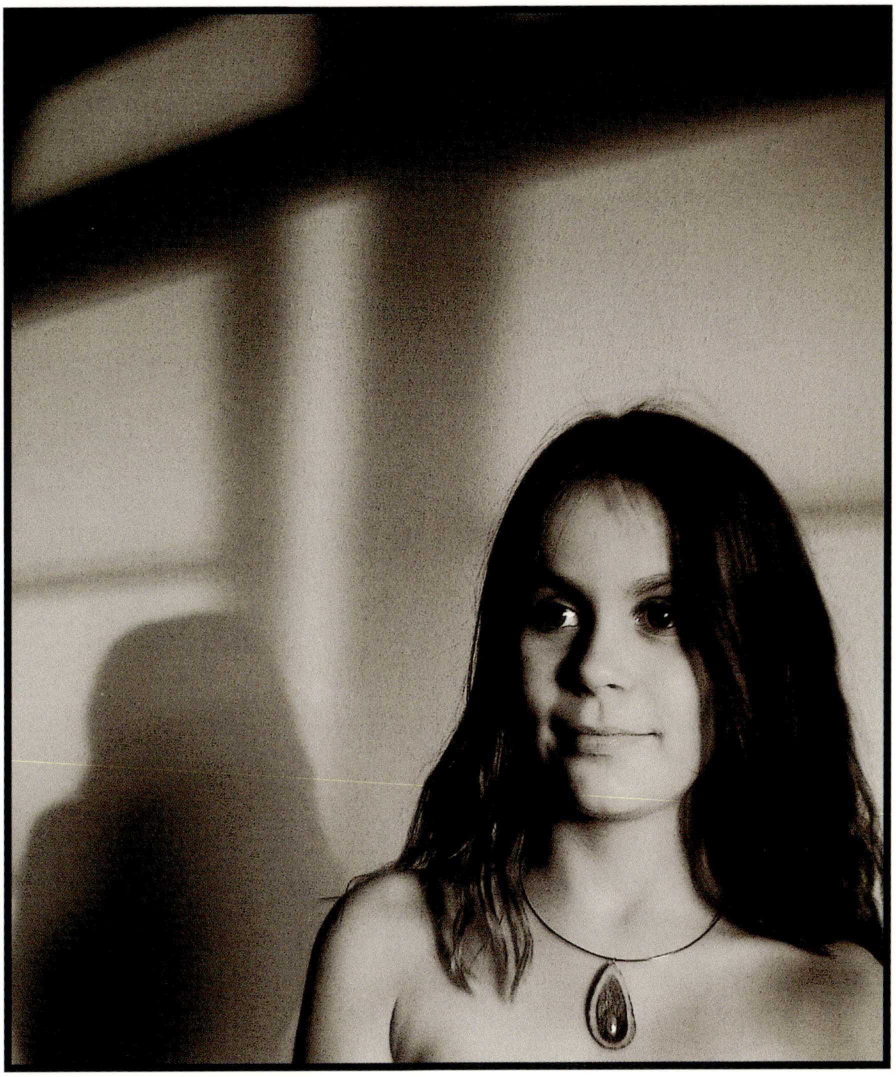

Halsschmuck für Natascha
2000
Hirschhorn, Schmuckperle

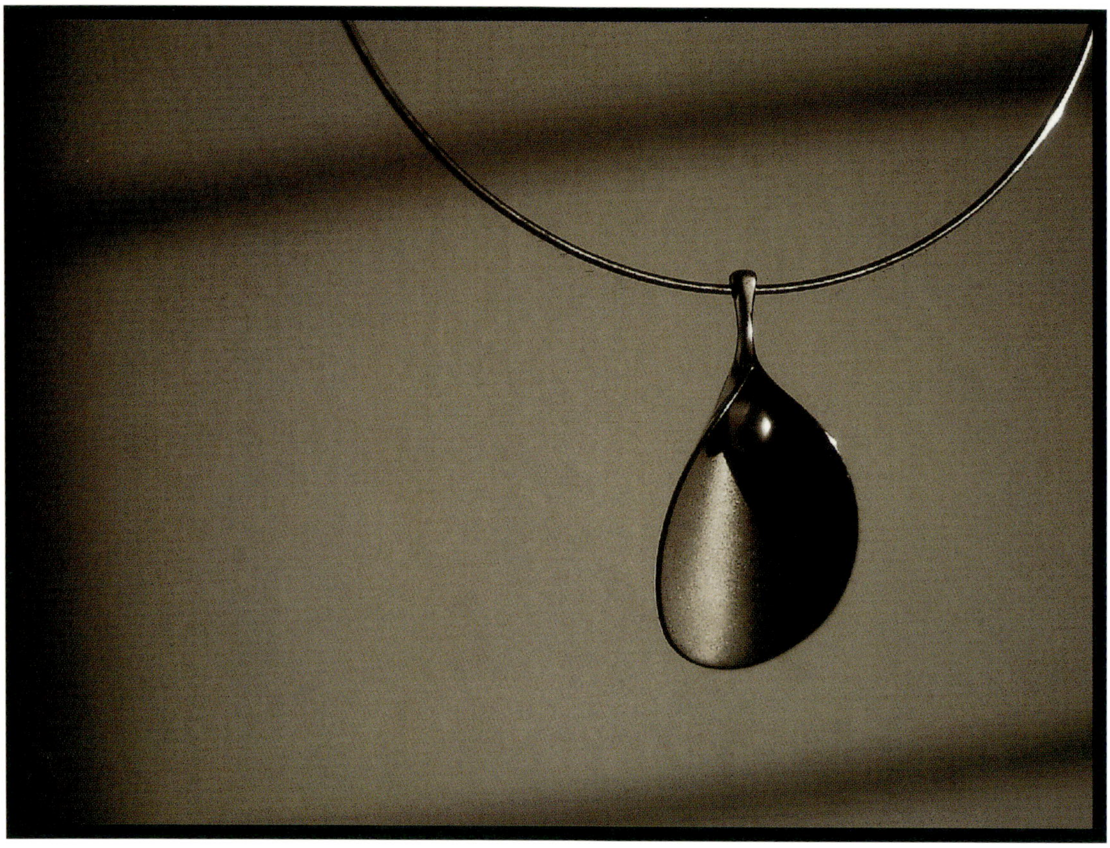

Venus-Collier
2001
Sterling-Silber 925, mit einer
japanischen Zuchtperle

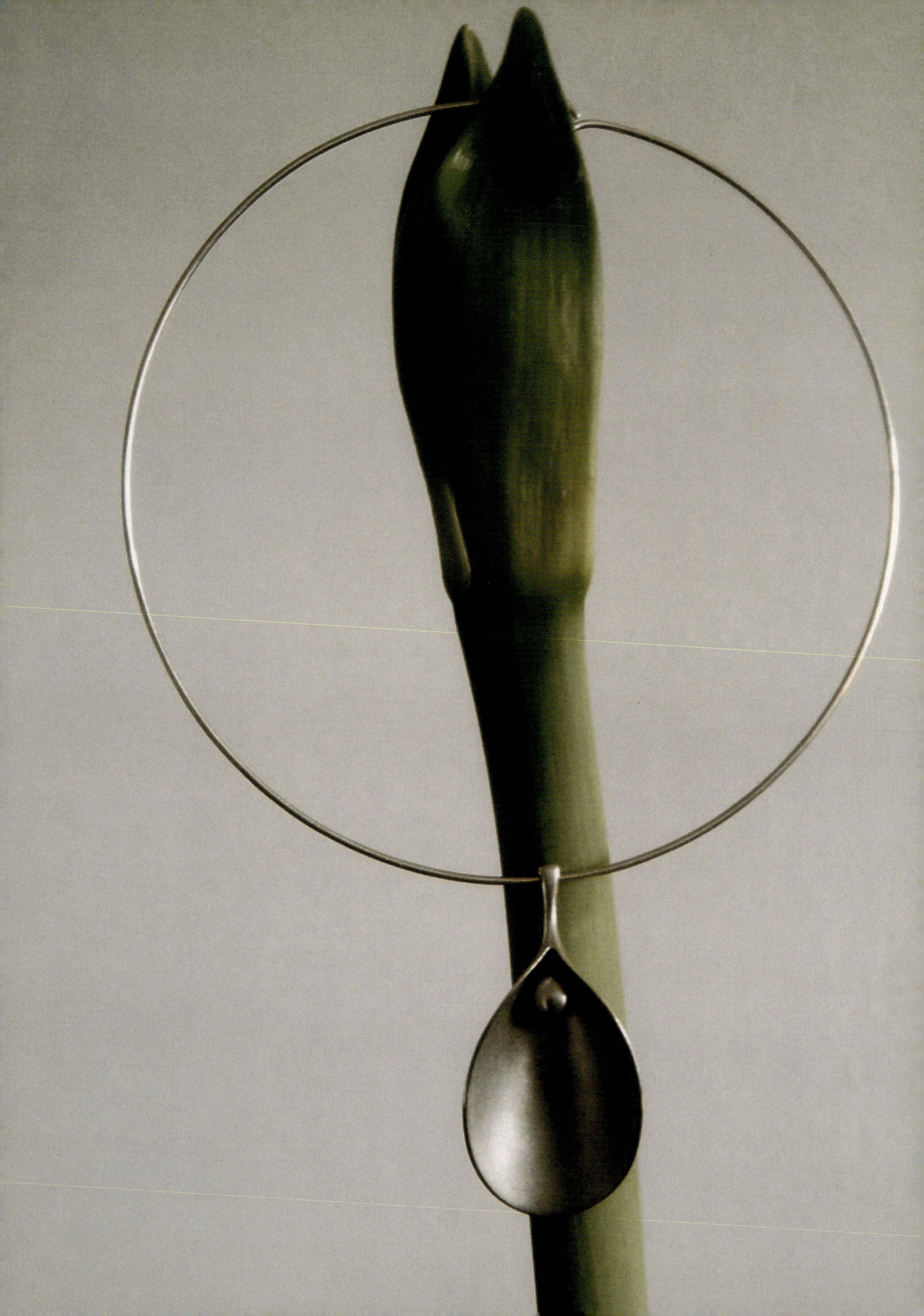

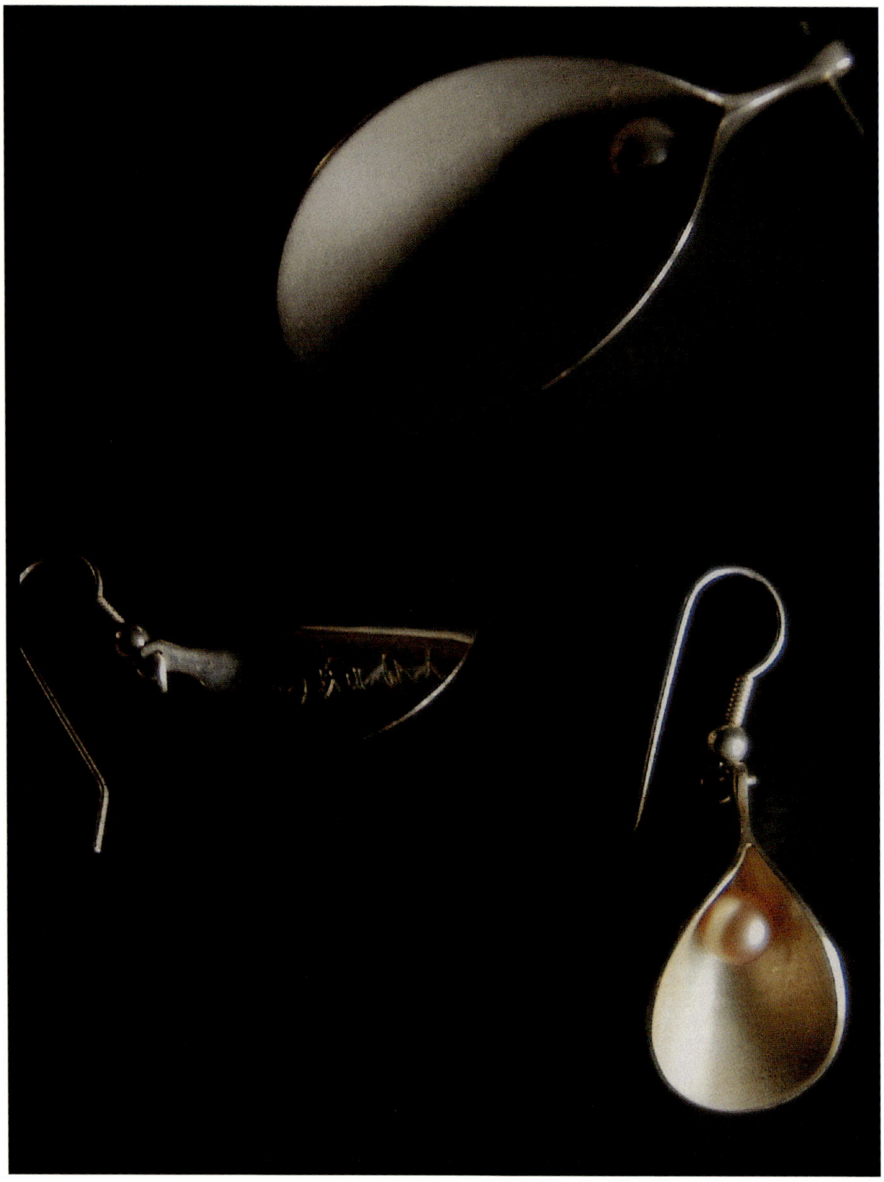

Venus-Collier, Venus-Ohrschmuck

Venus-Ohrschmuck
2001
Sterling-Silber 925,
Innenseite vergoldet, mit einer
japanischen Zuchtperle

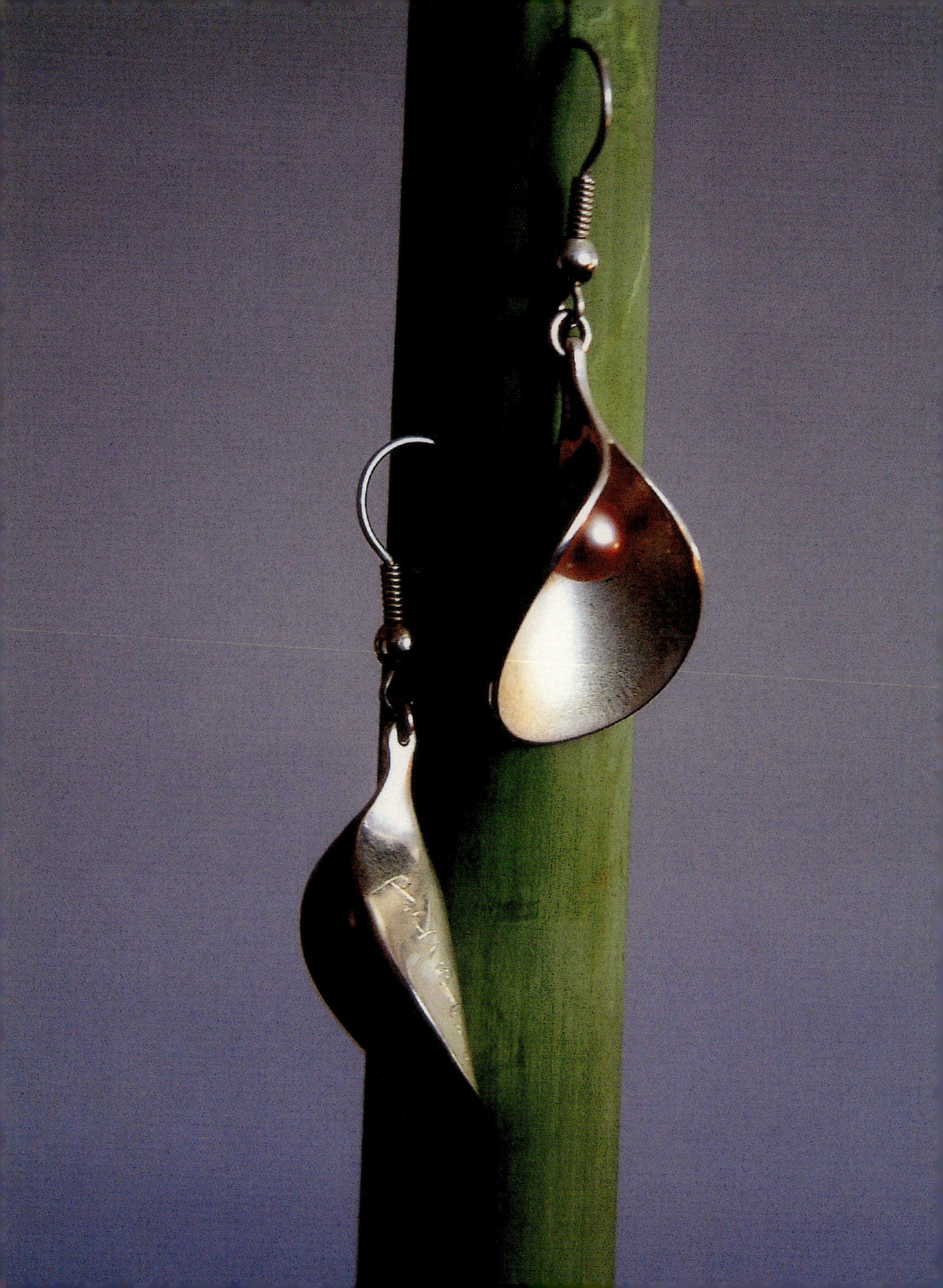

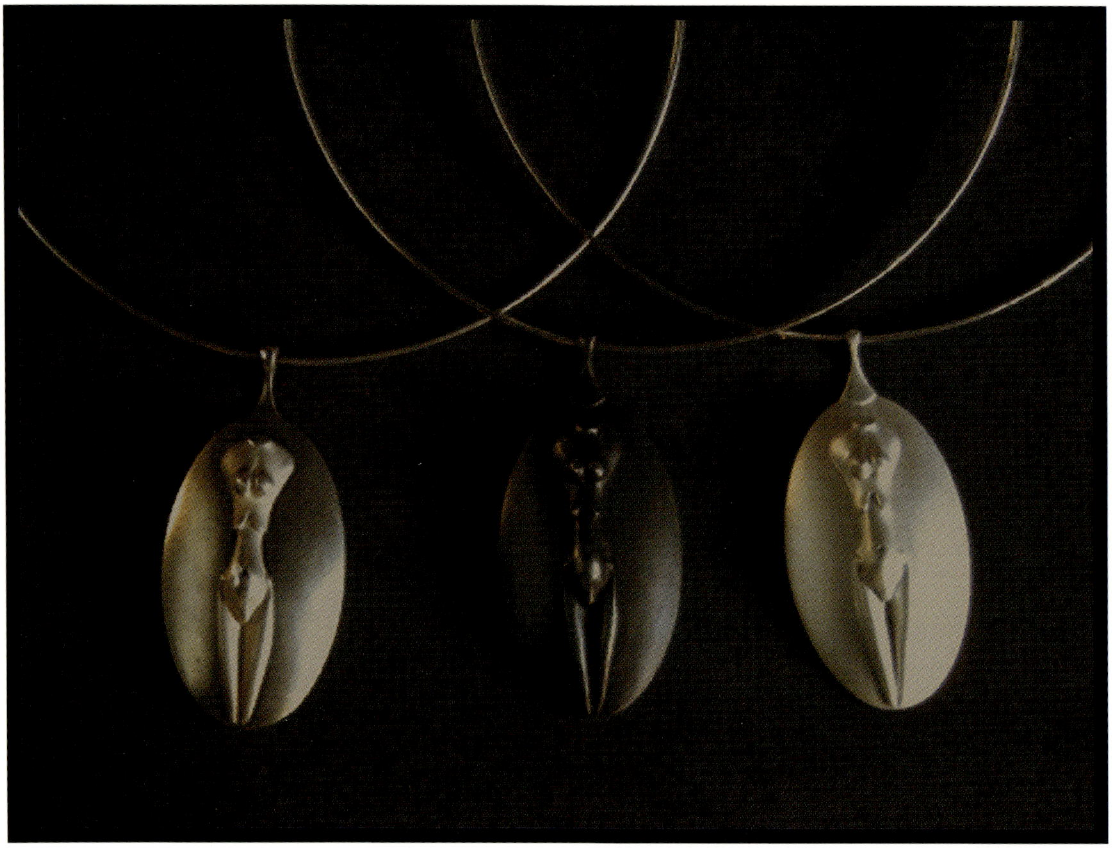

Medaillon am Silberreif

2001

a) Silber rhodiniert

b) Silber, schwarz patiniert

c) Silber

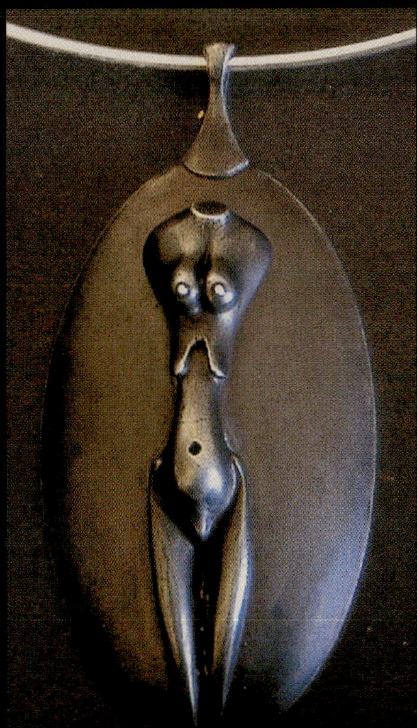

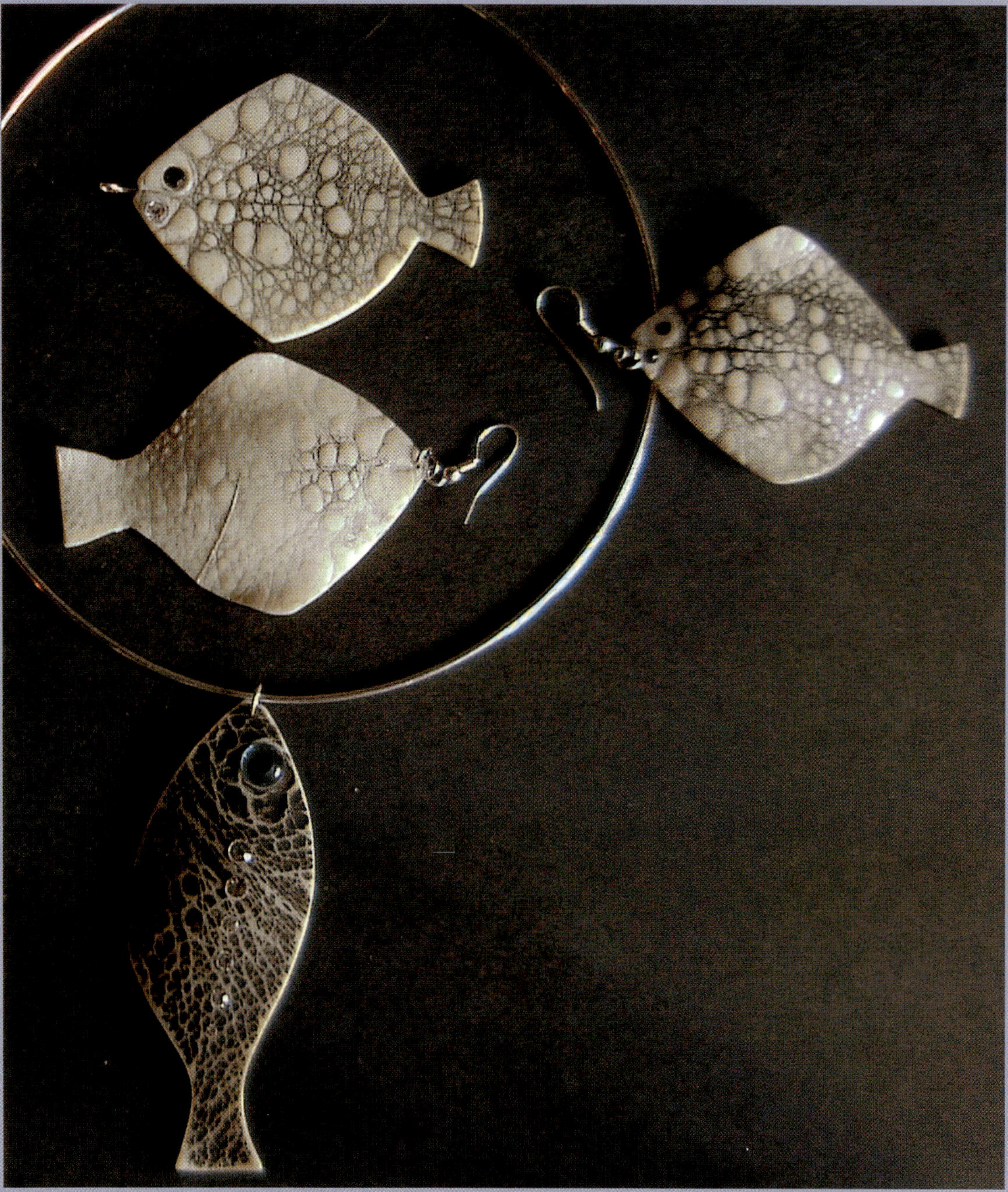

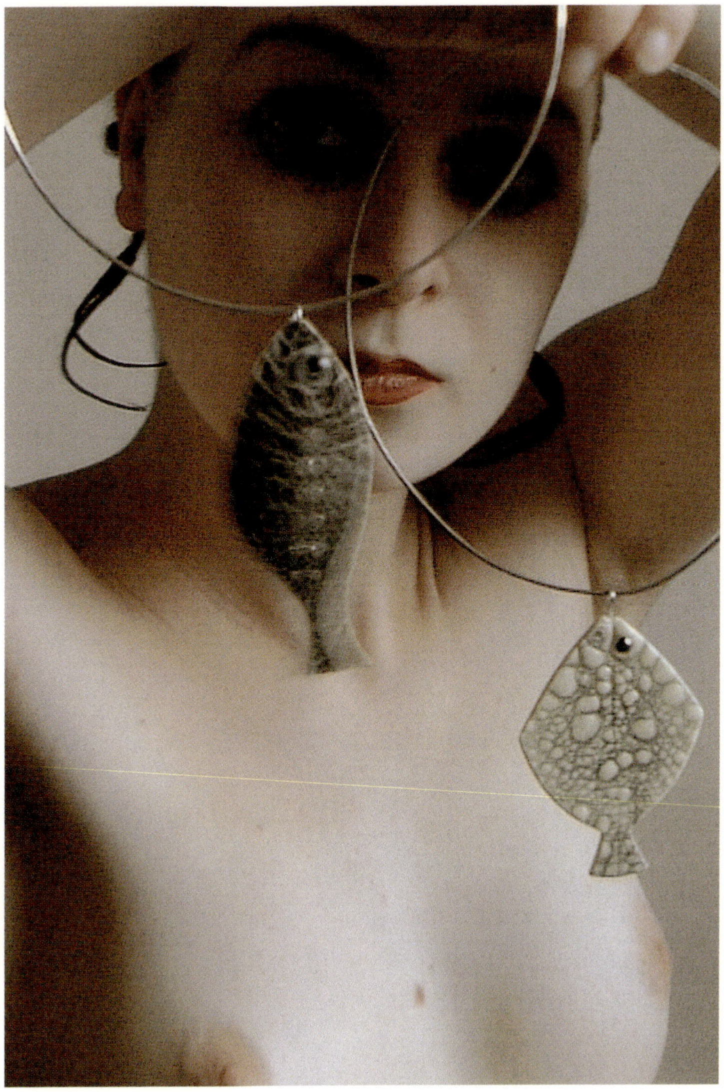

Fisch am Silberreif, Fisch I

Fisch I (Entwurf)
2001
Polymer, Glas,

Fisch, Ohrhänger (Entwurf)
2001
Polymer, Glas

Fisch am Silberreif (Entwurf)
2001
Polymer, Glas, Silberreif

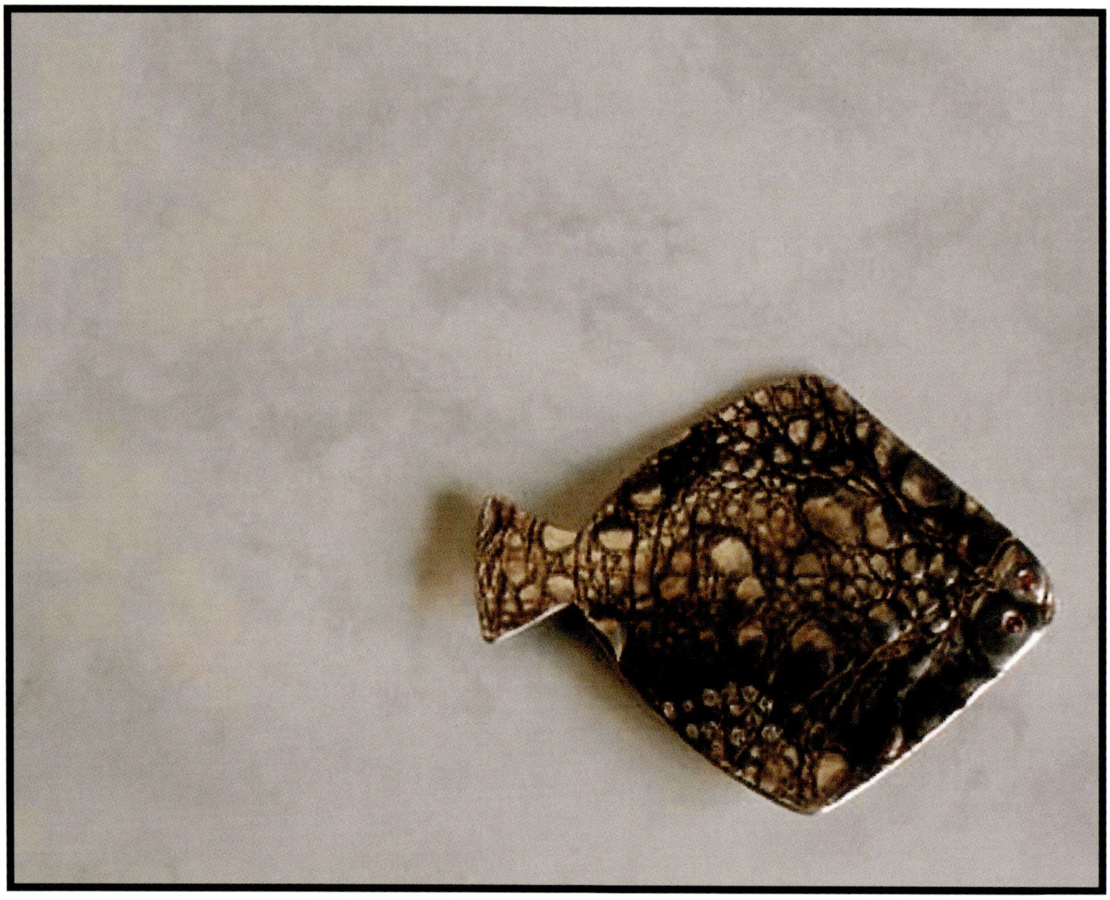

Fisch IV (Brosche)
2002
Gelbgold 750, 2 Rubine,
Tsavorit

rechts oben:

Butt, Brosche und Anhänger (Entwurf)
2001
Silber

Fisch II, III, Brosche
2002
a) Weißgold 750, Saphire,
Tsavorit
b) Gelbgold 750, Rubine,
Tsavorit

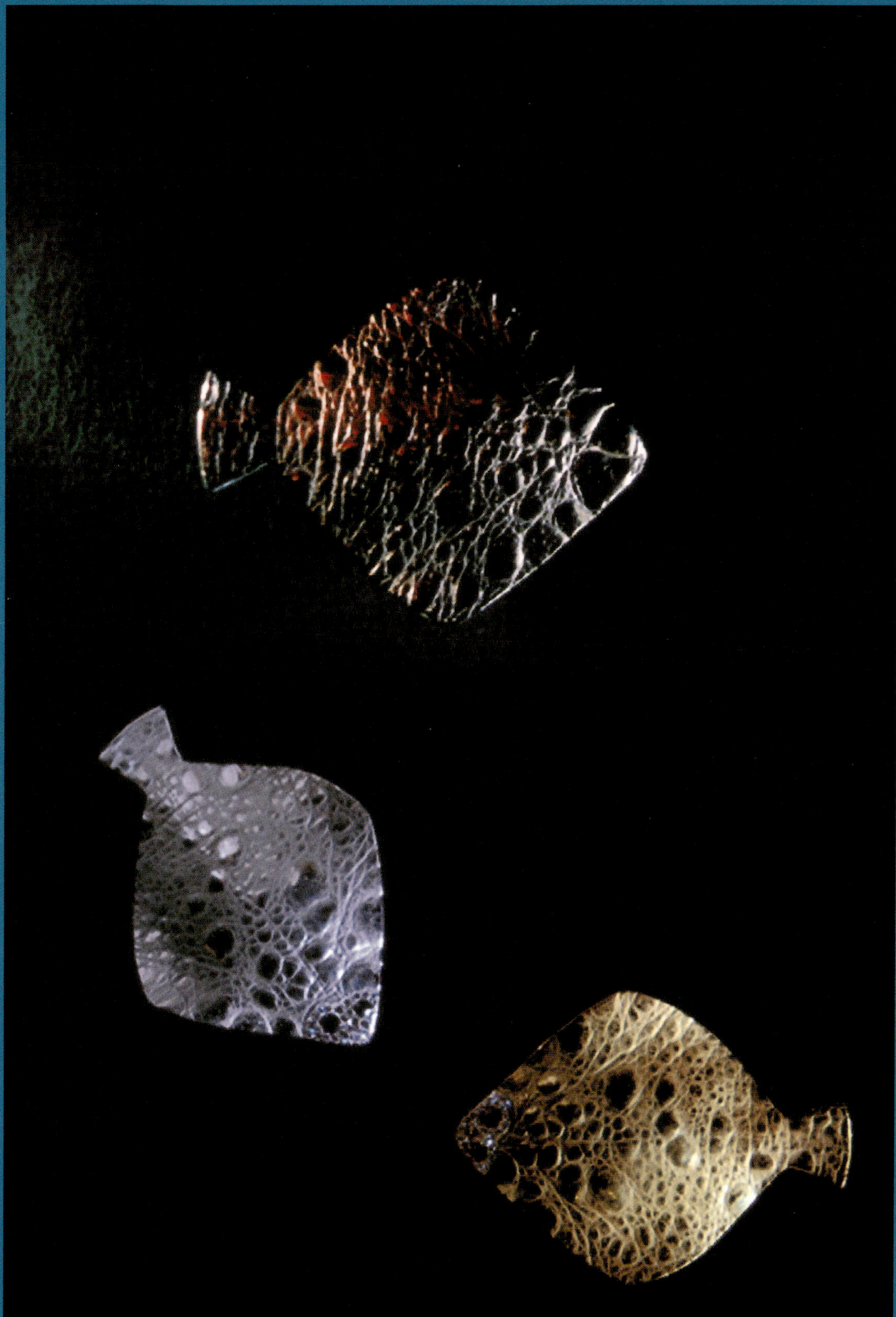

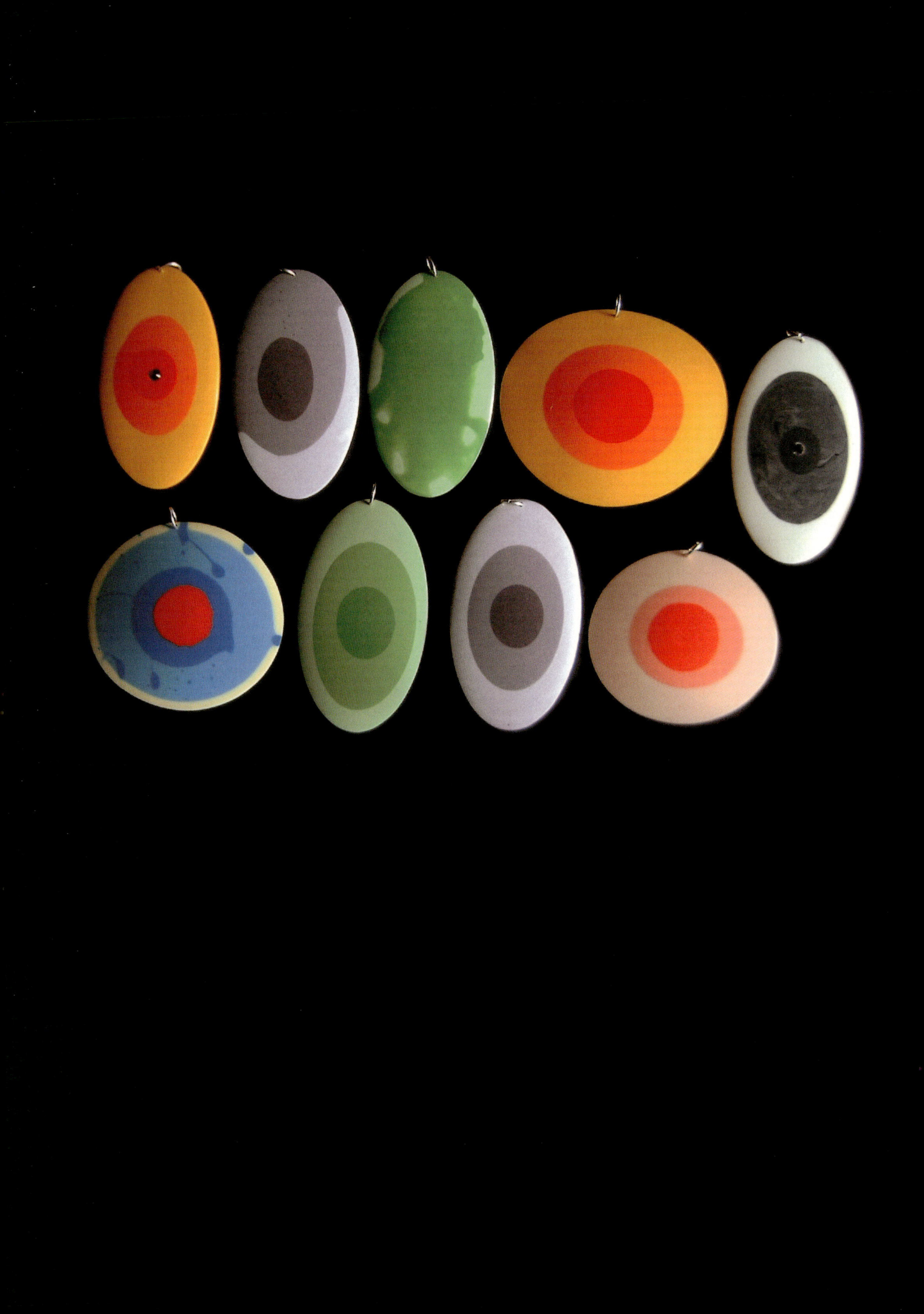

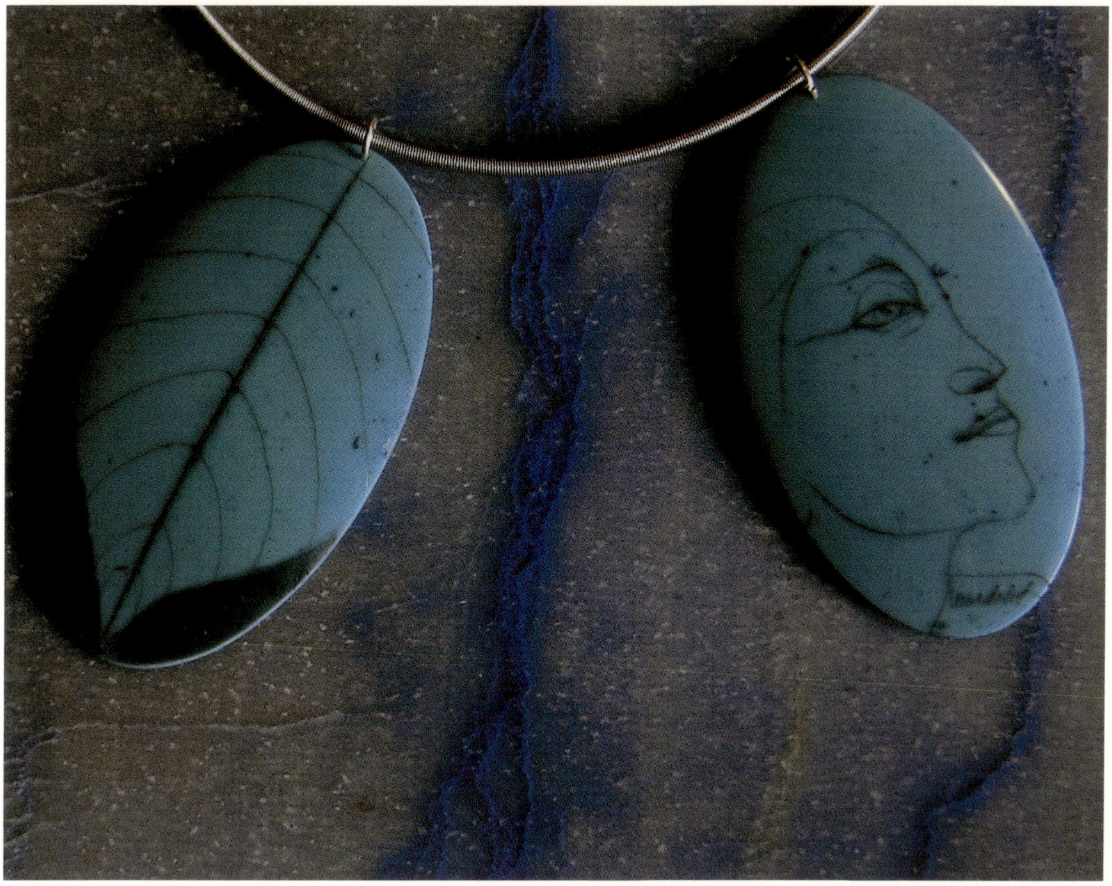

Medaillon (oval und rund)
2001
Polymer, Farbvarianten

Blatt, Medaillon
2001
Gravur auf Polymer

Profil auf Blau, Medaillon
2001
Gravur auf Polymer

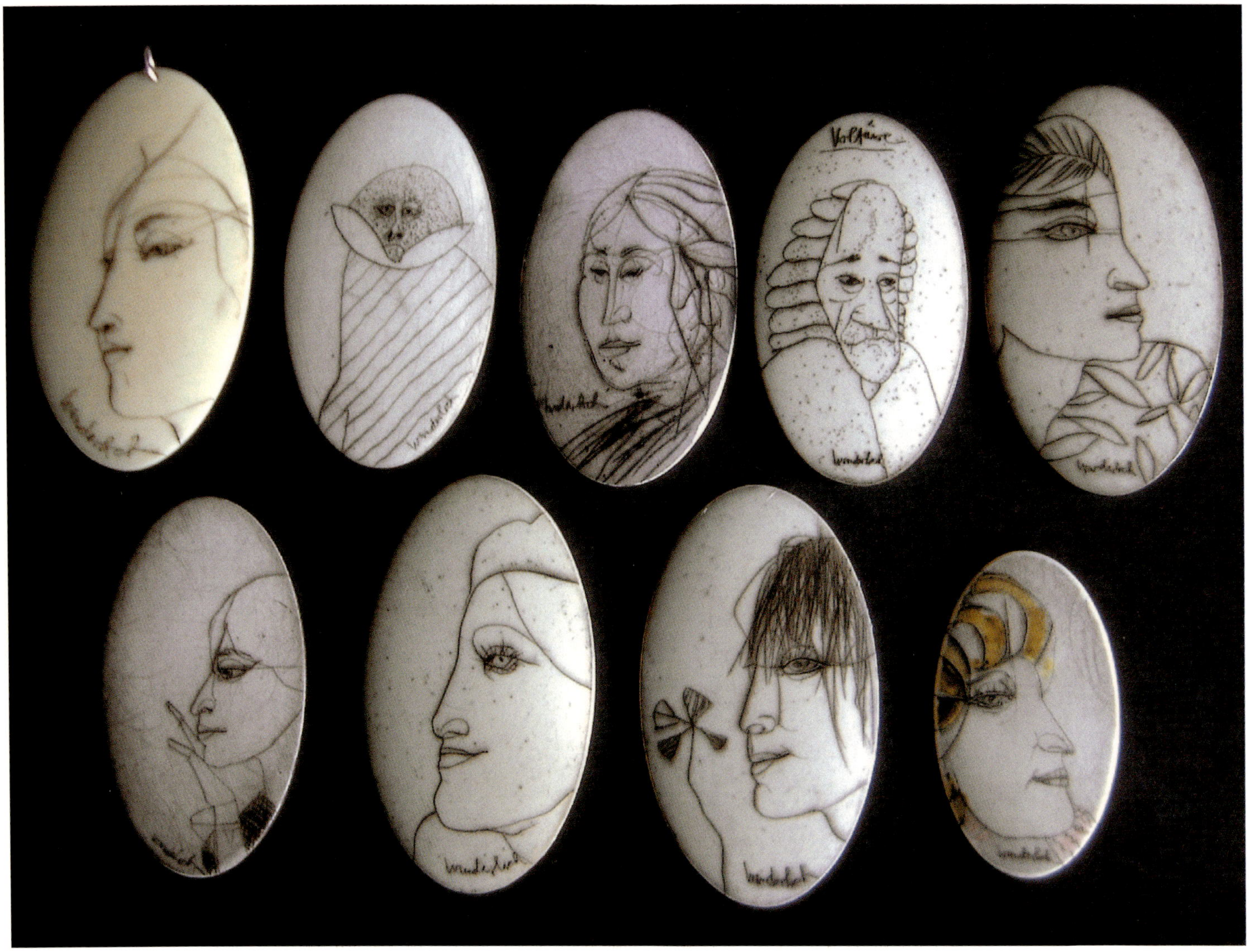

Neun Portraits, Medaillons
2001
Gravur auf Polymer

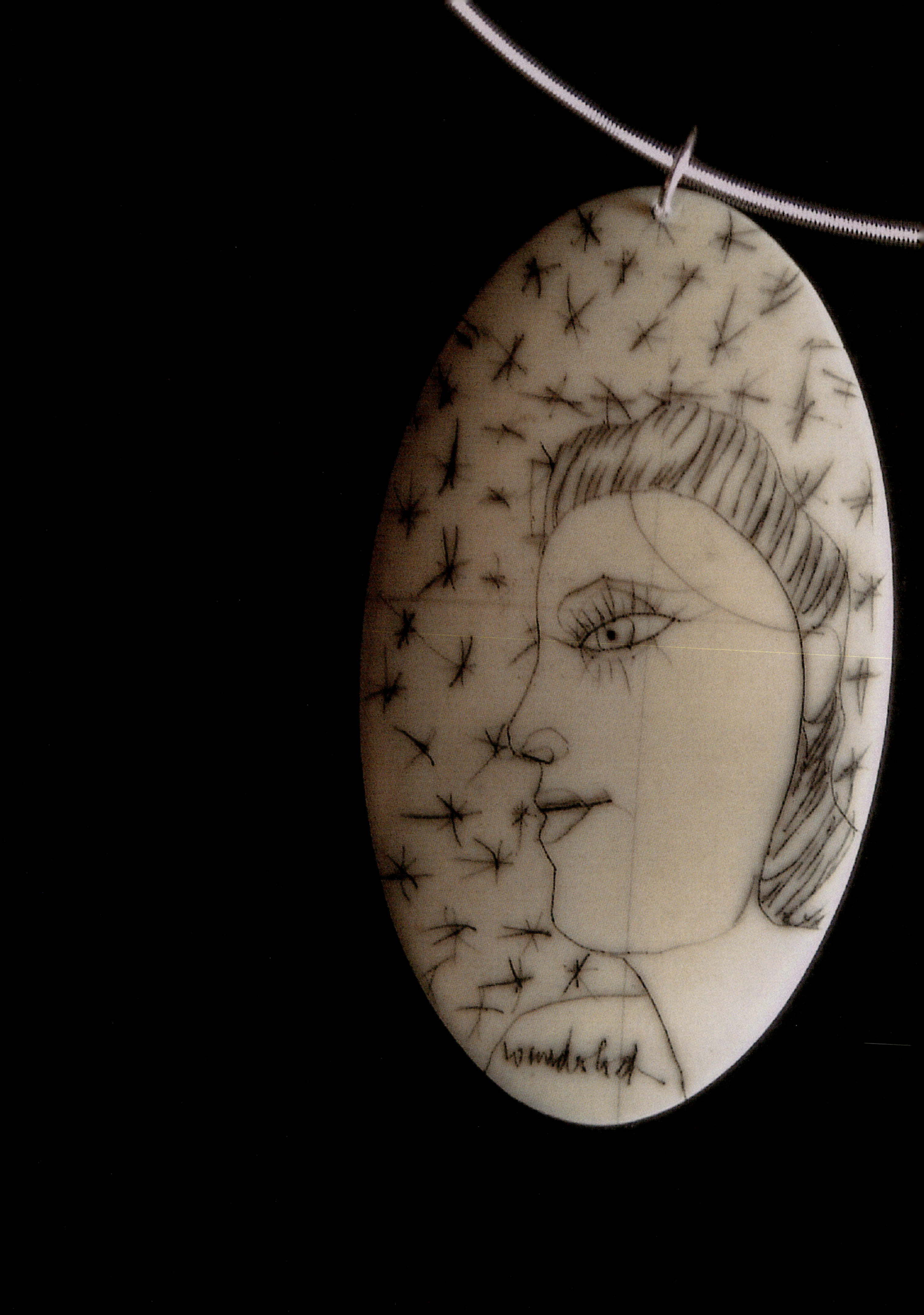

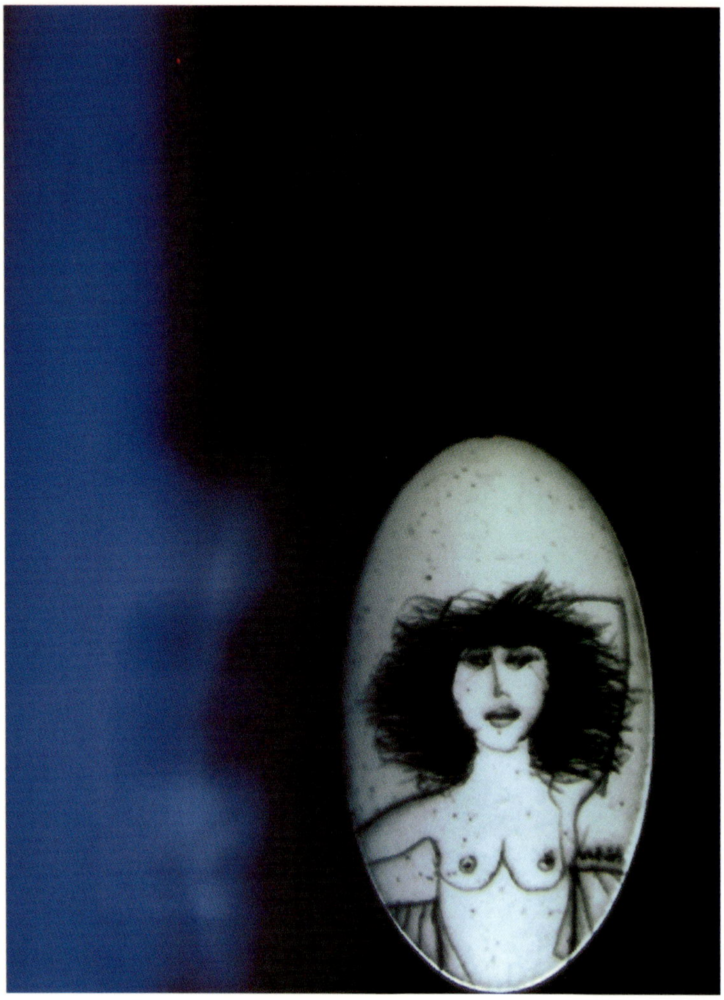

Nude, Medaillon
2001
Gravur auf Polymer

Vier Herren, Medaillons
2001
Gravur auf Polymer

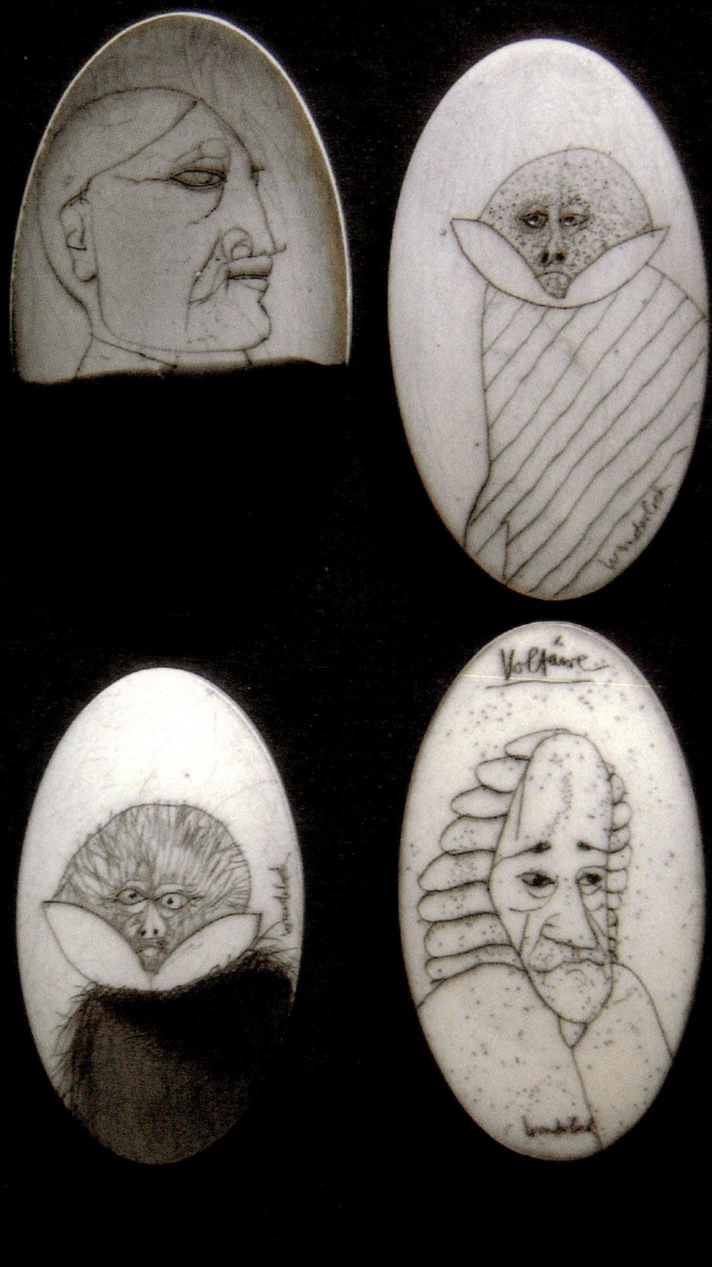
Voltaire

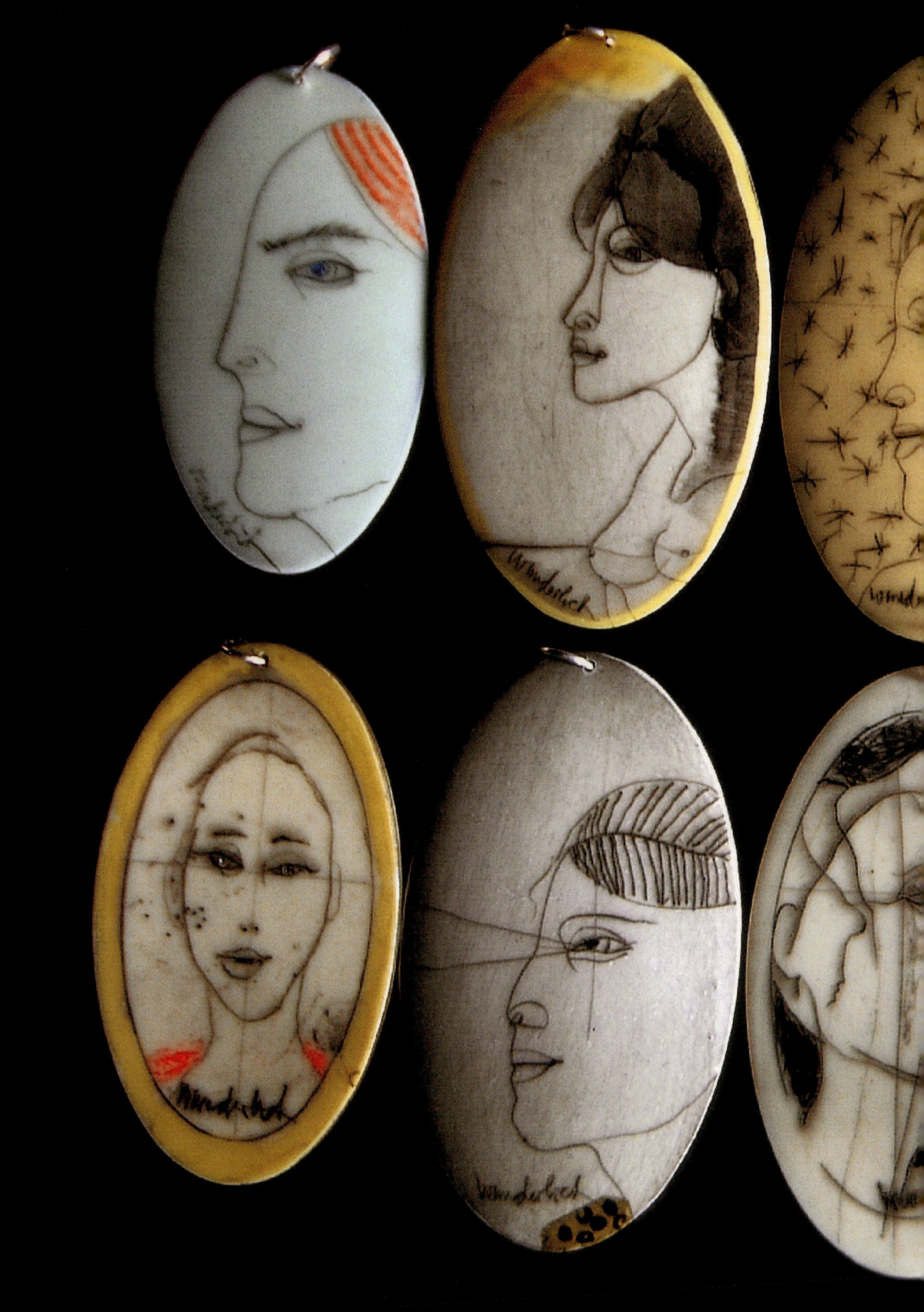
Wunderlich
Wunderlich
Wunderlich

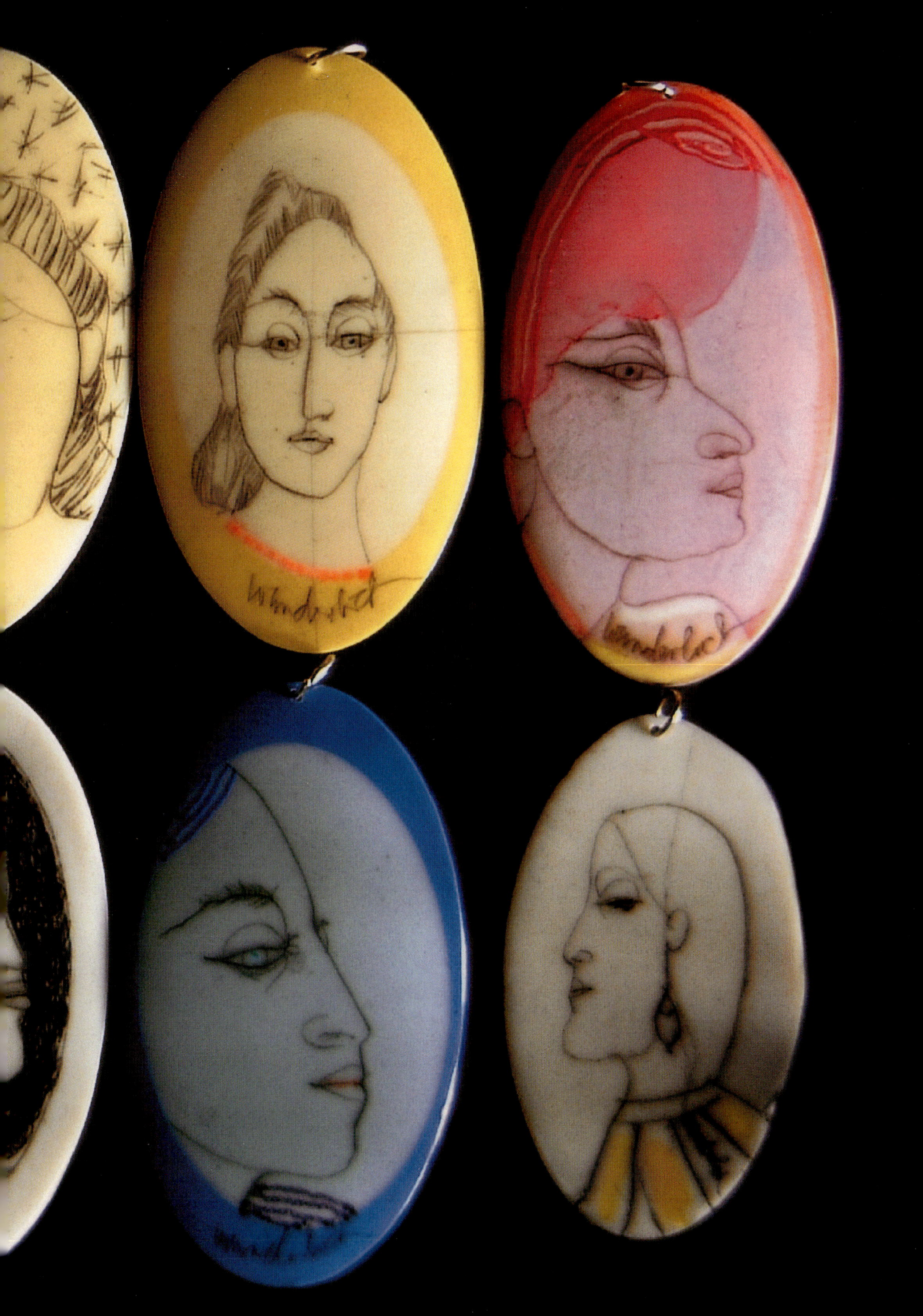

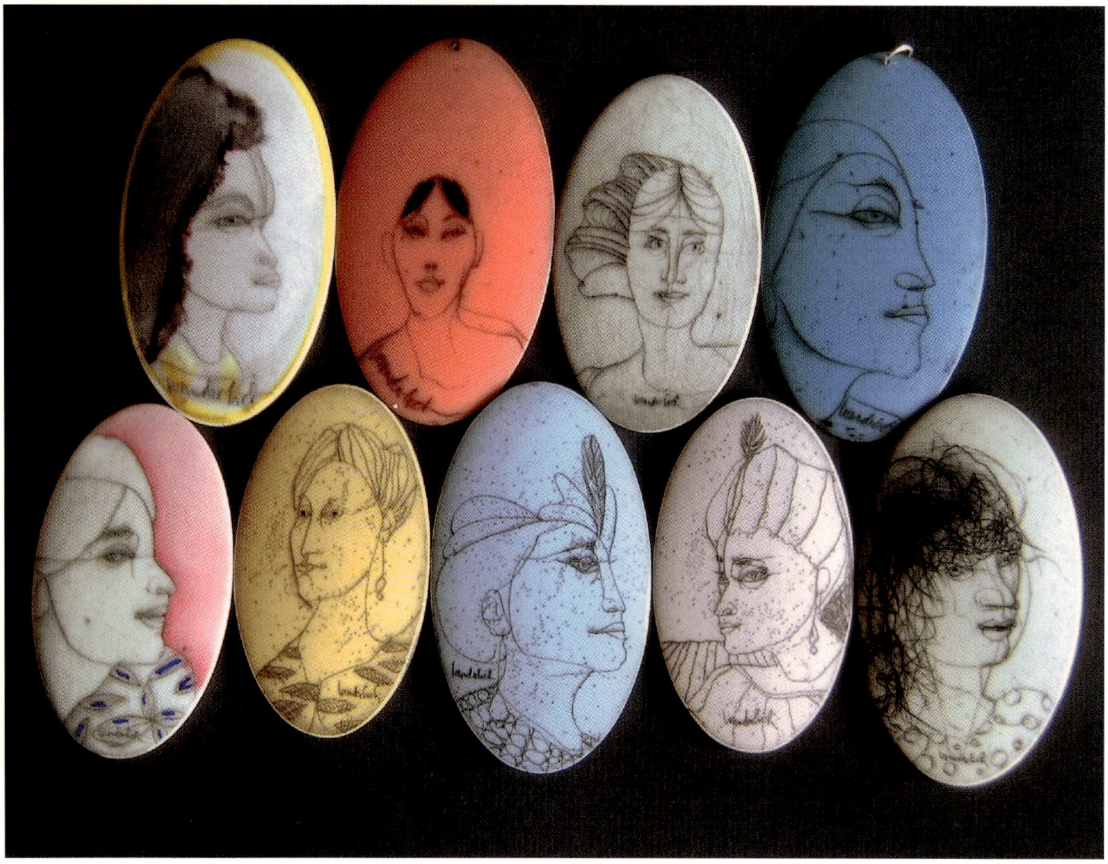

Neun Damen, Medaillons
2001
Gravur auf Polymer

Blaues Paar, Medaillons
2001
Gravur auf Polymer

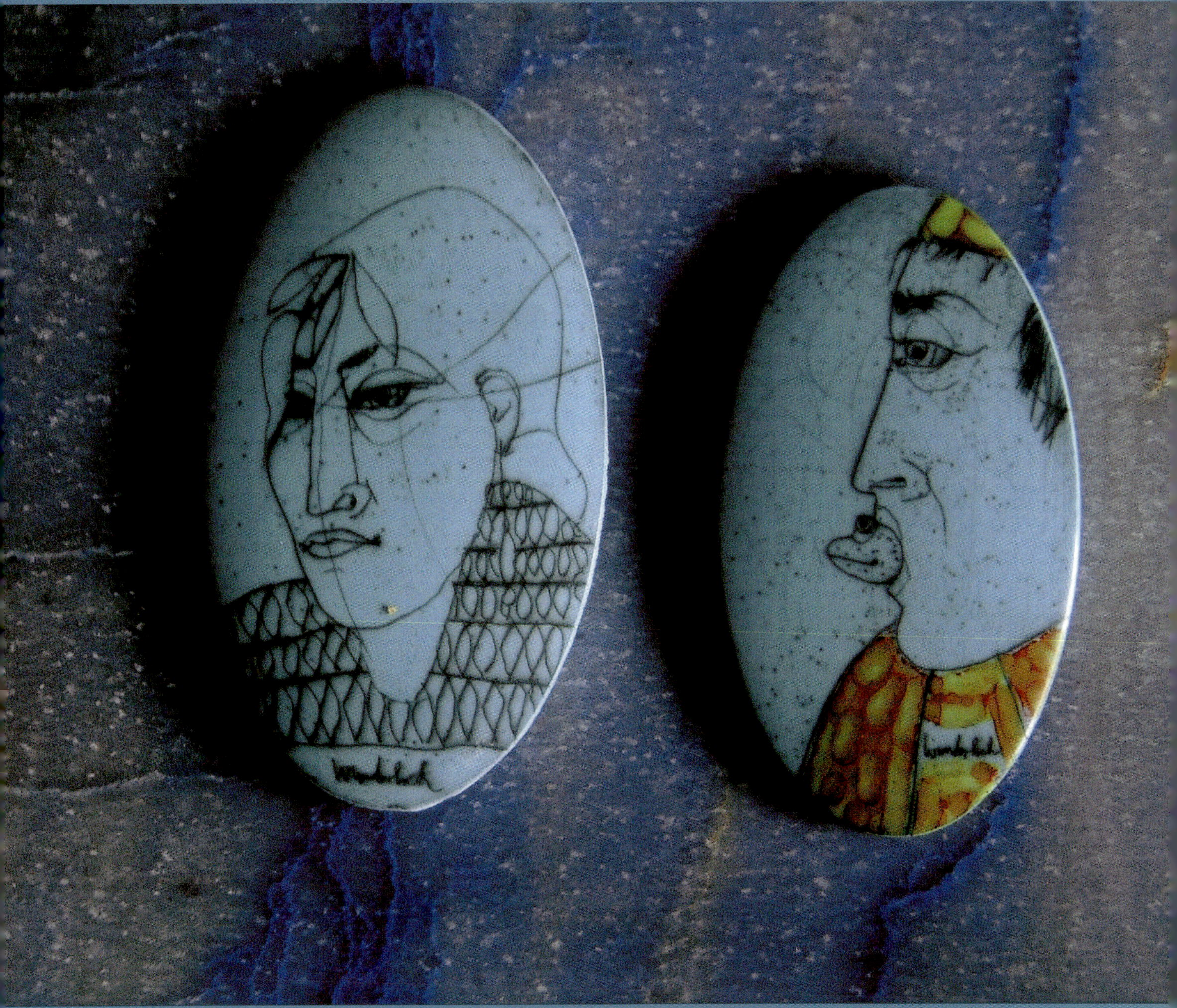

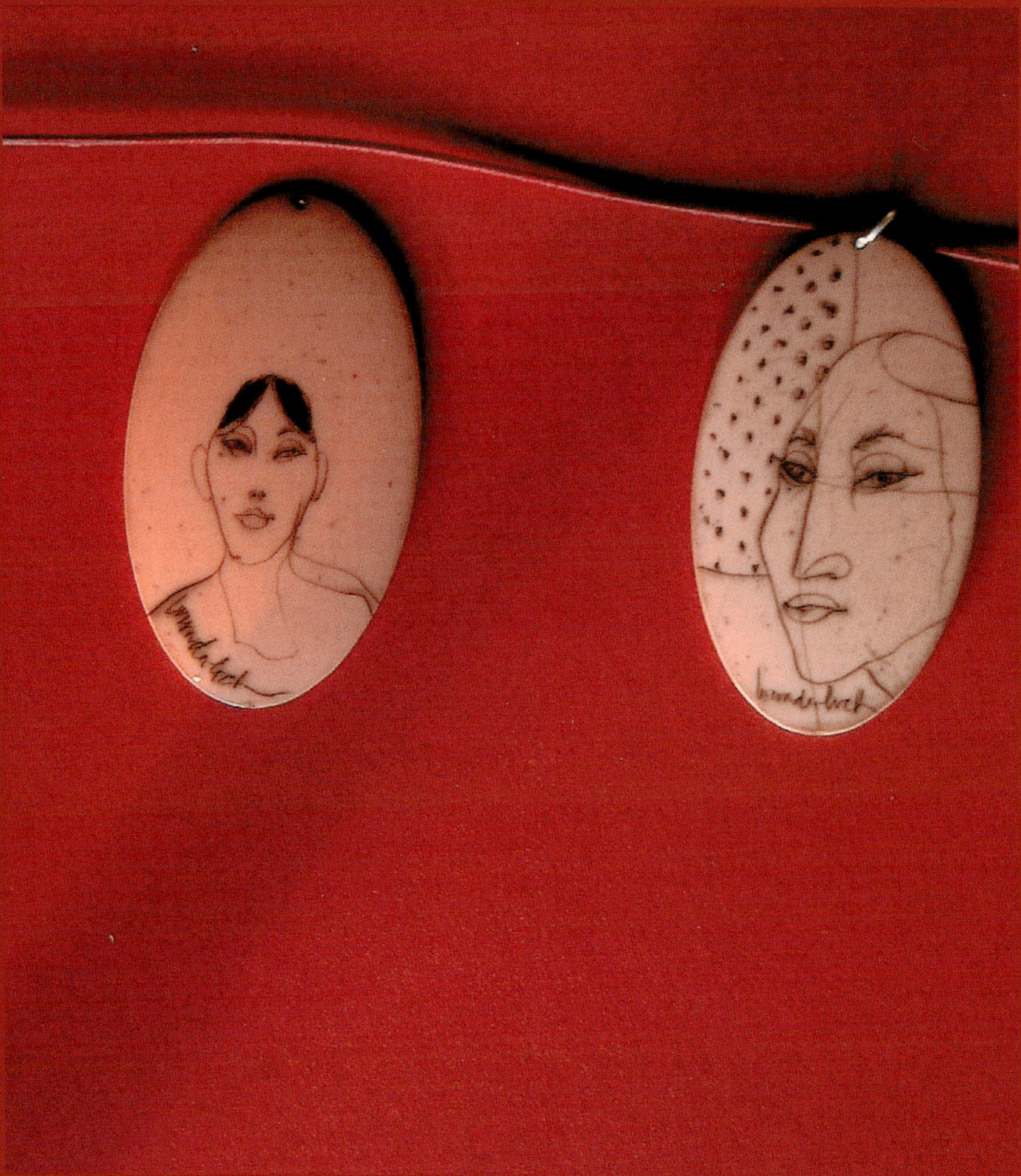

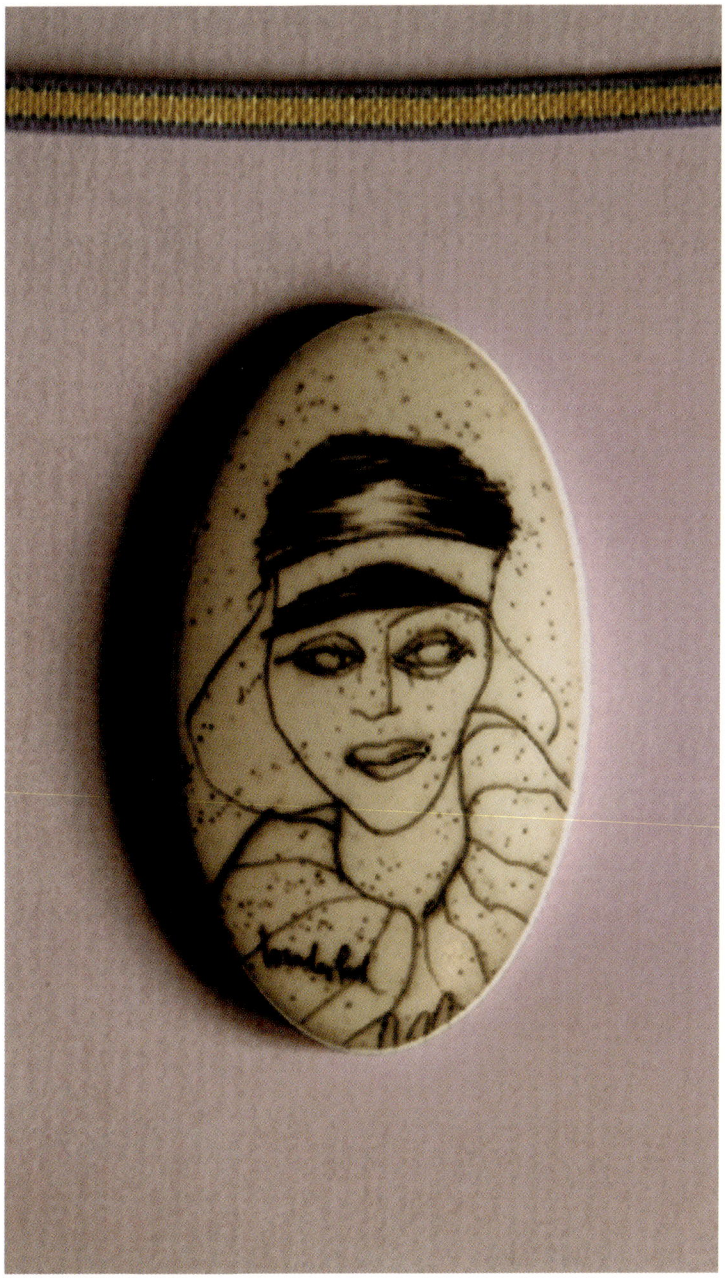

Zwei Damen, Medaillons
2001
Gravur auf Polymer

Hutgesicht, Medaillon
2001
Gravur auf Polymer

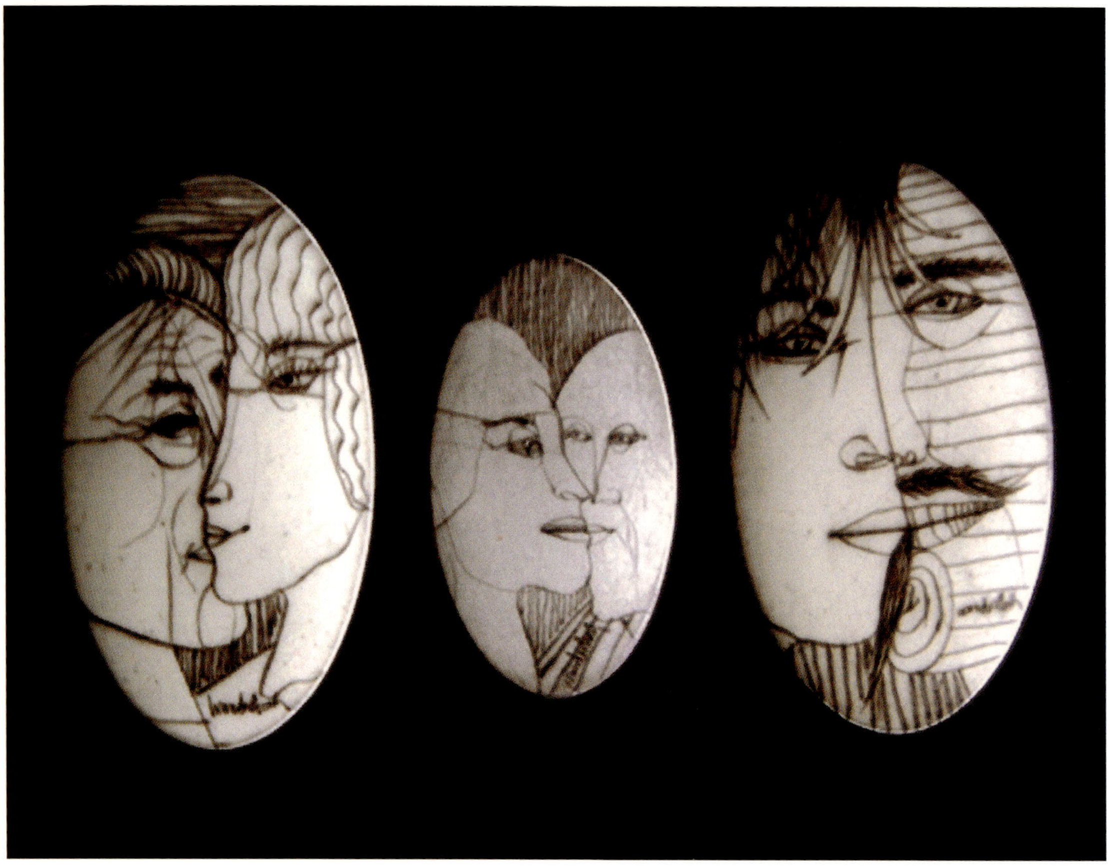

Drei Paare, Medaillons
2001
Gravur auf Polymer

Paar für Angelika, Medaillon
2001
Gravur auf Polymer

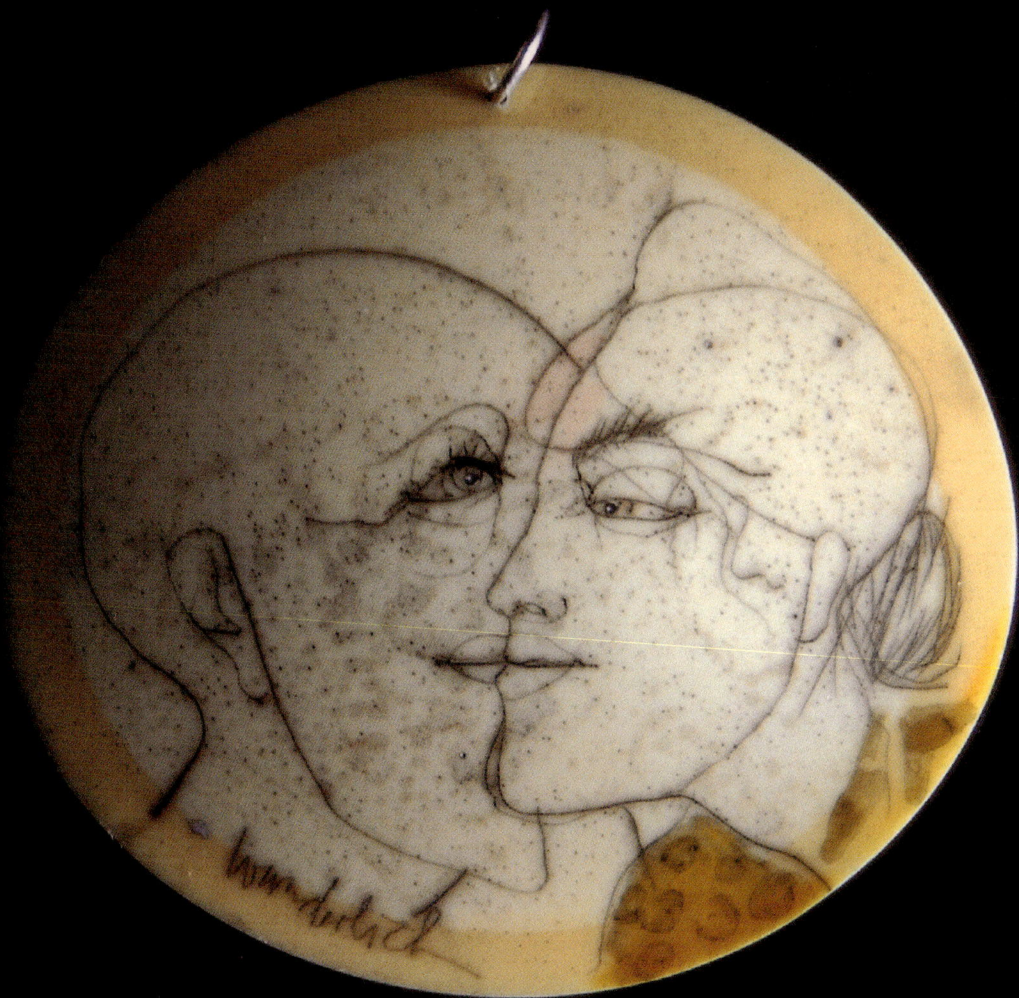

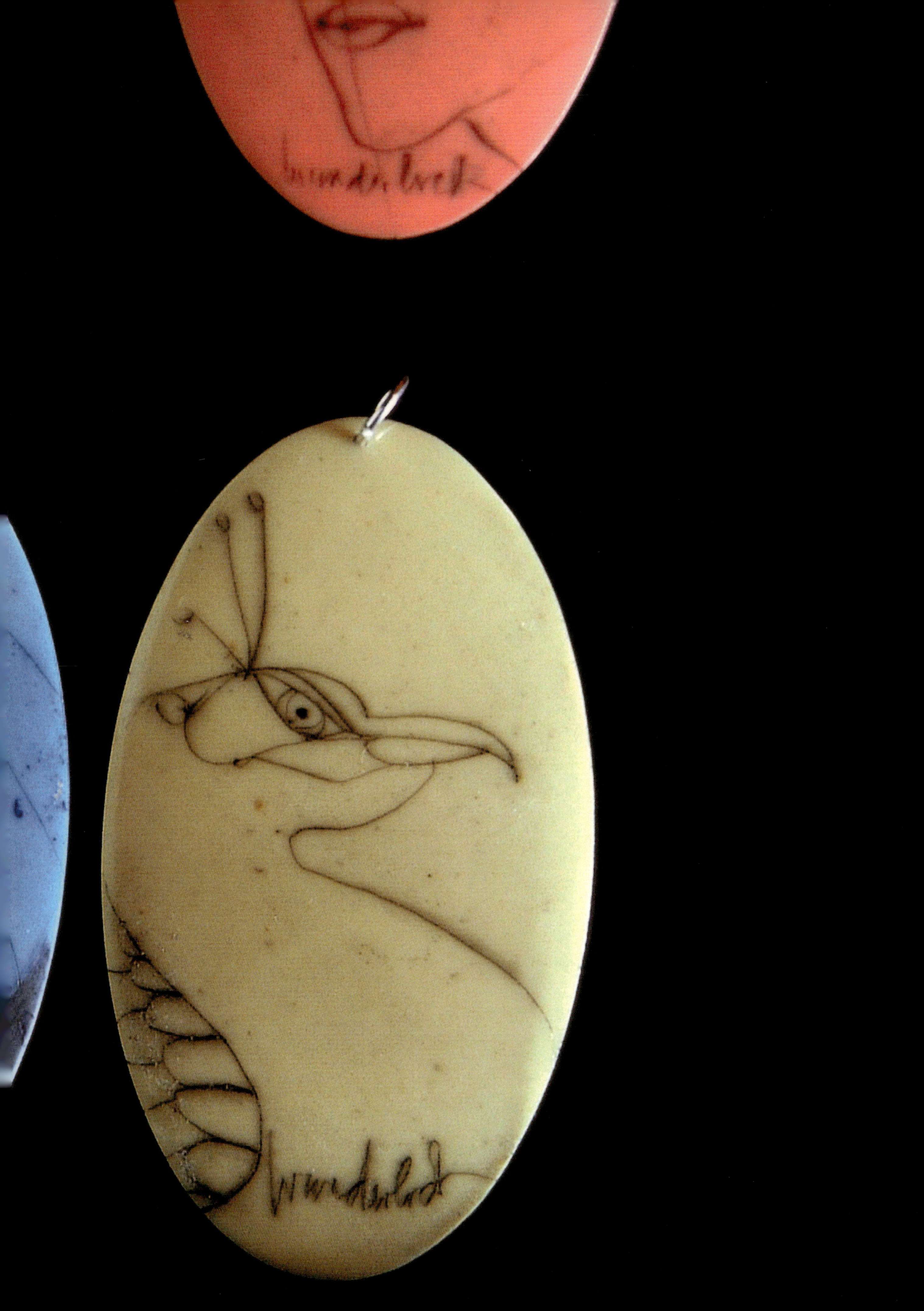

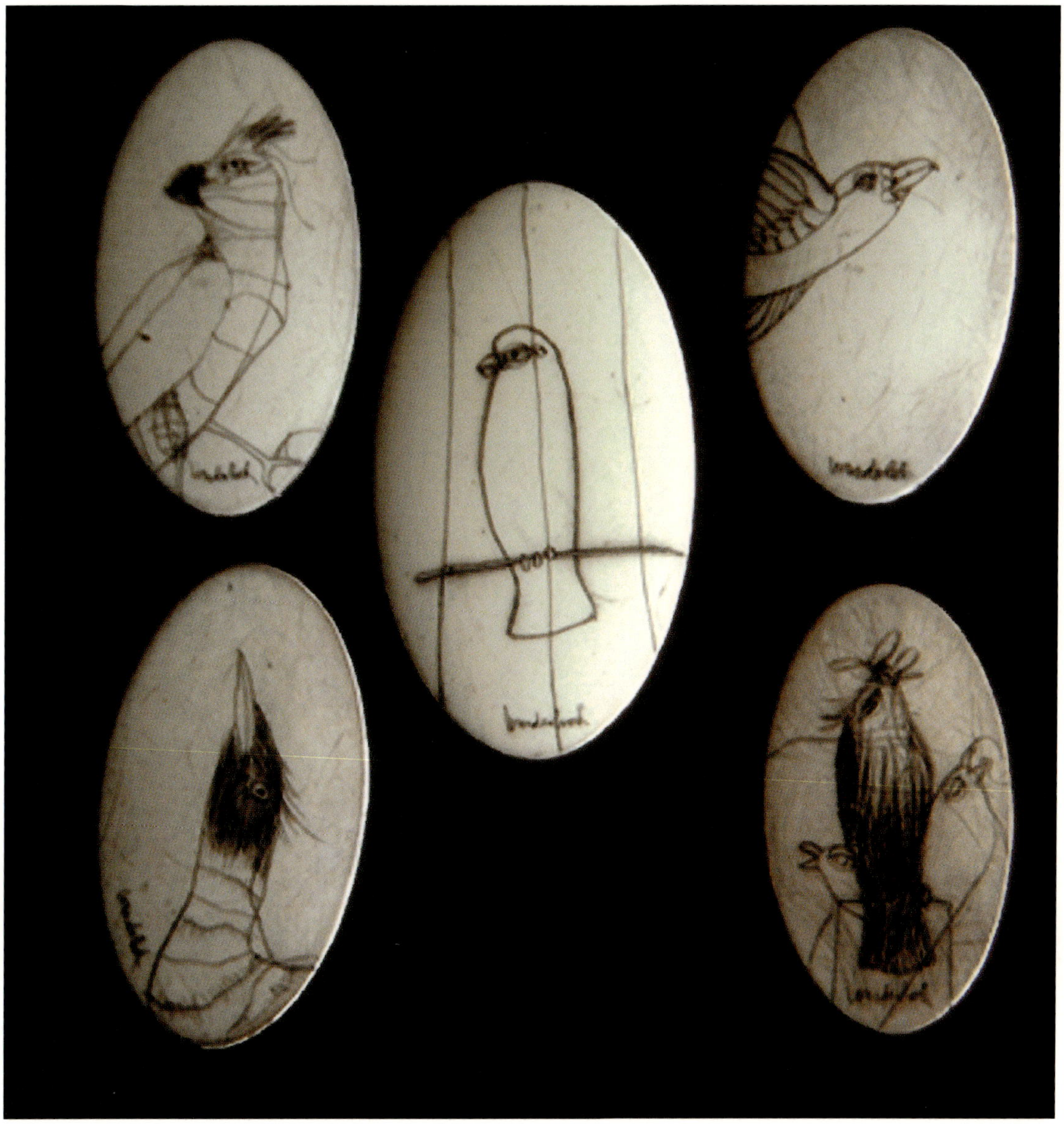

Vogel Portrait, Medaillon
2001
Gravur auf Polymer

Fünf Vögel, Medaillons
2001
Gravur auf Polymer

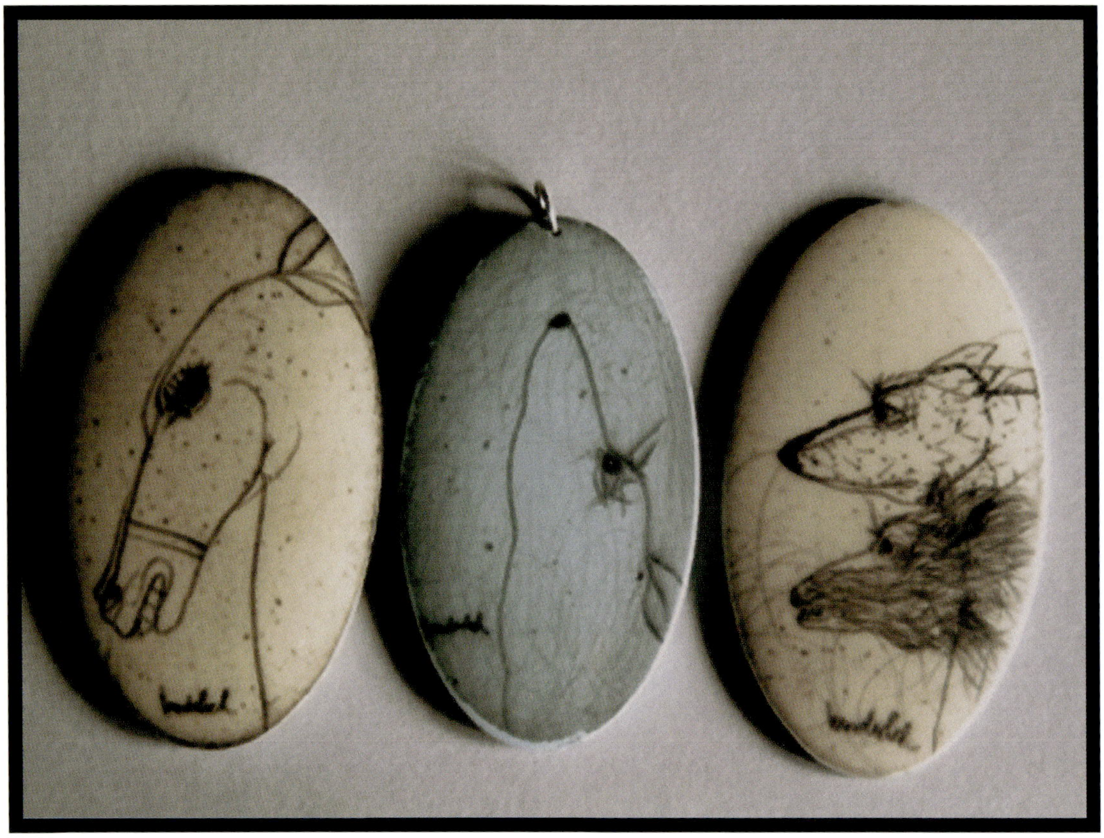

Pferd, Medaillon
2001
Gravur auf Polymer

Hund Dora, Medaillon
2001
Gravur auf Polymer

Hunde, Medaillon
2001
Gravur auf Polymer

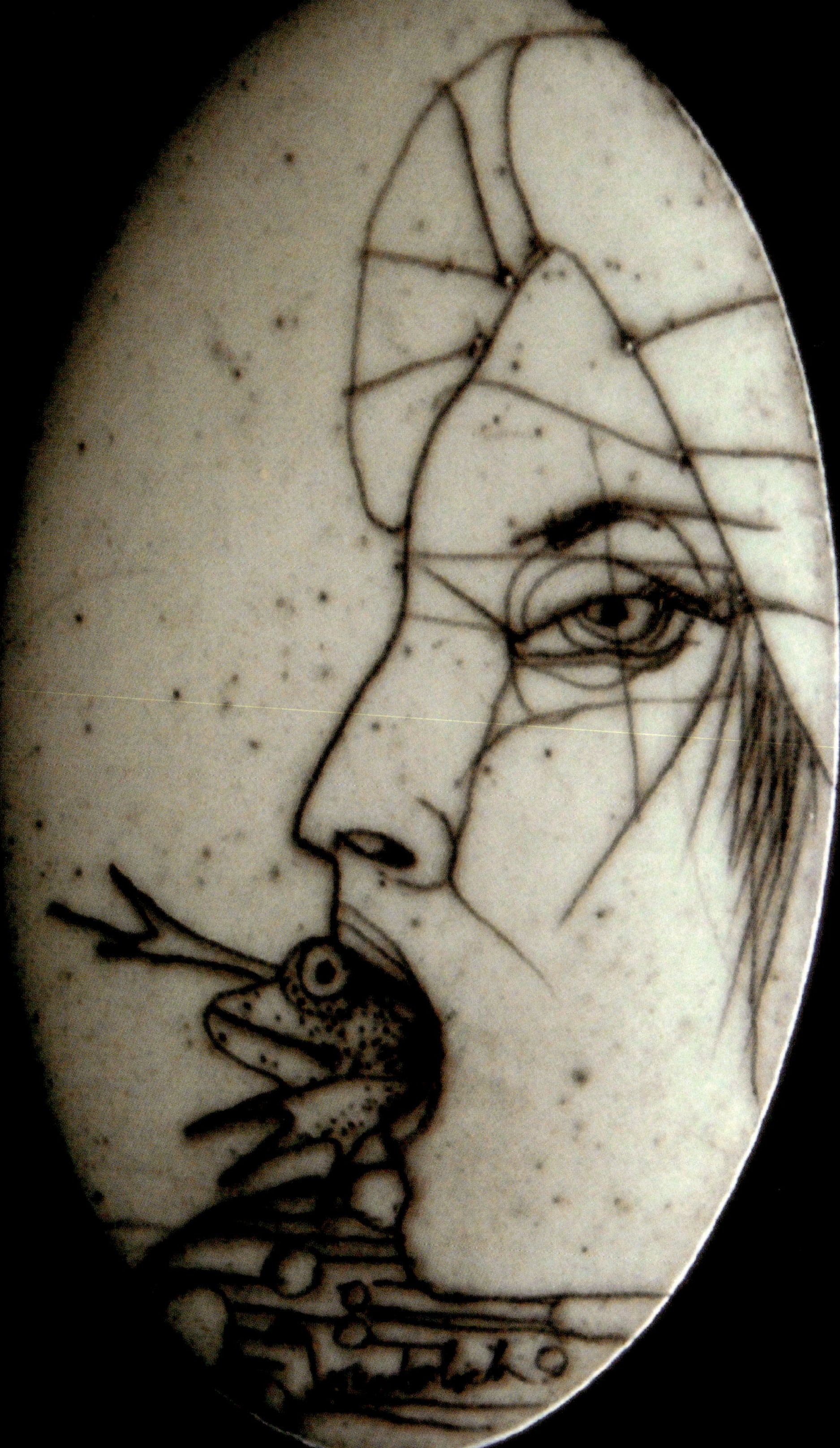

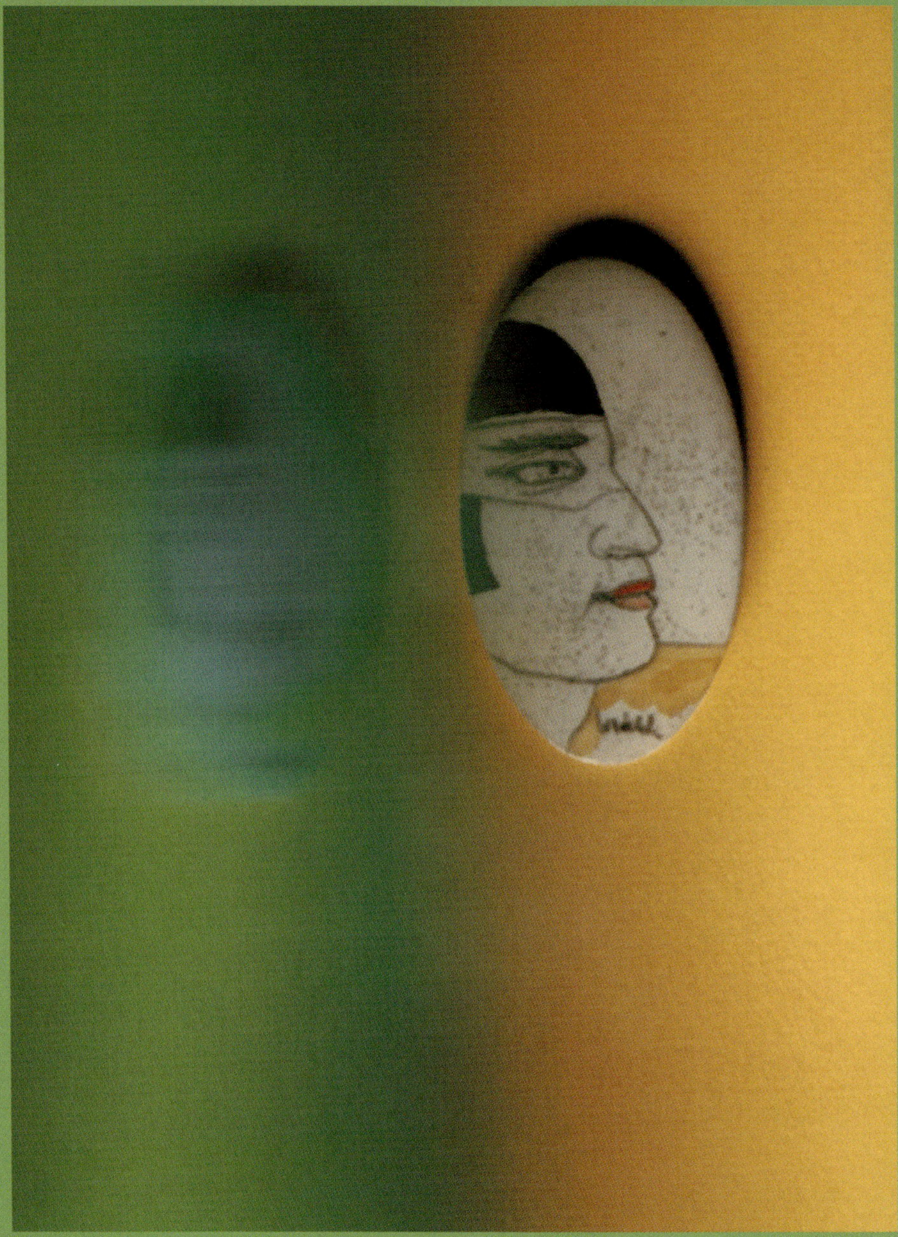

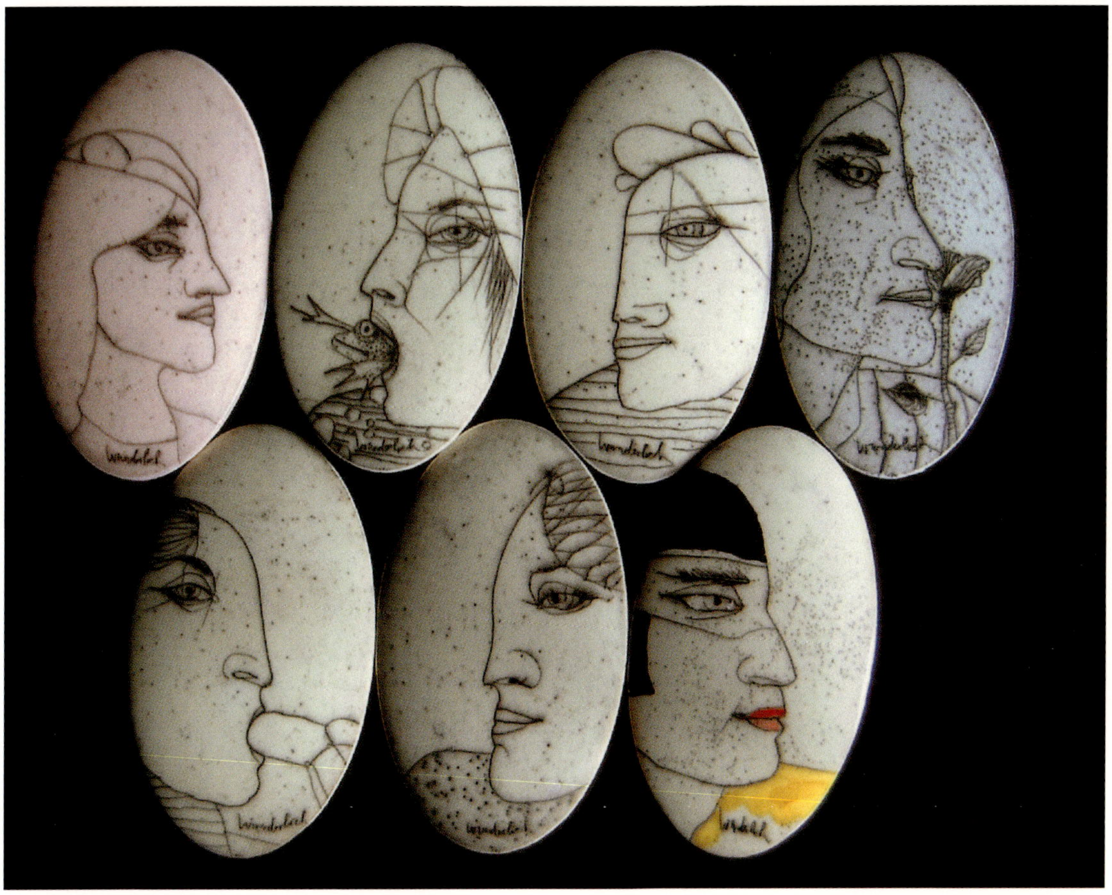

Profile, Medaillons
2001
Gravur auf Polymer

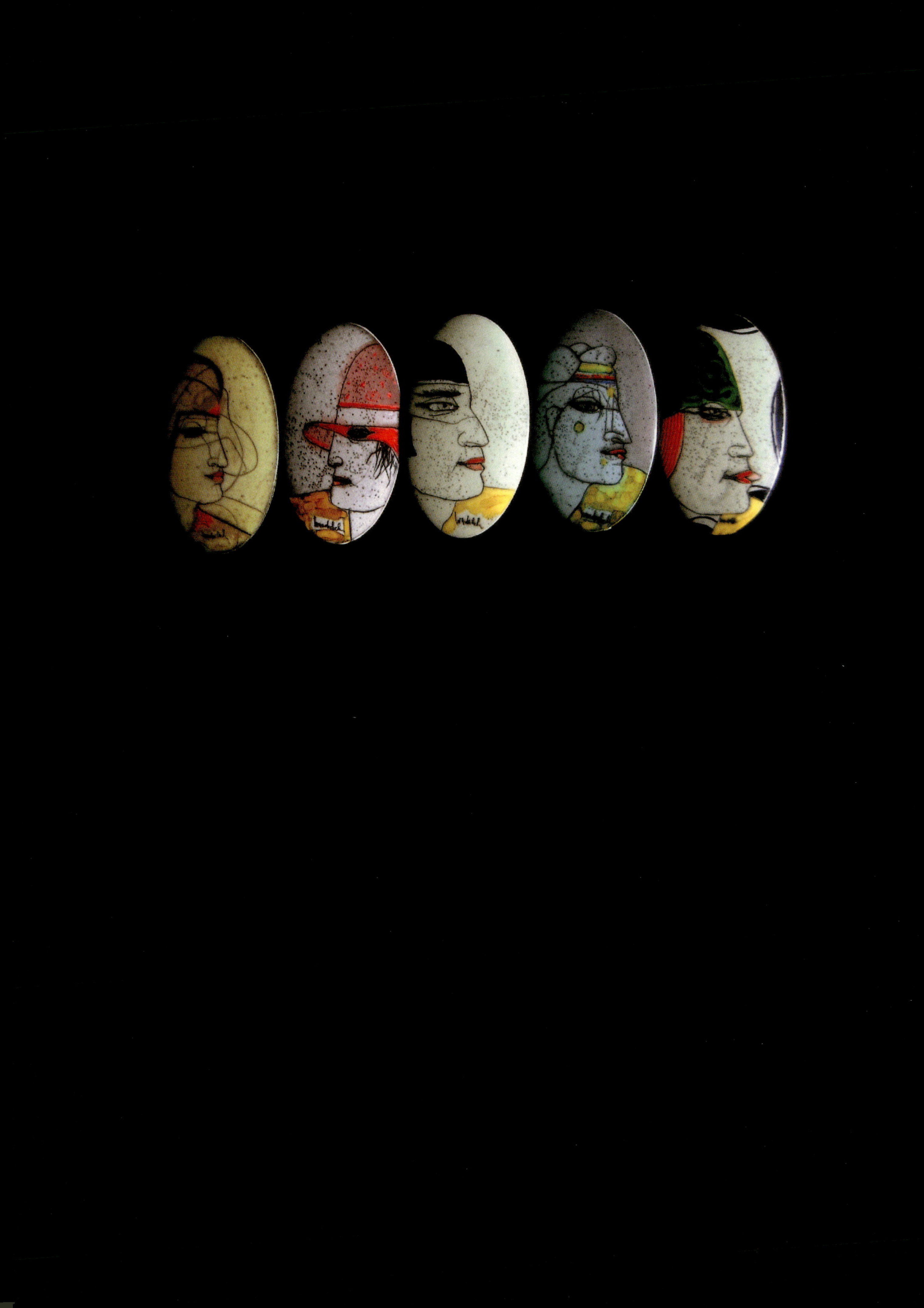

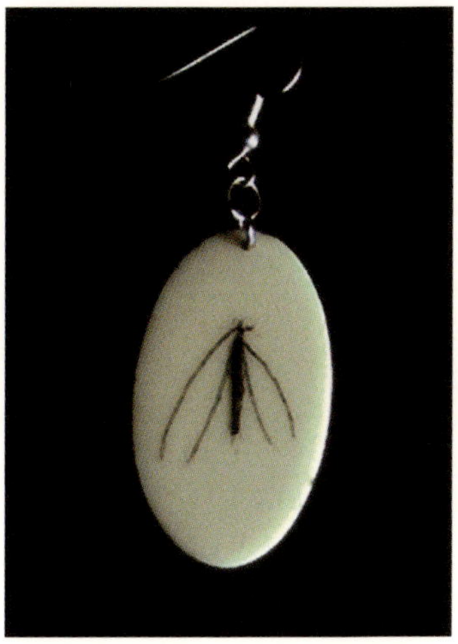

Damen behütet, Medaillons
2001
Gravur auf Polymer

Insekt, Ohrhänger
2001
Gravur auf Polymer

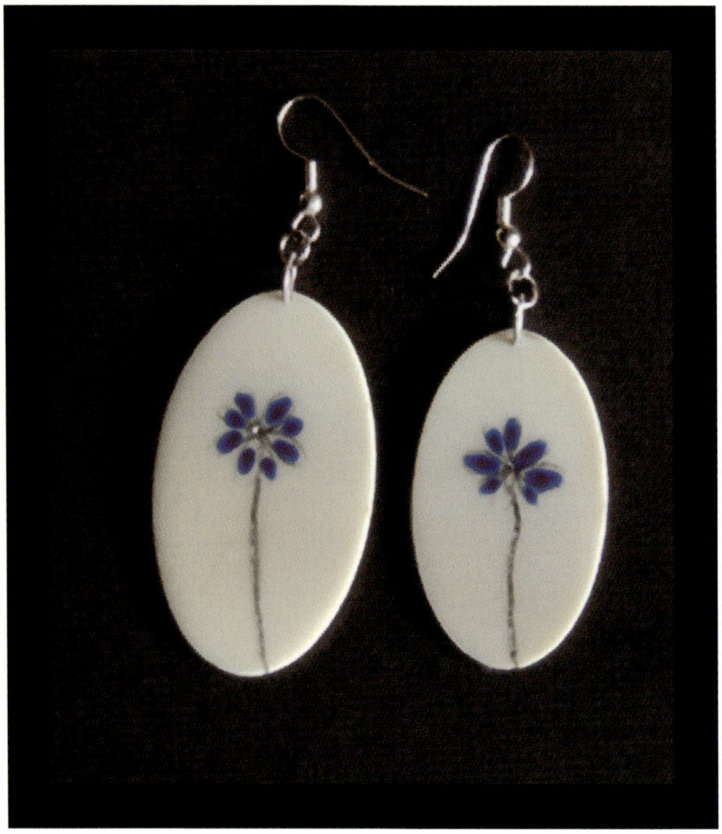

Blaue Blüten, Ohrhänger
2001
Gravur auf Polymer, Gold

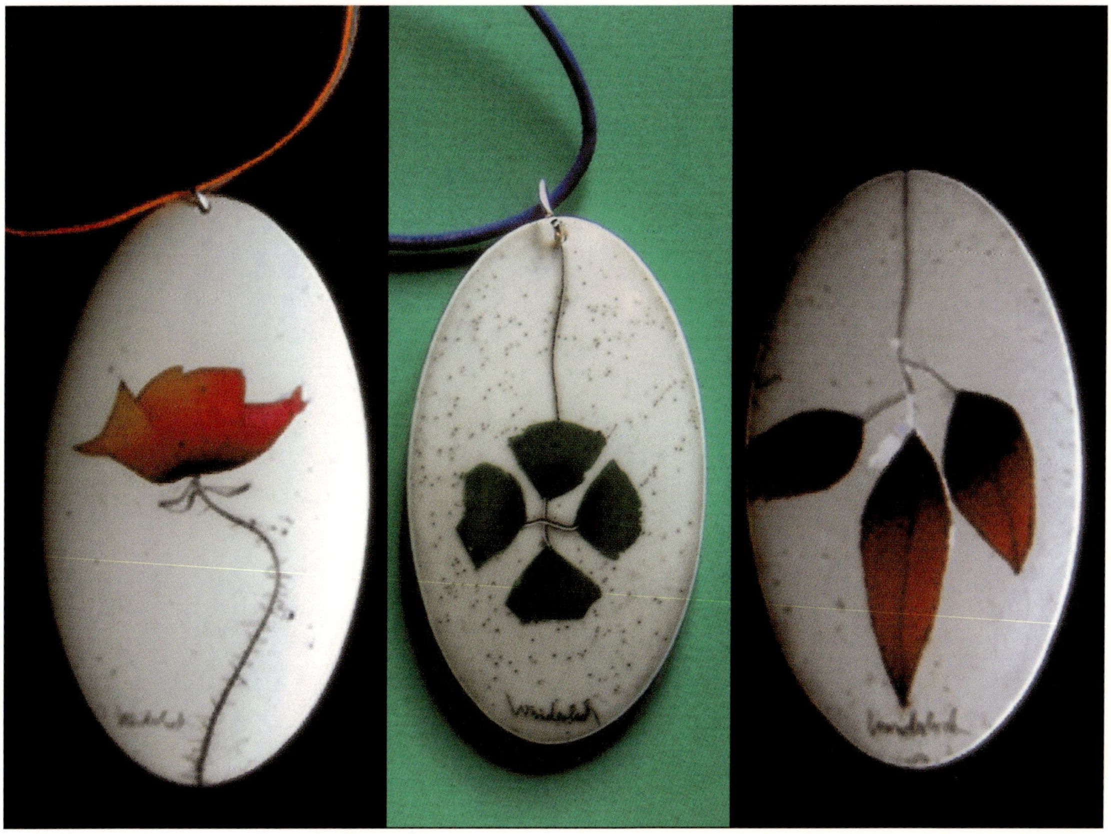

Mohn, Medaillon
2001
Gravur auf Polymer

Klee, Medaillon
2001
Gravur auf Polymer

Drei Blätter, Medaillon
2001
Gravur auf Polymer

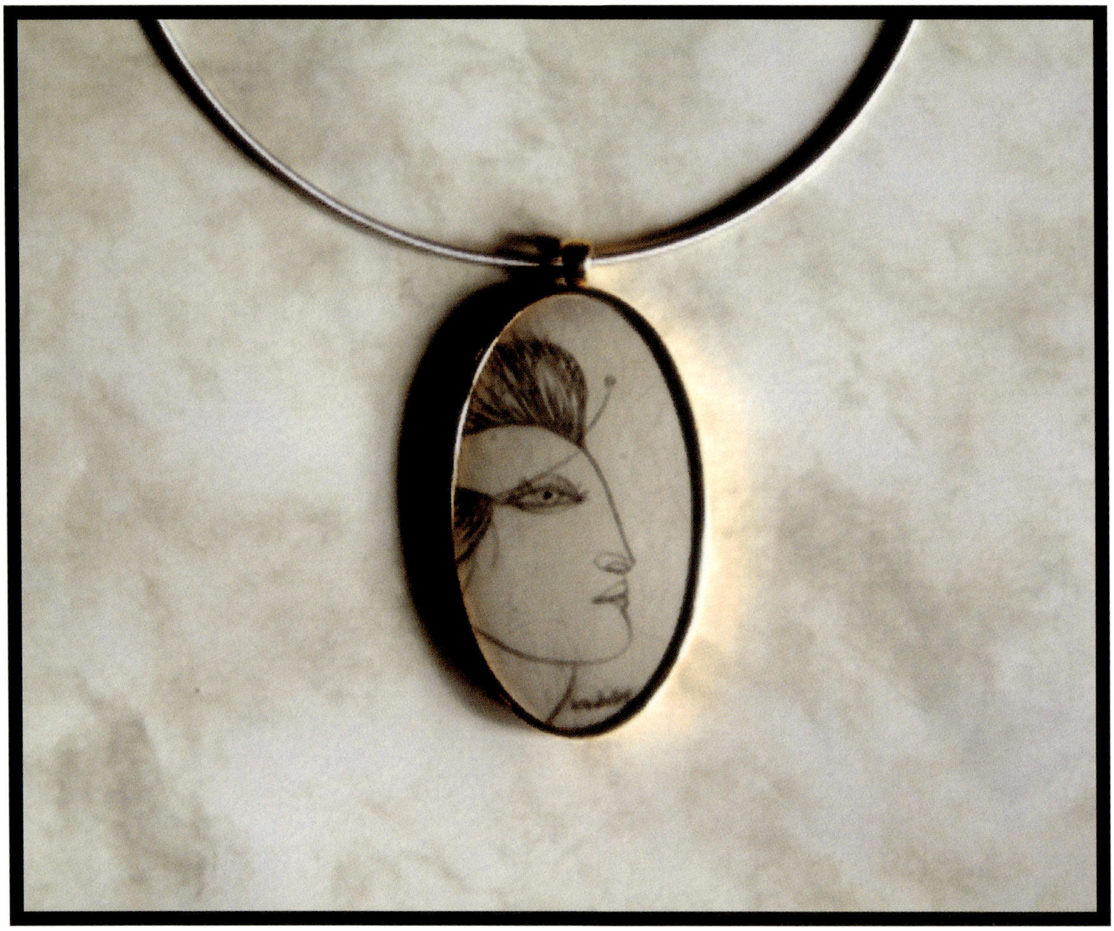

Medaillon im Goldrahmen
2001
Gelbgold, Gravur auf Polymer

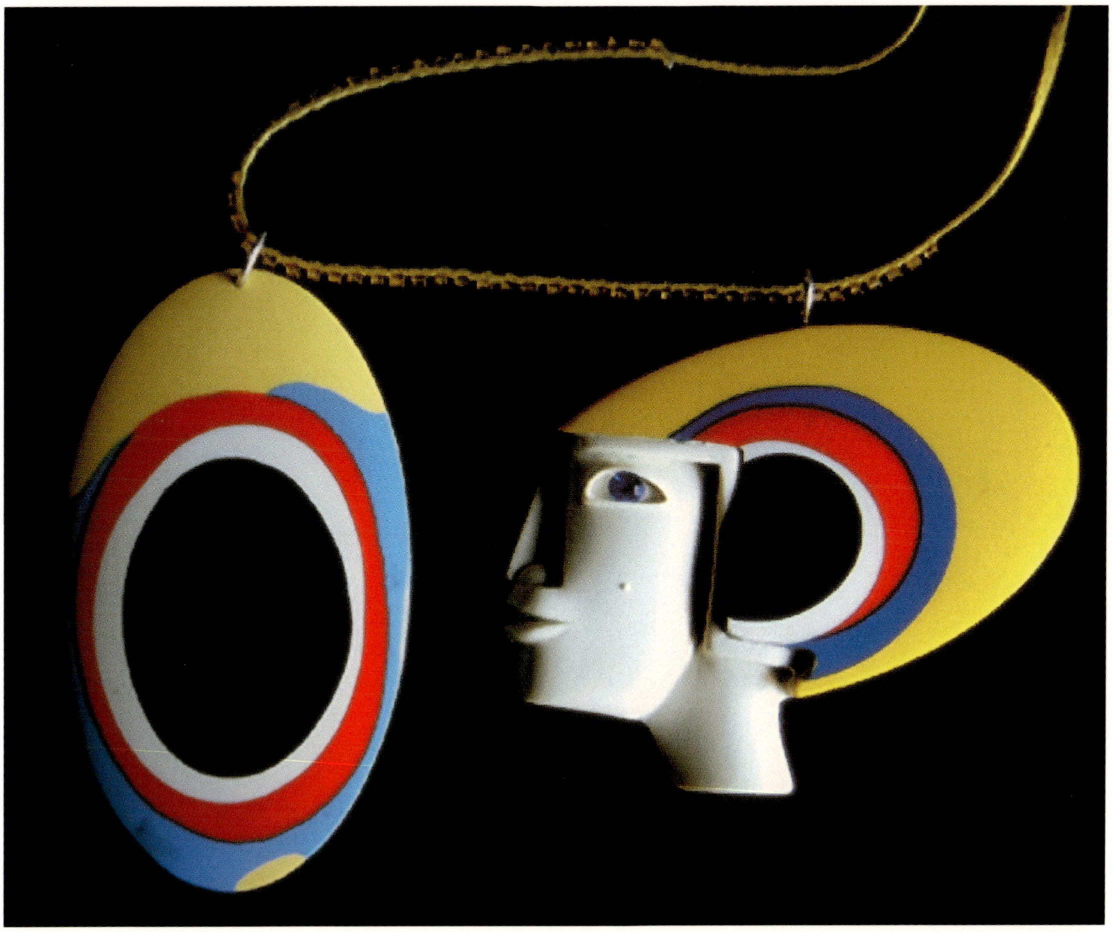

Diana, Medaillon
2001
Polymer bemalt

Diana, Collier
2001
Polymer bemalt, Glas

folgende Seiten:

Diana-Colliers in verschiedenen Form- und Farbvarianten

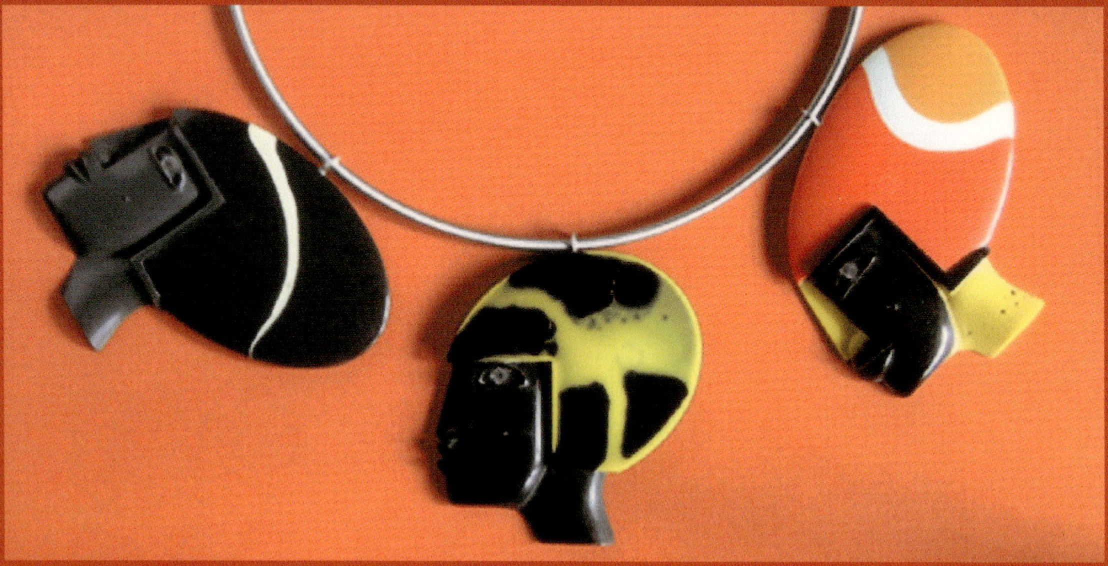

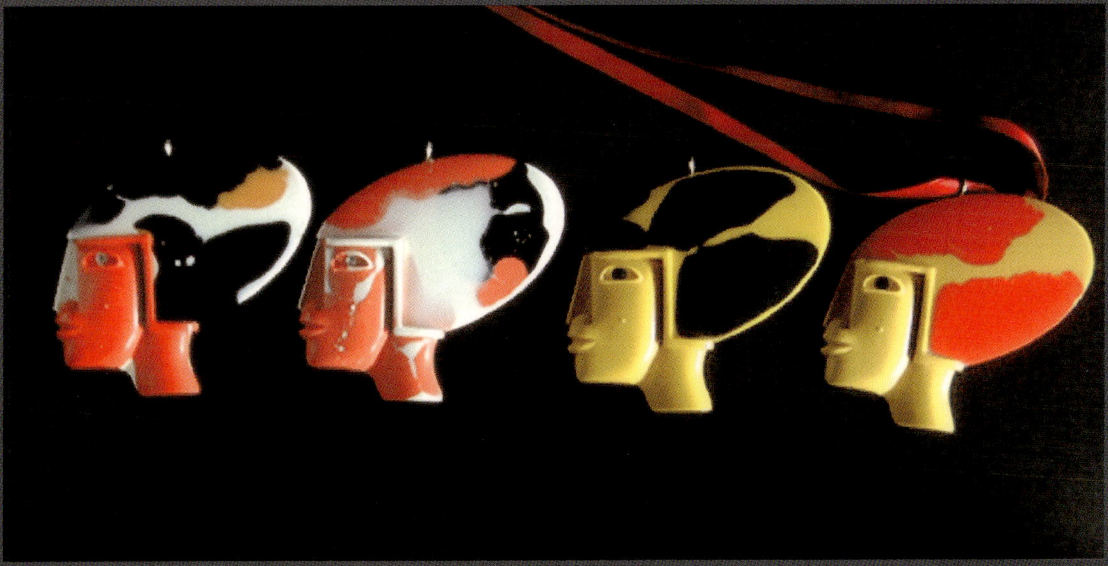

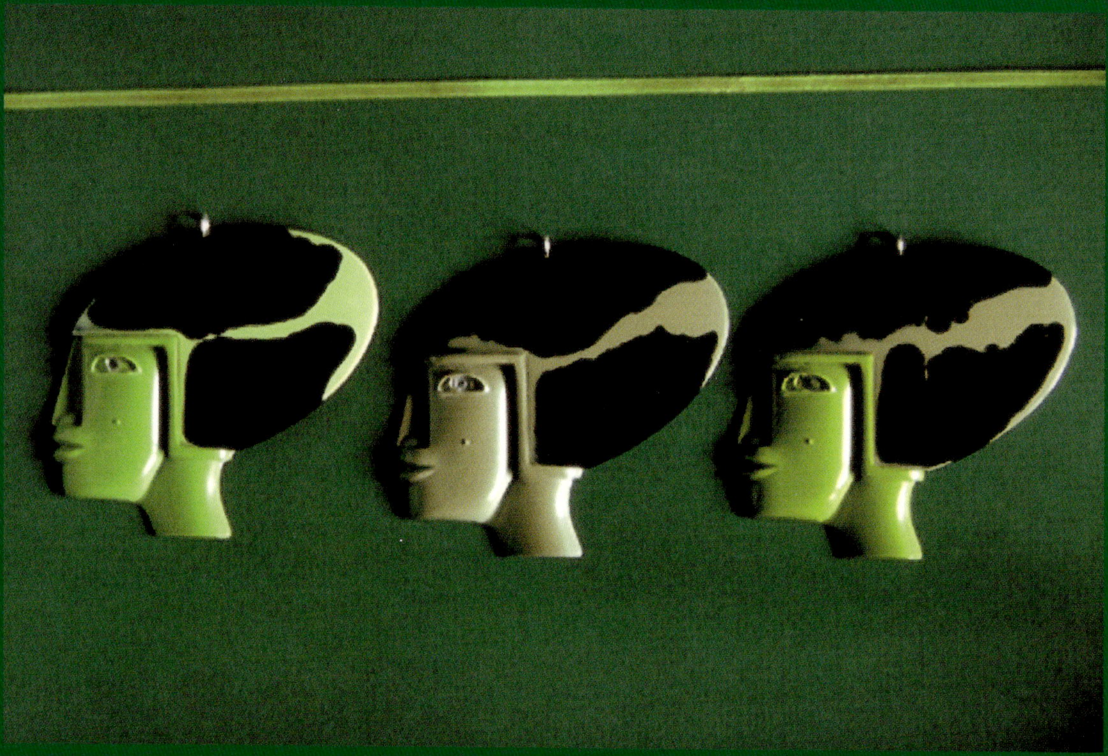

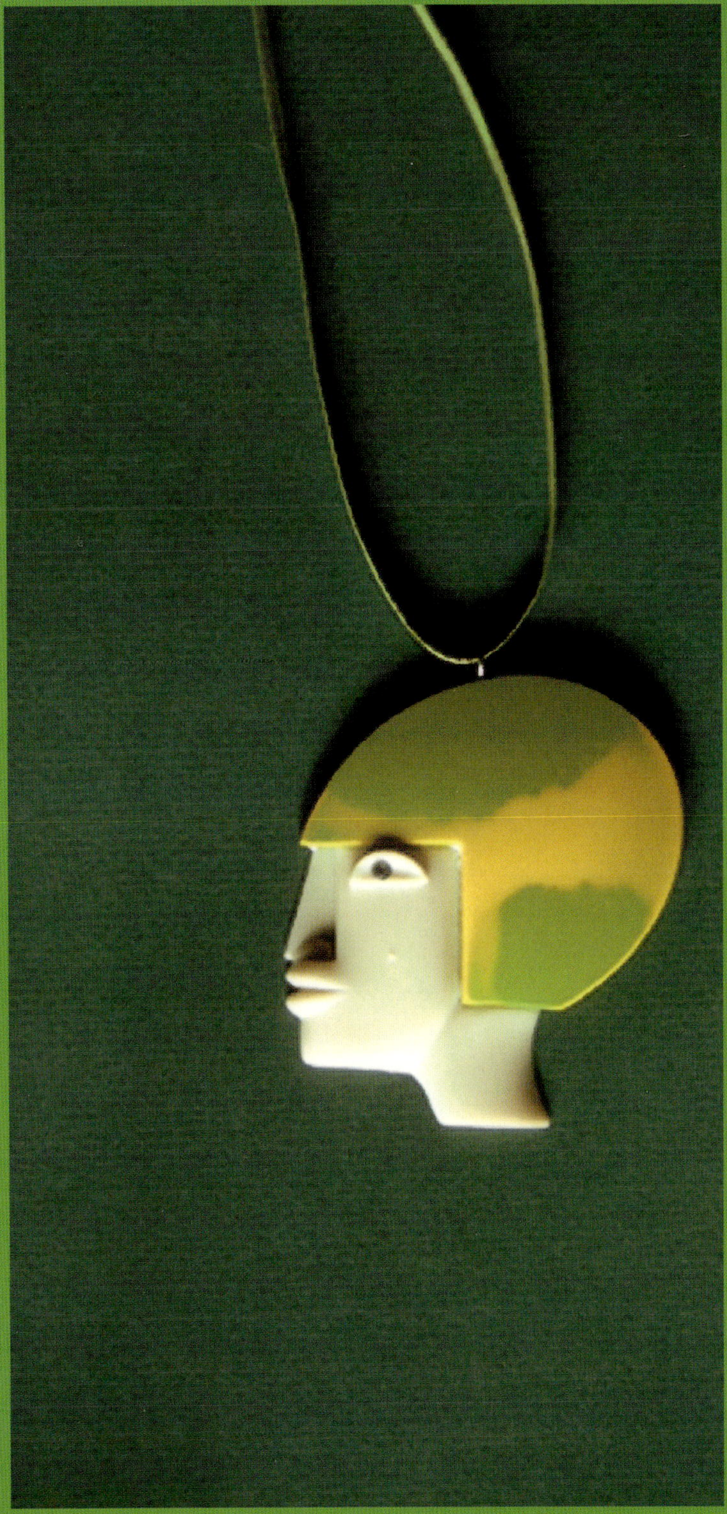

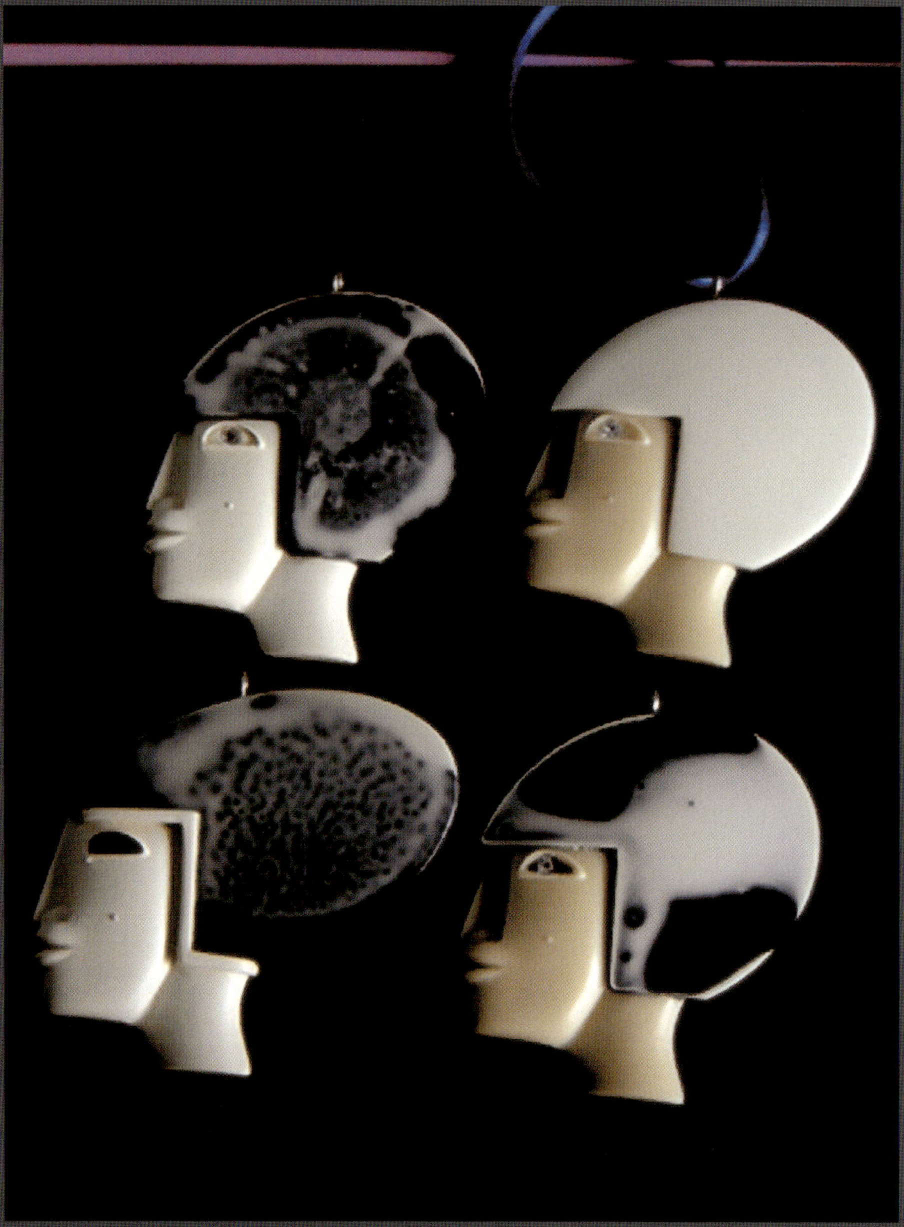

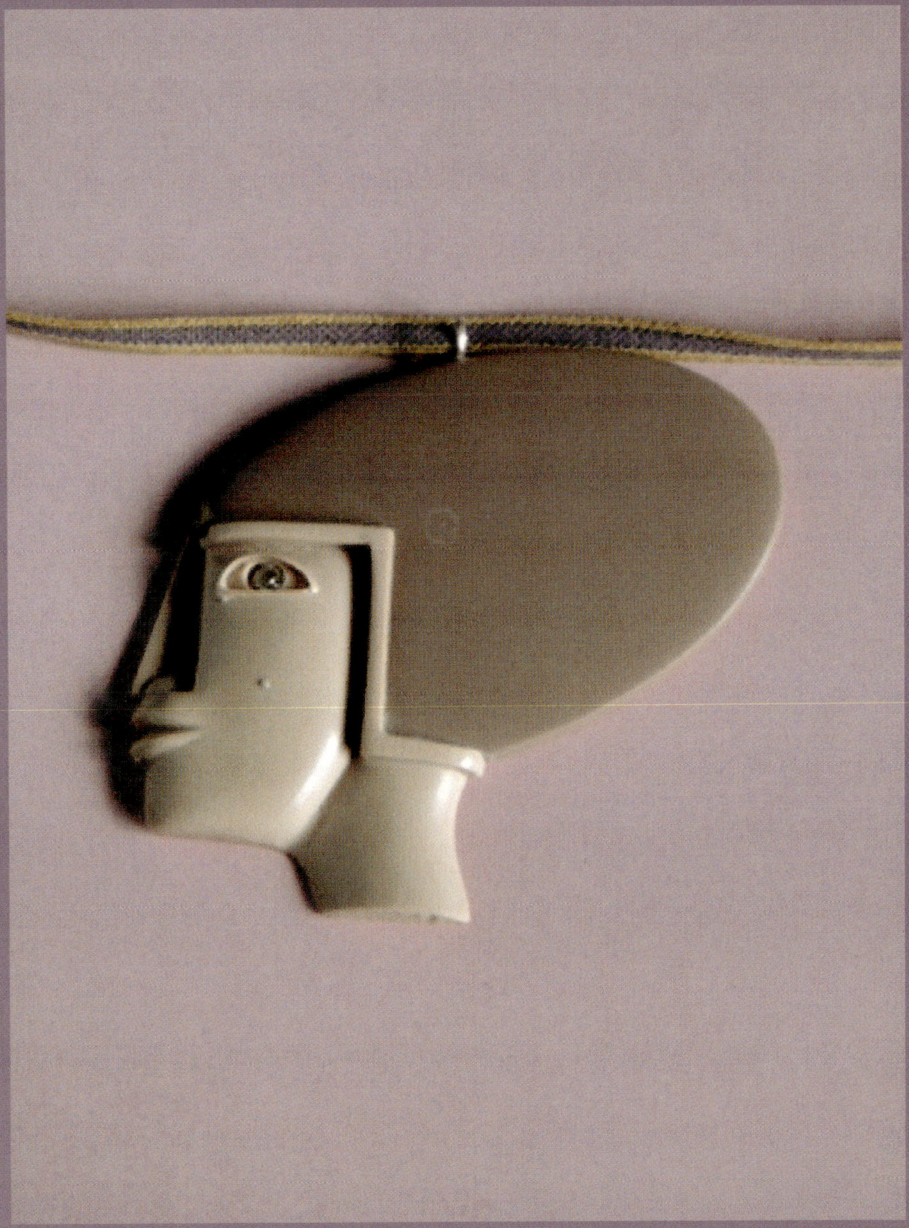

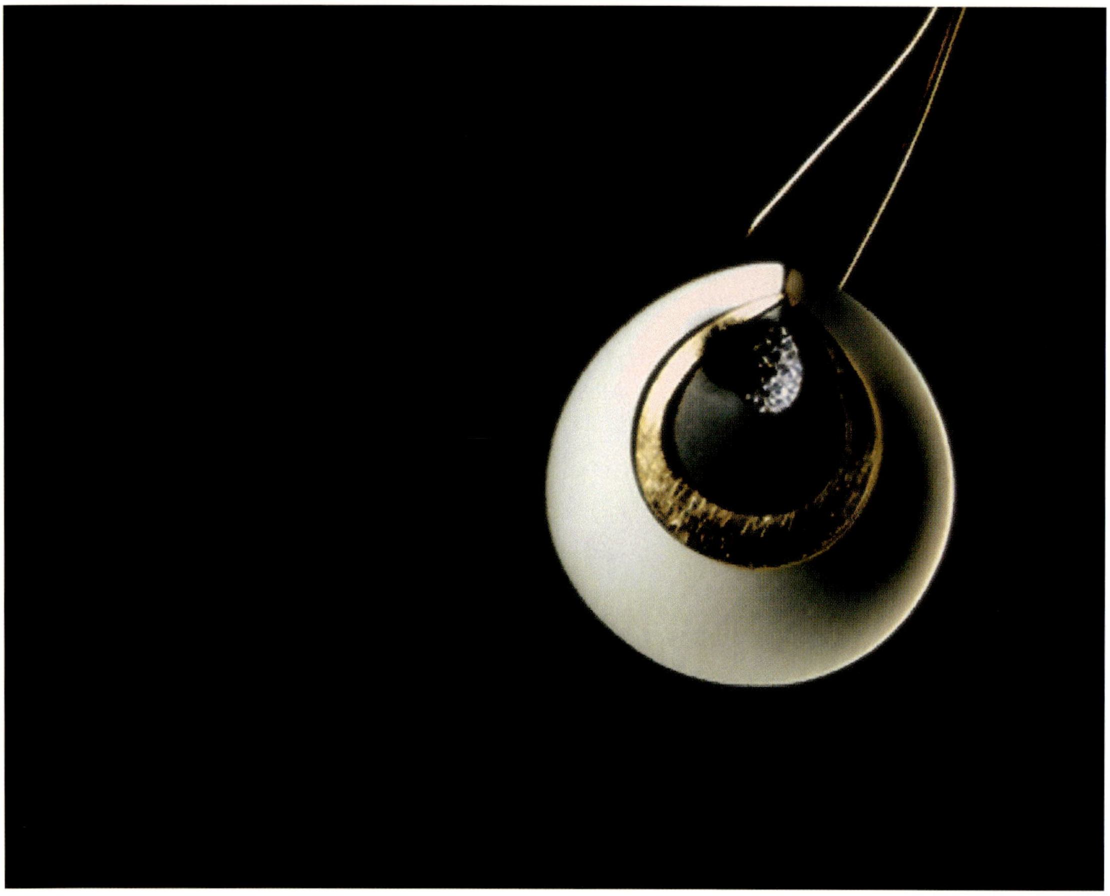

Blüte, Collier
2002
Elfenbein, Gold, 41 Brillanten

Zwei Schmuckobjekte
2001
Polymer, Perle

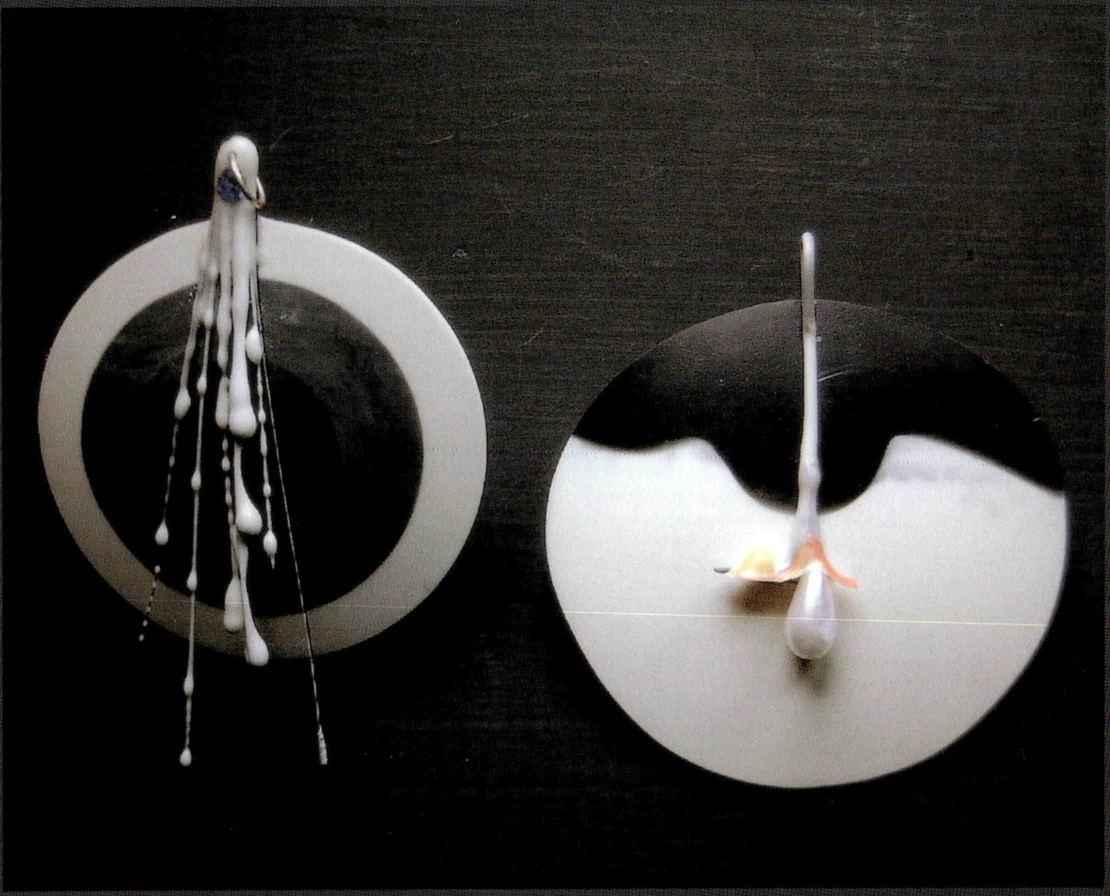

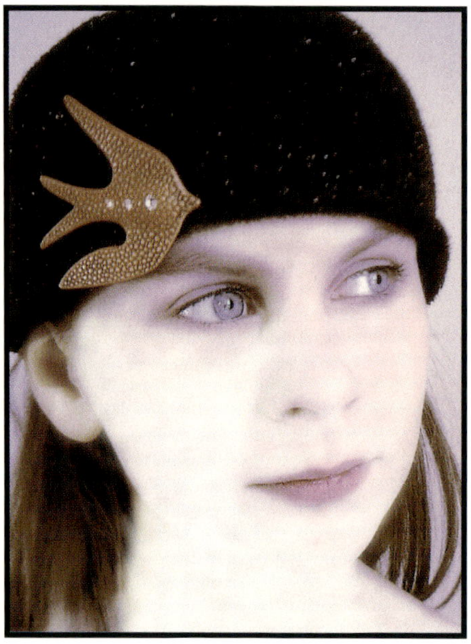

Gabelweihe, Brosche

Rochen
2002
Polymer farbig, Glas

Gabelweihe, Brosche
2001
Polymer farbig, Glas

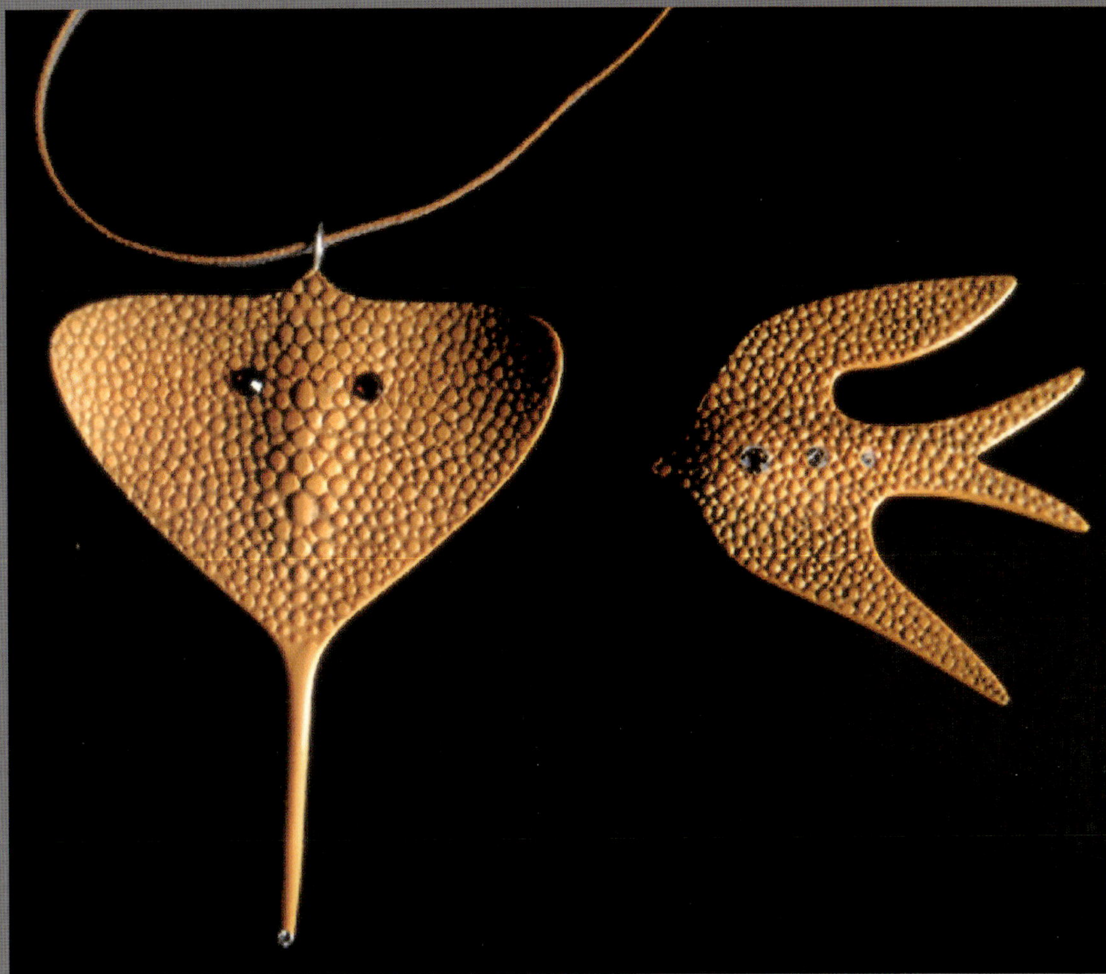

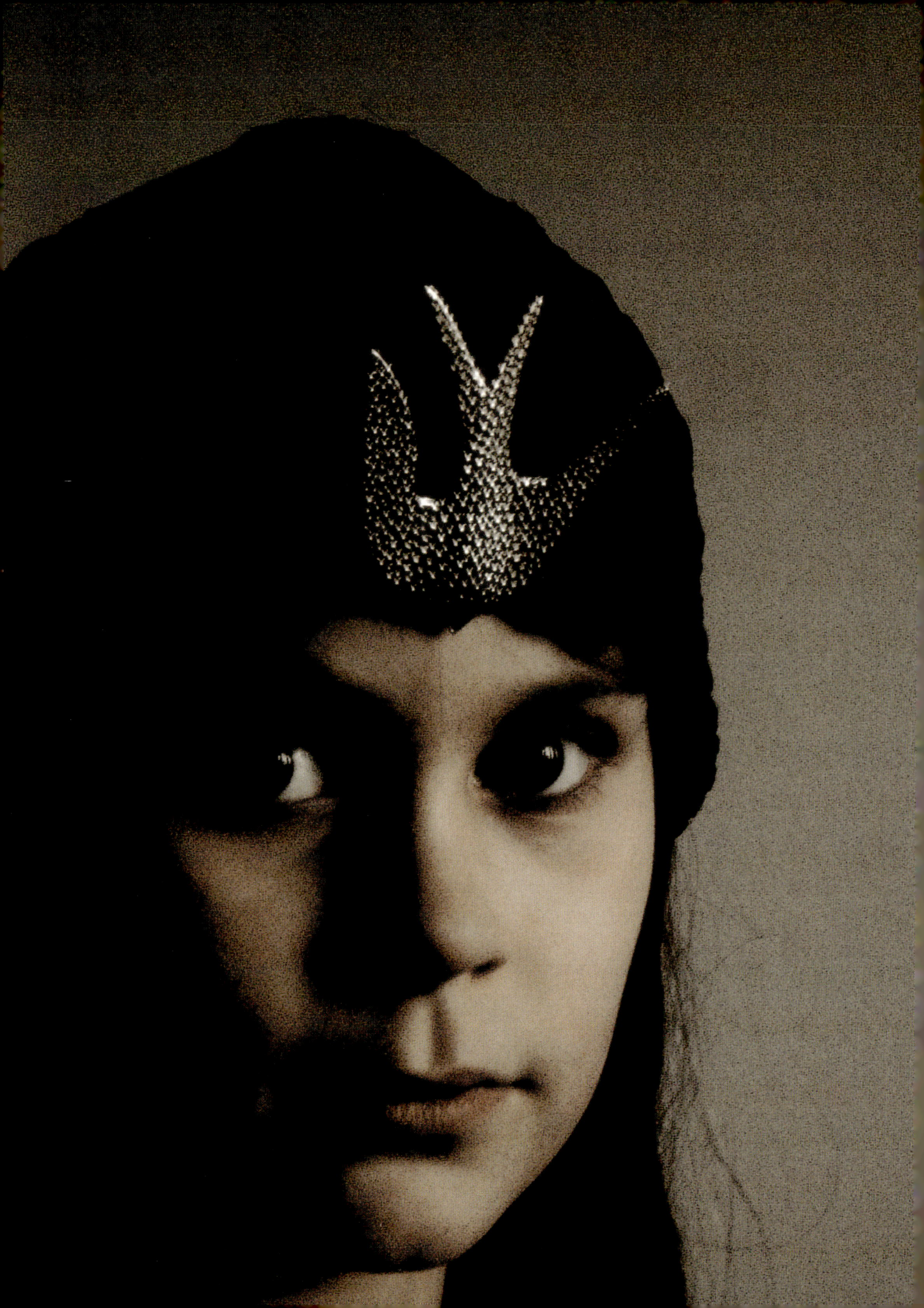

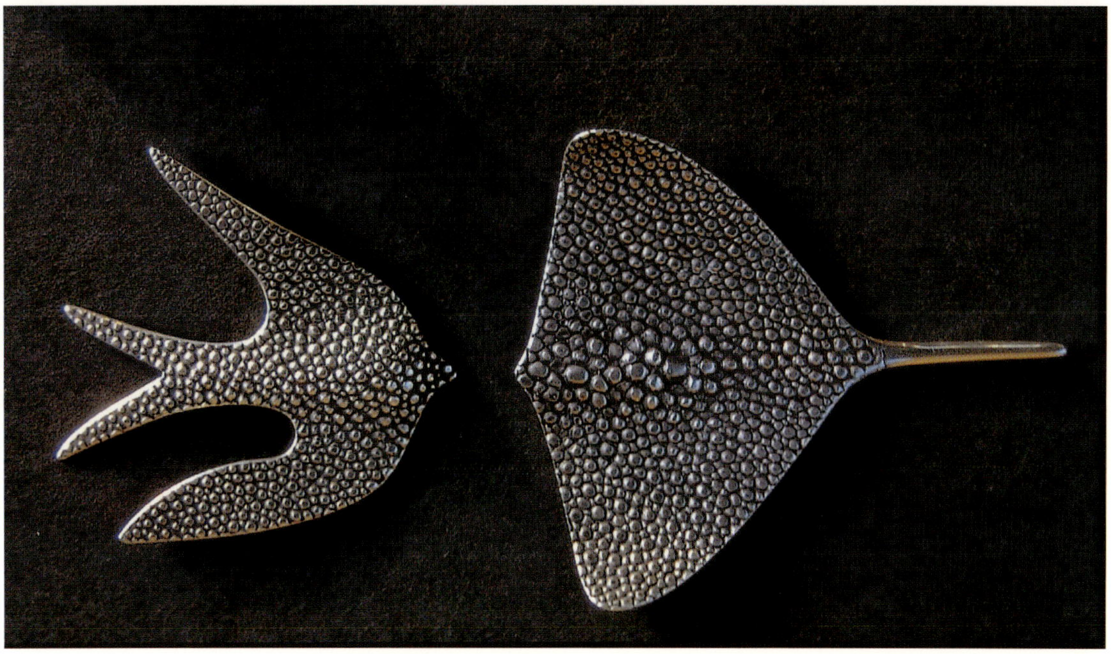

Gabelweihe I, Brosche
2001
Sterling-Silber 925

Rochen I, Collier
2001
Sterling-Silber 925

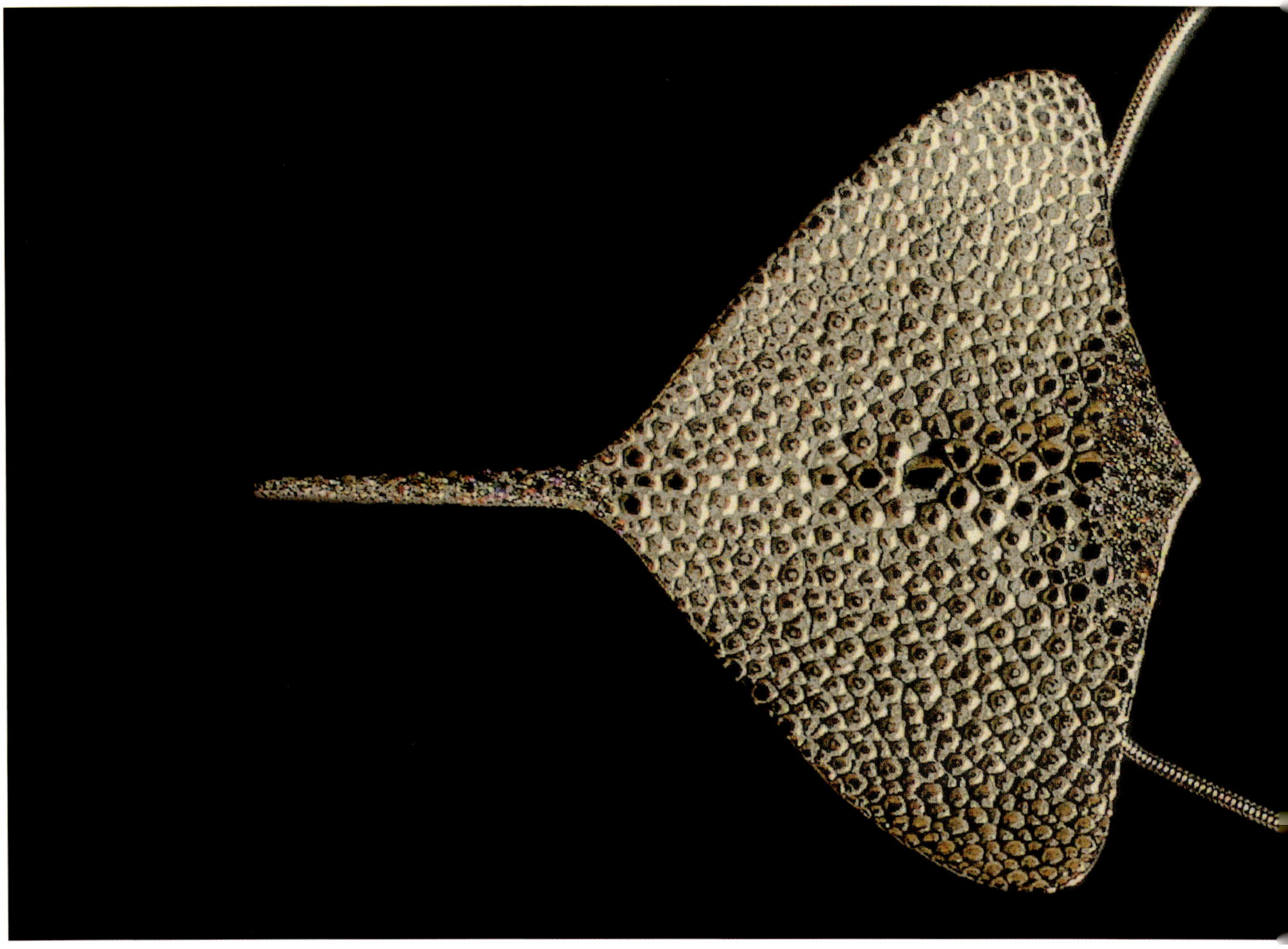

Rochen II, Collier
2002
Weißgold 750, 129 Brillanten

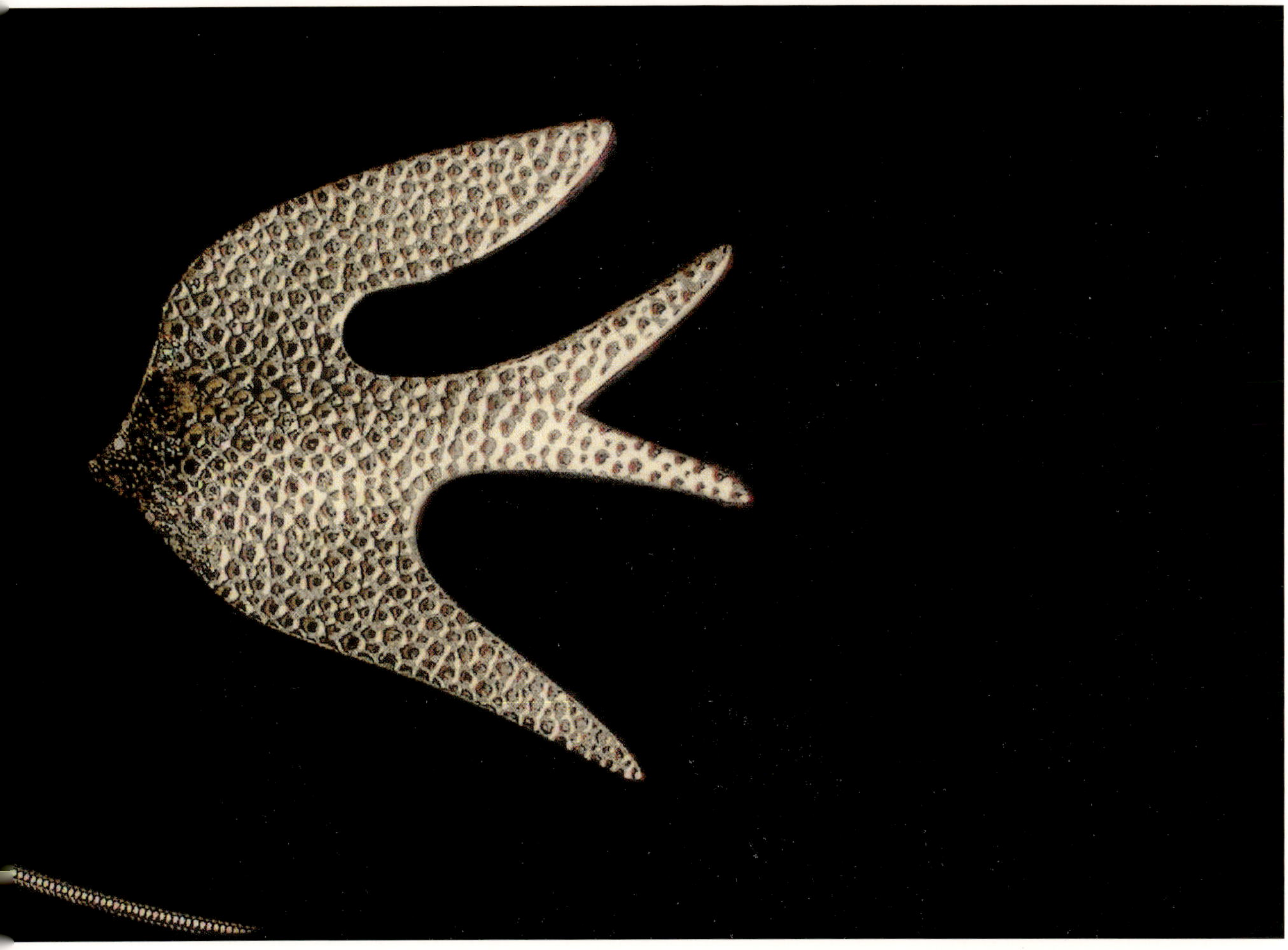

Gabelweihe II, Brosche
2002
Weißgold 750, 70 Brillanten

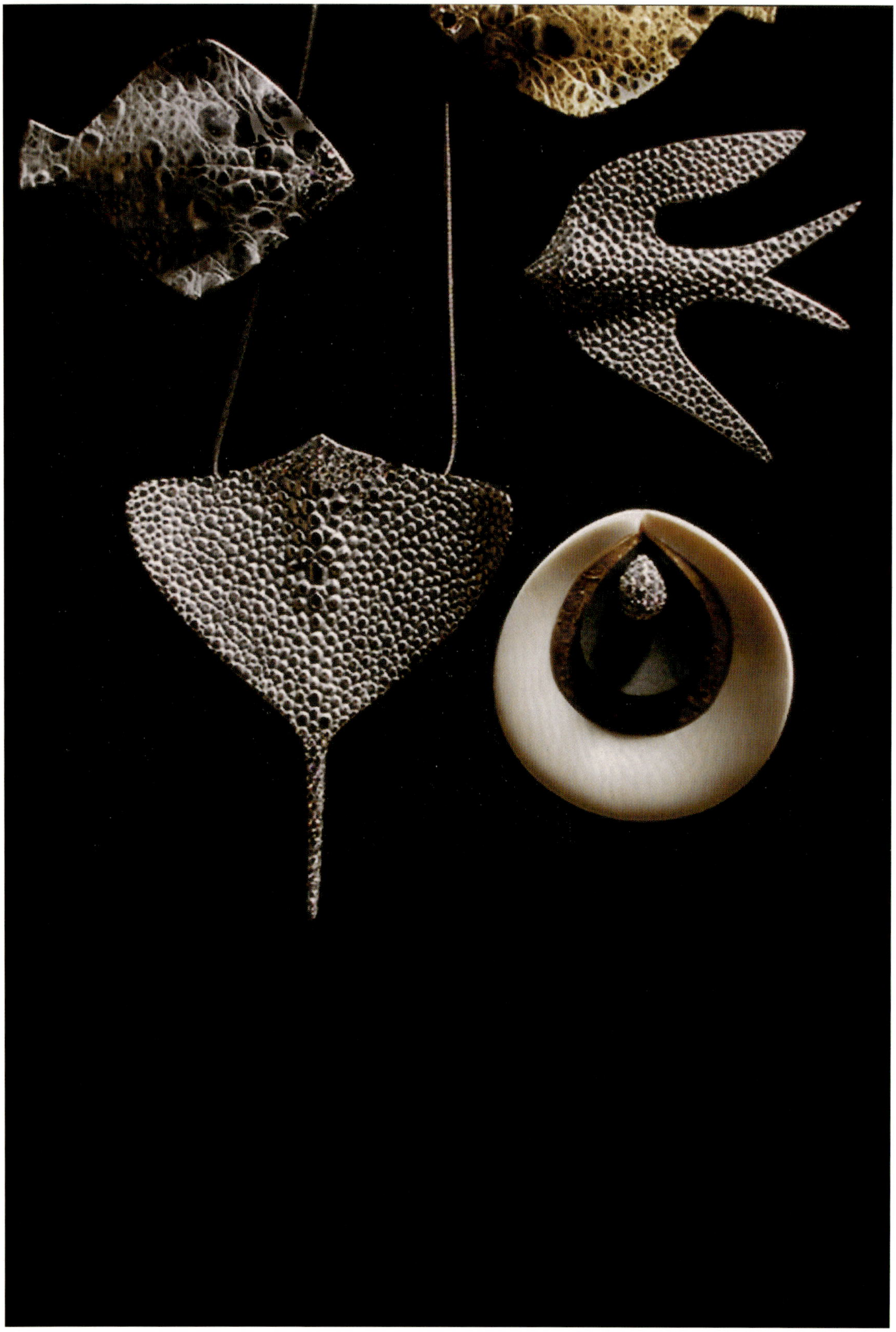

Fisch II, Brosche; Gabelweihe II, Brosche;
Rochen II, Collier; Blüte, Collier

Die Nummern in Klammern beziehen sich auf: Heinz Spielmann, Paul Wunderlich, Skulpturen und Objekte. Werkverzeichnis Band I und II.

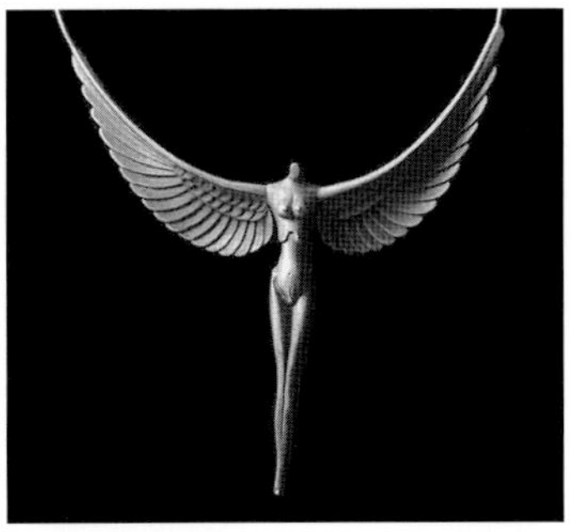

Nr. 1 (Nr. 39)
Nike-Collier
1977
Sterling-Silber 925 (Wachsguß)
Maße: H. 22,3 B. 13,2 T. 1,5 cm
Gefertigt bei Solanor, Schaffhausen

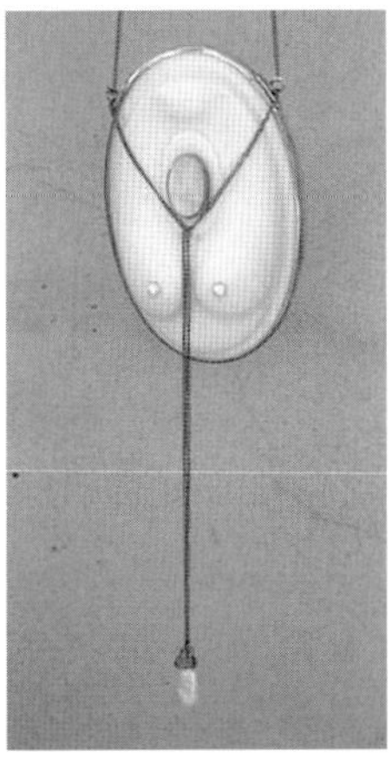

Nr. 2 (Nr. 83)
Medaillon (mit Rand)
1980
Elfenbein, Weißgoldkette, Opal, Süßwasserperle
Maße: H. 6 B. 3,7 T. 2,3 cm
Unikat
Goldschmied: Péclard, Zürich

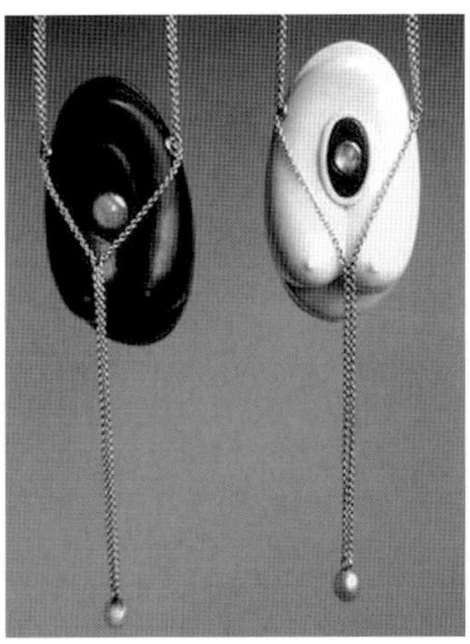

Nr. 3 (Nr. 84)
Medaillon (schmal)
1980
Elfenbein bzw. Ebenholz, oder beide Materialien kombiniert, Silber 750 (teils vergoldet), verschiedene Edelsteine und Perlen
Maße: H. 6 B. 3,2 T. 2,5 cm
Auflage: 3 Varianten
Goldschmied: Péclard, Zürich

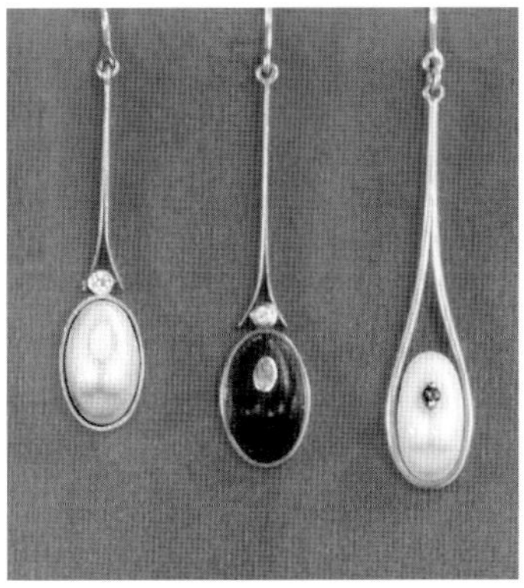

Nr. 4 (Nr. 85, Nr. 86)
Ohrhänger I, II, III
1980
a) Elfenbein, Gold, Weißgold, Brillant
Maße: L. 6,3 B. 1,0 T. 0,7 cm
Auflage: 2 Versuche
Goldschmied: Péclard, Zürich
b) Ebenholz, Weißgold, Brillant
Maße: L. 6,5 B. 1,0 T. 0,7 cm
Goldschmied: Péclard, Zürich
c) Elfenbein, Gold, blauer Halbedelstein
Maße: L. 6,6 B. 1,0 T. 0,7 cm
Goldschmied: Péclard, Zürich

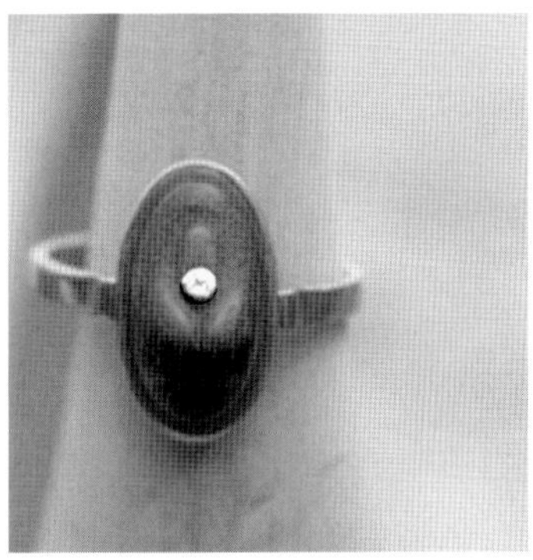

Nr. 5 (Nr. 87)
Fingerring
1980
Silber 750, Ebenholz, Brillant
Maße: H. 1,4 B. 0,8 T. 0,7 cm
Ø 1,5 cm
Goldschmied: Péclard, Zürich

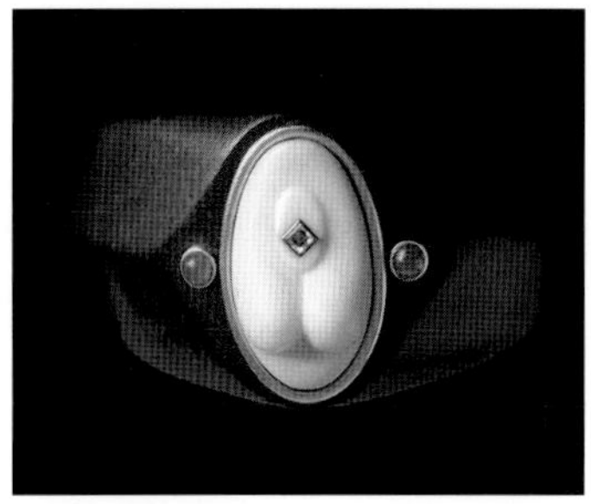

Nr. 6 (Nr. 88)
Armreif I
1980
Ebenholz, Elfenbein, Gold, 2 Rubine, 1 Sternsaphir
Maße: B. 3,7 cm Ø 7 cm
Unikat
Goldschmied: Péclard, Zürich

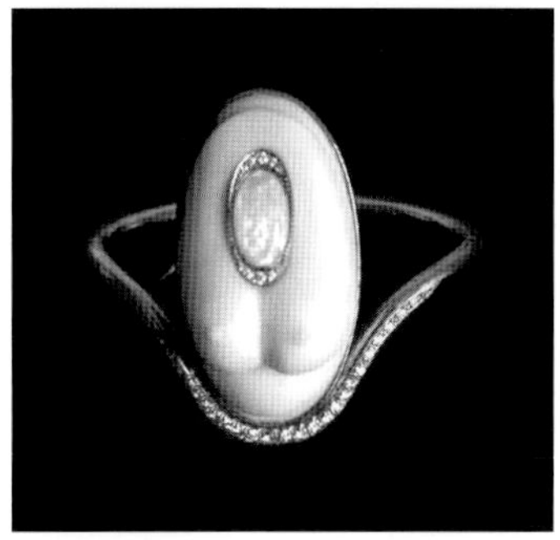

Nr. 7 (Nr. 89)
Armreif II
1980
a) Schwarzer Onyx, Fassung in Rotgold, Weißgold, Brillanten, 1 Rubin (goldgefaßt)
b) Weißer Achat, großer Opal (Boulder), Brillanten, Weißgold
Maße: H, 6,7 B. 6,4 T. 5,0 cm
Auflage: 2 Varianten
Goldschmied: Péclard, Zürich

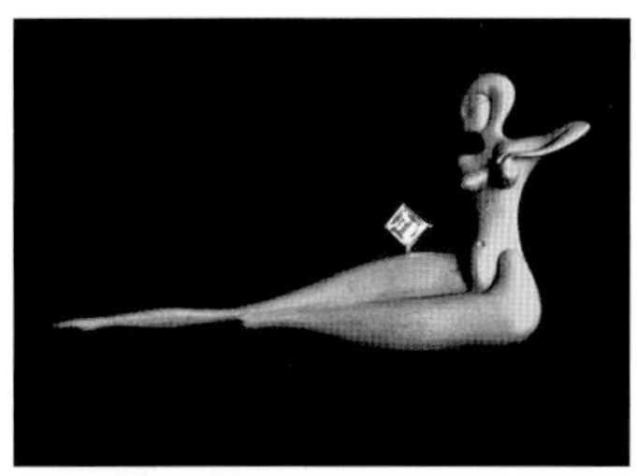

Nr. 8 (Nr. 90)
Amazone, Brosche
1980
a) Weißgold, Brillant (Unikat)
Goldschmied: Péclard, Zürich
b) Sterling-Silber 925
Goldschmied: Hausch, Pforzheim
Maße: H. 3,5 L. 7,1 T. 1,0 cm

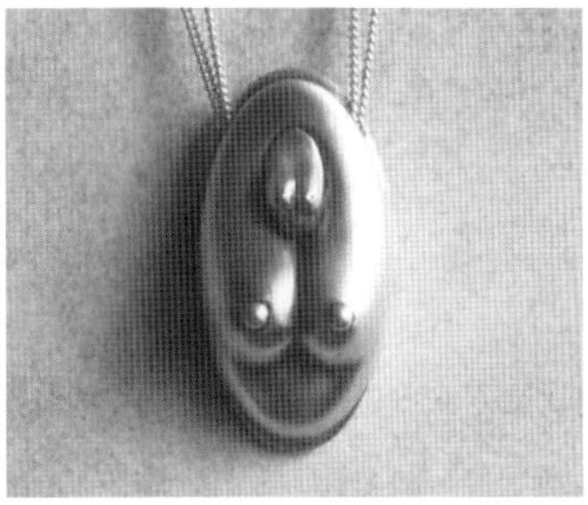

Nr. 9 (Nr. 192)
Décolleté
1987
Sterling-Silber 925, mit einer Einlage aus 18 Karat Gold, an einer Goldkette
Maße: L. 4,5 B. 2,3 T. 1,4 cm
Goldschmied: Péclard, Zürich

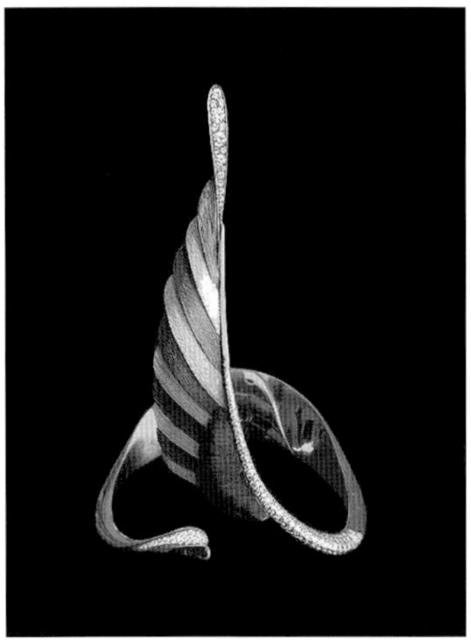

Nr. 10 (Nr. 225)
Armreif
1992
Weißgold, teils rhodiniert, Diamanten
Maße: H. 12 Ø 6,5 cm
Unikat
Goldschmied: Péclard, Zürich

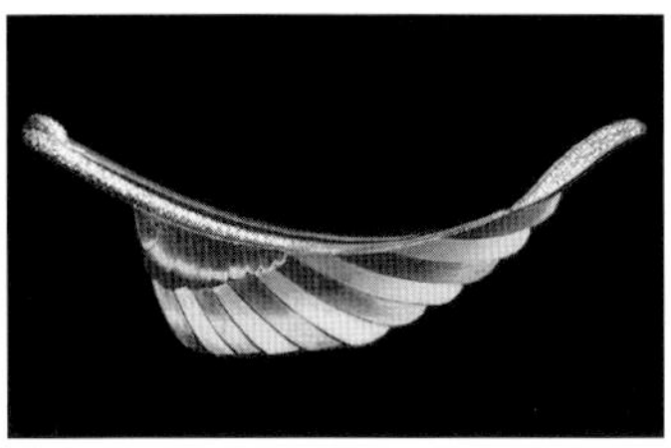

Nr. 11 (Nr. 226)
Brosche
1992
Weißgold teils rhodiniert, Diamanten
Maße: L. 11 B. 2,5 cm
Unikat
Goldschmied: Péclard, Zürich

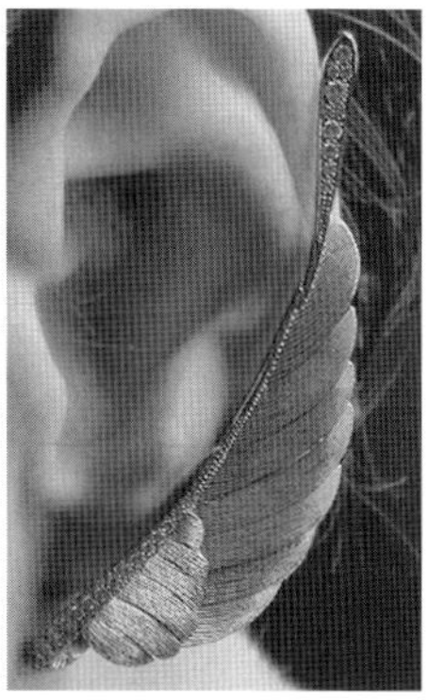

Nr. 12 (Nr. 227)
Ohrschmuck
1992
a) Weißgold teils rhodiniert,
b) Gelbgold, Diamanten,
Maße: H. 2 L. 6 T. 1,3 cm
Jeweils Unikate
Goldschmied: Péclard, Zürich

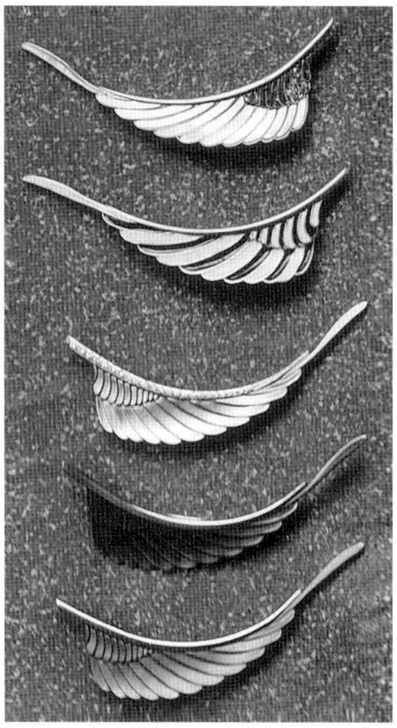

Nr. 13 (Nr. 230)
Silver Swing, Broschen
1992
Sterling-Silber 925, Gelbgold, Diamanten, Perlmutt, Emaille
Maße: L. 9 B. 2,5 cm
Gefertigt bei Albrecht, Altrandsberg

Silver Swing, Brosche und Ohrschmuck
Sterling-Silber 925, patiniert und poliert. Gefertigt bei Albrecht, Altrandsberg
Edition: Galerie Volker Huber, Offenbach am Main

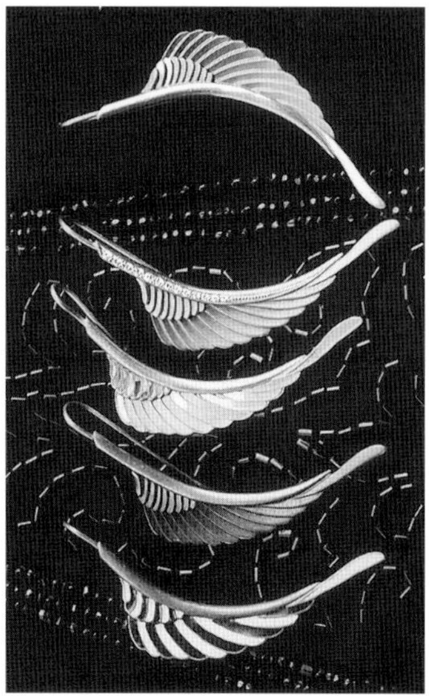

Nr. 14 (Nr. 231)
Silver Swing, Ohrschmuck
1993
Sterling-Silber 925, Gold, Emaille, Weißgold rhodiniert, Gelbgold, Diamanten, Perlmutt
Maße: L. 5,5 B. 2 T. 1,3 cm
Gefertigt bei Albrecht, Altrandsberg

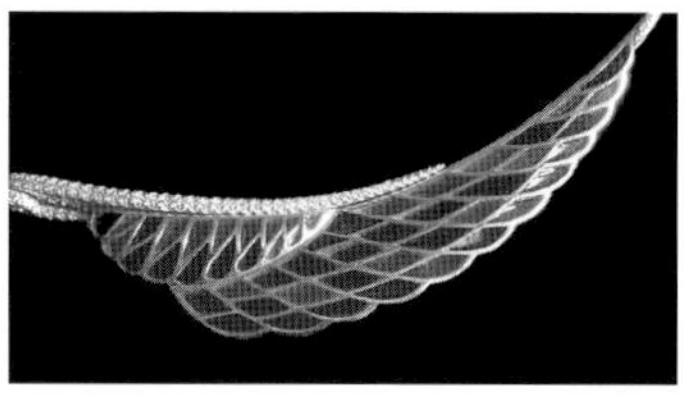

Nr. 15 (Nr. 269)
Brosche
1995
Fenster-Emaille, Gold, Brillanten
Maße: L. 11,5 B. 2 cm
3 verschiedene Farbvarianten
Goldschmied: Péclard, Zürich

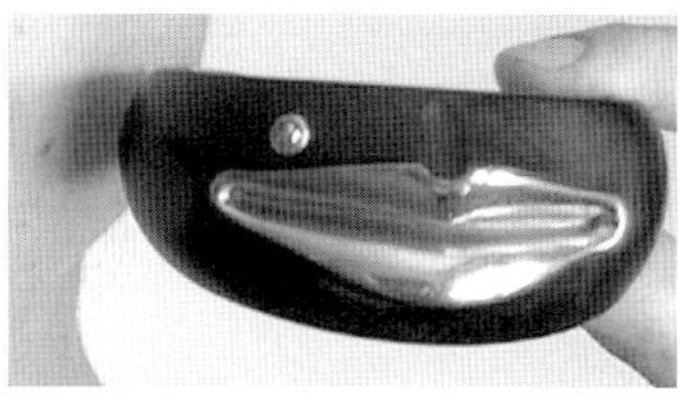

Nr. 16 (Nr. 270)
Mund, Armreif
1995
a) Ebenholz, Gold, Rubin
Maße: H. 3 Ø 6,5 cm
b) Holz, Gold
Maße: H. 3 Ø 6,5 cm
2 Varianten, jeweils Unikate
Goldschmied: Péclard, Zürich

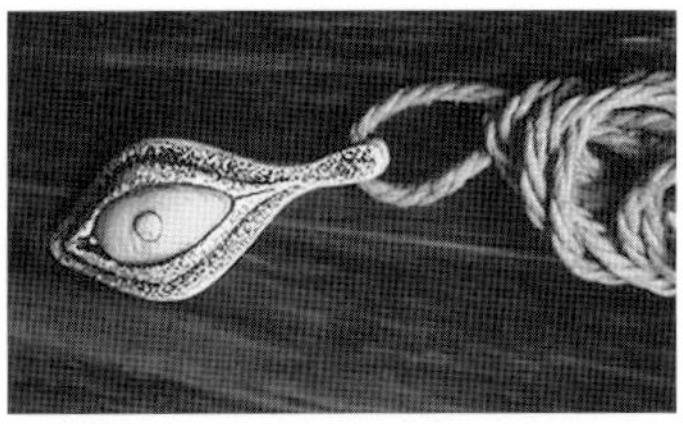

Nr. 17
Auge
1995
Gips, Unikat
Maße: L. 7,5 B. 3,5 cm

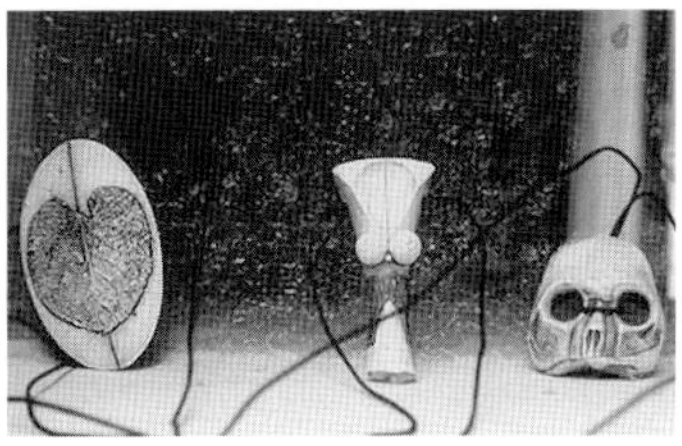

Nr. 18
Gipsschmuck
1995
Maße:
Veilchenblatt H. 7,5 B. 4,2 cm
Torso H. 7,5 B. 2,5 cm
Totenköpfchen H. 4,4 B. 4,2 cm
zum Teil bemalte Unikate

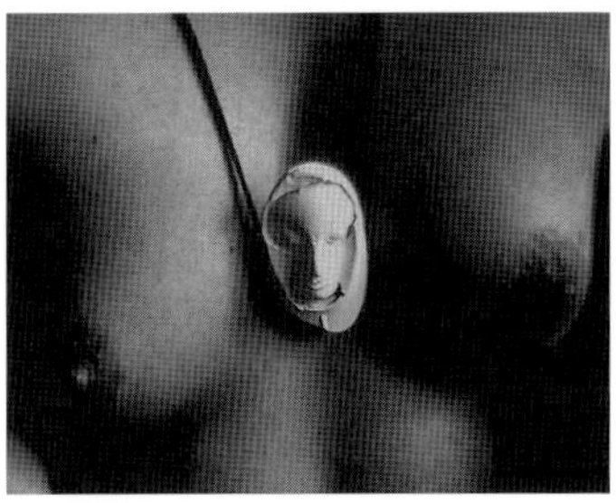

Nr. 19
Gipsköpfchen
1995
Maße: H. 7 B. 4 cm
Unikat

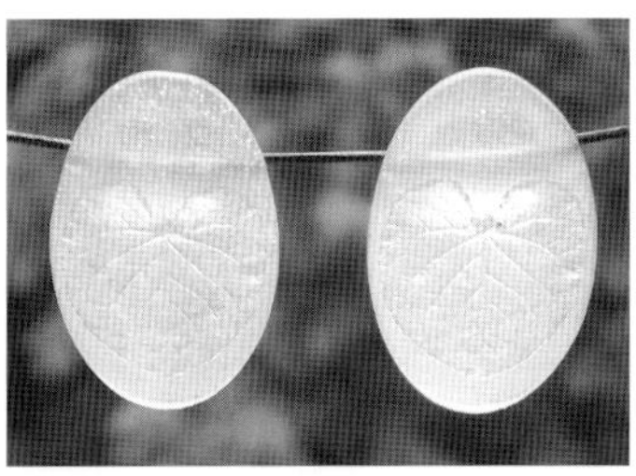

Nr. 20
Veilchenblatt, Pâte de Verre
1995
3 Exemplare in verschiedenen Farben
Maße: H. 7 B. 4 cm

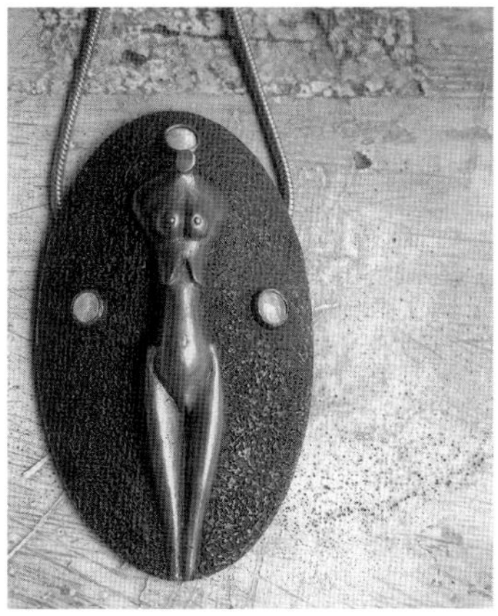

Nr. 21 (Nr. 290)
Torso I, Halskette
1996
Silber, Mondsteine, an einer Silberkette
Maße: L. 6,5 B. 4 cm
Unikat
Goldschmiedin: Brose-Weser, Hamburg.

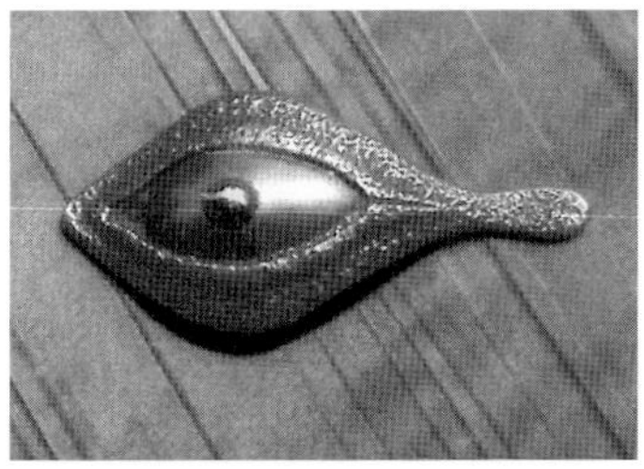

Nr. 22 (Nr. 291)
Auge I (Studie)
1996
Bronze, Stahl
Maße: L. 6 B. 3 cm
Unikat
Goldschmiedin: Brose-Weser, Hamburg.

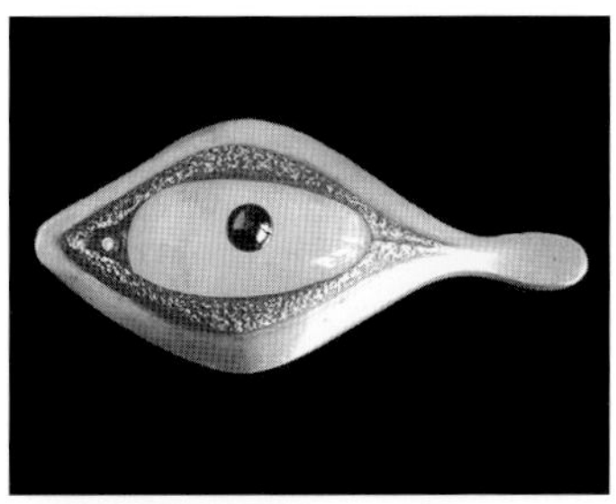

Nr. 23 (Nr. 292)
Auge I, Brosche
1996
Silber, Mondstein, Onyx
Maße: L. 6 B. 3 cm
Unikat
Goldschmiedin: Brose-Weser, Hamburg.

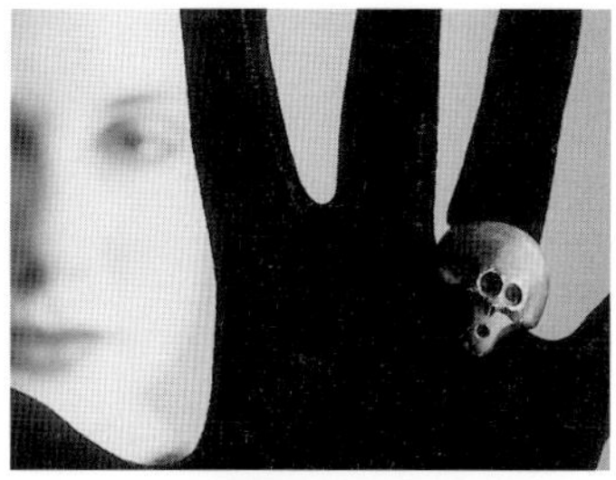

Nr. 24 (Nr. 308)
Angelikas Ring
1997
Bronze mit grüner Patina
Maße: H. 3,1 B. 2 T. 2,8 cm, Ø 3 cm,
Unikat
Gefertigt bei Zimmer, Hermannsburg

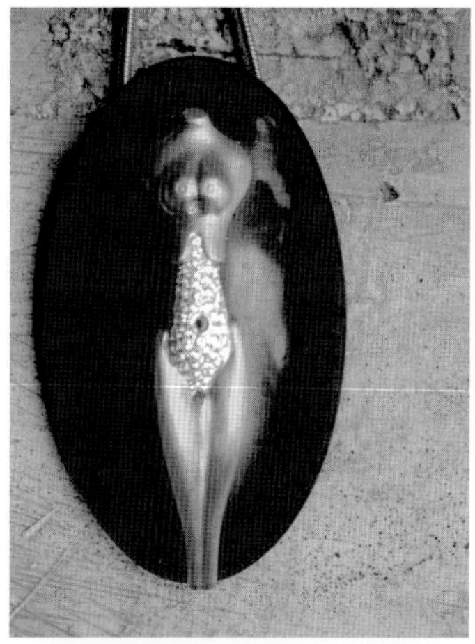

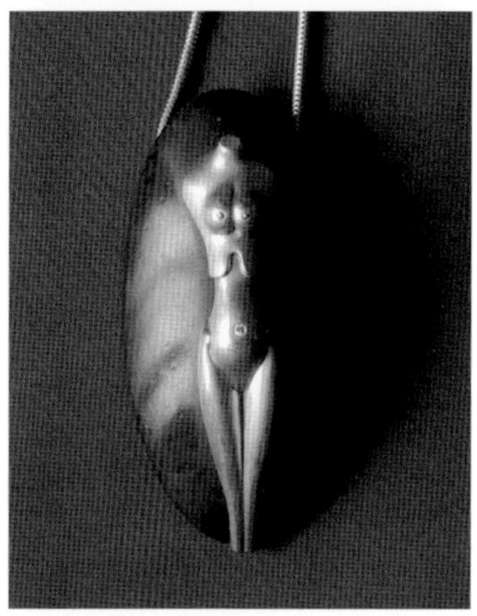

Nr. 25 (Nr. 309)
Torso II, III, Collier
1997
versteinertes Palmenholz, Gold 750, Brillanten, Goldkette
Maße: H. 7 B. 5 cm
Auflage: 2 Varianten
Goldschmied: Péclard, Zürich

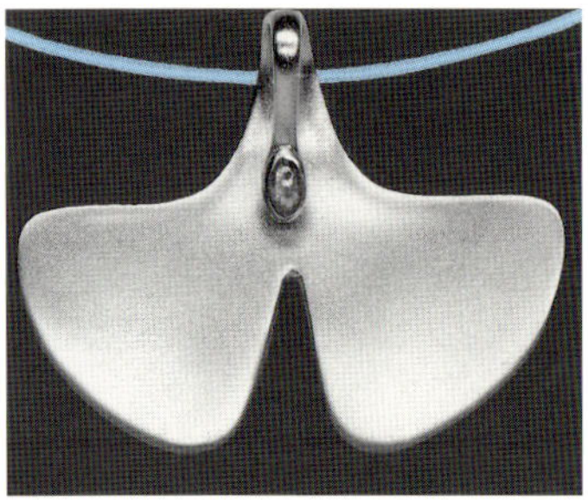

Nr. 26 (Nr. 333)
Ginkgo-Collier
1998
Sterling-Silber 925, mit Saphir in Silberfassung
Maße: H. 3,7 B. 4,5 cm
Durchmesser des Reifs 13 cm
Gefertigt bei Albrecht, Altrandsberg
Edition: Galerie Volker Huber, Offenbach am Main

Nr. 27 (Nr. 333 A)
Ginkgo-Collier
1998
Gelbgold 585, mit Saphir in Goldfassung
Maße: H. 3,7 B. 4,5 cm
Gefertigt bei Albrecht, Altrandsberg
Auflage: 250
Edition: Galerie Volker Huber, Offenbach am Main

Rückseitig zweite Strophe des Goethe-Gedichts *Gingo biloba* eingraviert.

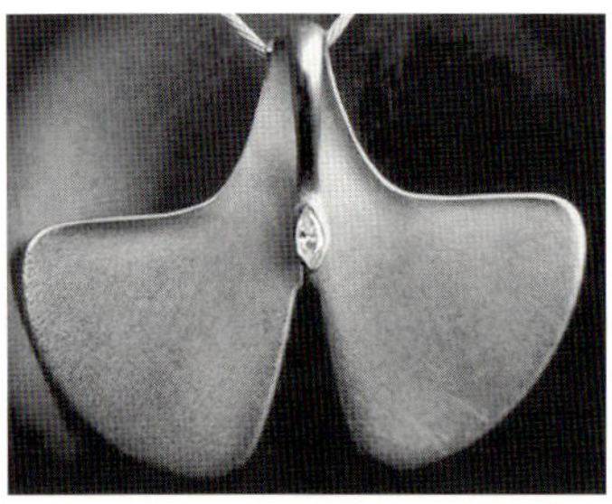

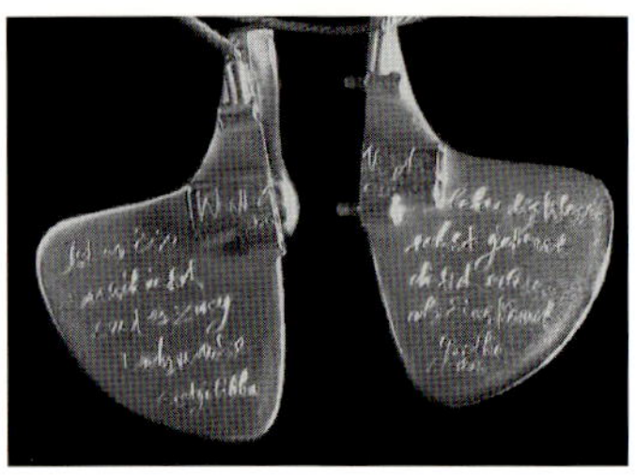

Nr. 28 (Nr. 333 B)
Ginkgo-Collier, zweigeteilt
1998
Gold und Brillant
Maße: H. 3,7 B. 4,5 cm
Goldschmiedin: Wendt, Schwäbisch Gmünd

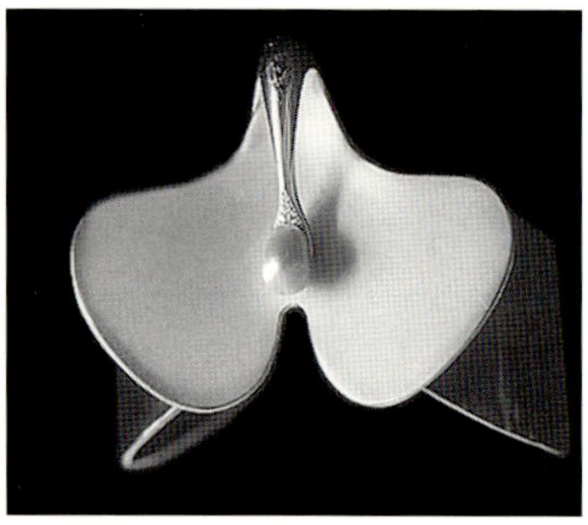

Nr. 29 (Nr. 334)
Ginkgo Biloba, Armreif
1998
Silber, Gold, Perle, Brillant
Maße: H. 4,7 Ø 6 cm
Goldschmied: Péclard, Zürich

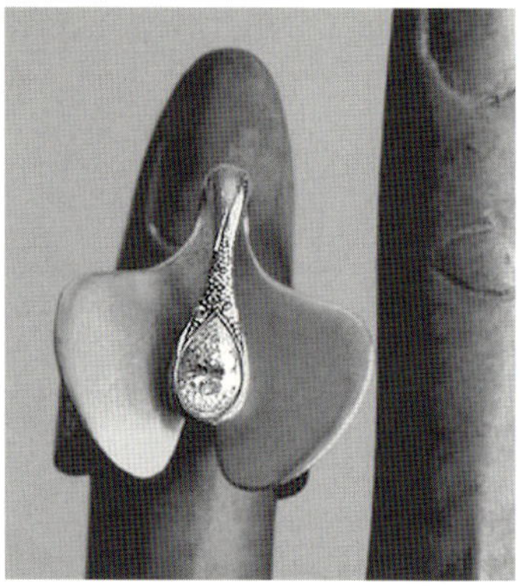

Nr. 30 (Nr. 334 A)
Ginkgo Biloba, Ring
1998
Silber, Gold, Perle, Brillant
Variante von Armreif Nr. 29
Maße: H. 2 cm
Goldschmied: Péclard, Zürich

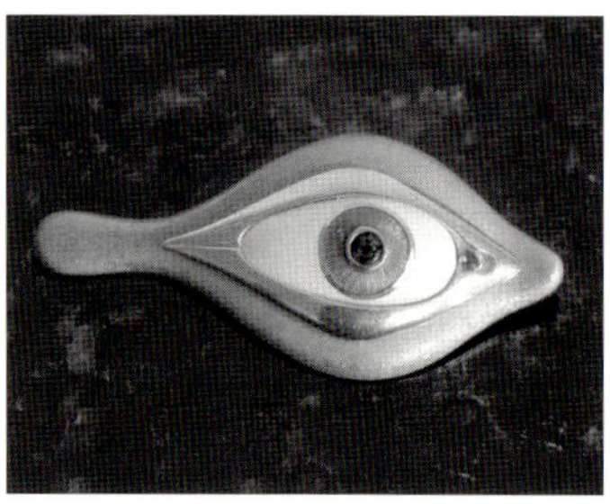

Nr. 31 (Nr. 348)
Auge II, Brosche
1998
Gold, blaues Emaille, 2 Saphire
Maße: L. 6,5 B. 3,5 cm
Unikat
Goldschmied: Péclard, Zürich

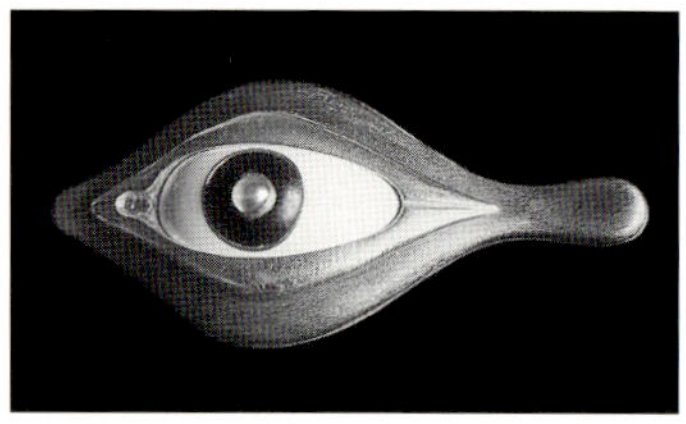

Nr. 32 (Nr. 349)
Auge III, Brosche
1998
Gold, Emaille, 2 Rubine
Maße: L. 6,5 B. 3,5 cm
Unikat
Goldschmied: Péclard, Zürich

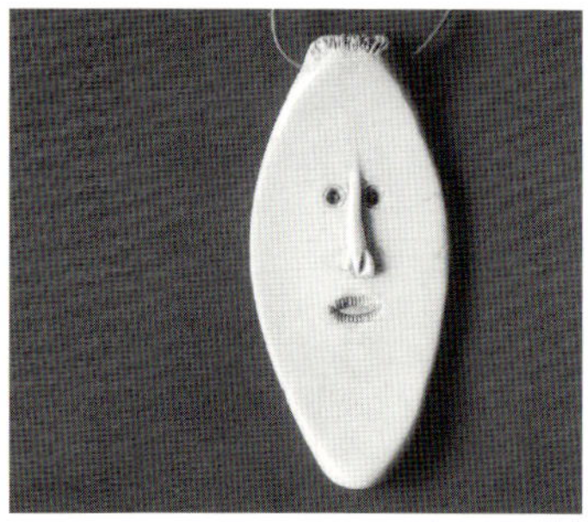

Nr. 33
Kopf
1999
Polymer bemalt
Maße: H. 9,5 B. 4 cm
Unikat

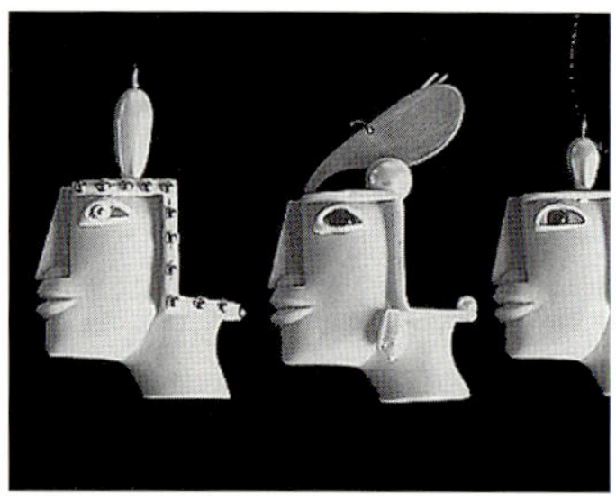

Nr. 34
Diana-Collier (Entwürfe)
1999
Polymer, Glas, Perlen
Jeweils Unikate

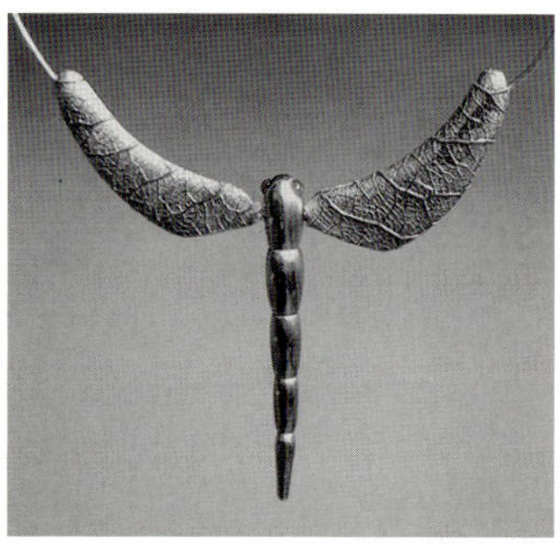

Nr. 35
Libelle (groß)
1999
a) Silber, 2 Mondsteine
b) Silber vergoldet, 2 Rubine
Maße: H. 7,5 B. 9 cm
Goldschmiedin: Brose-Weser, Hamburg

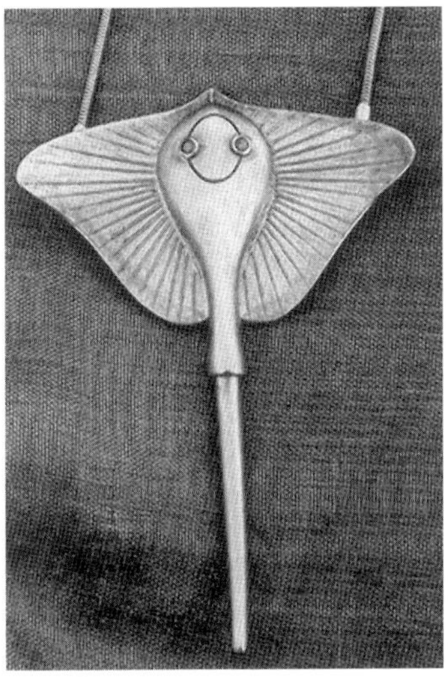

Nr. 36
Rochen I, Collier
1999
Silber, vergoldet, 2 Rubine
Maße: H. 9 B. 6 cm
Goldschmiedin: Brose-Weser, Hamburg

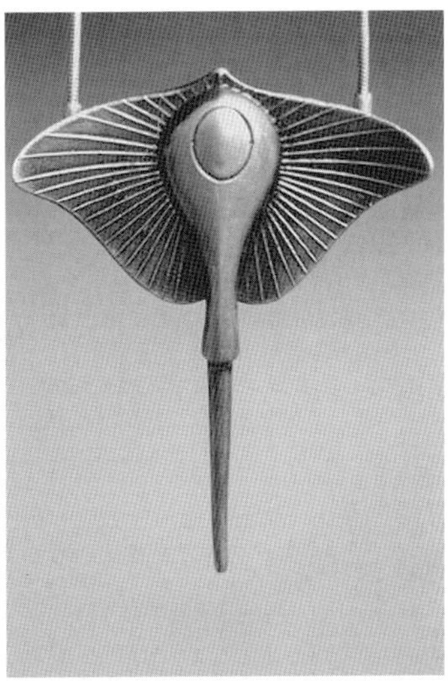

Nr. 37
Rochen II, Collier
1999
Sterling-Silber 925
Maße: H. 9 B. 6 cm
Goldschmiedin: Brose-Weser, Hamburg

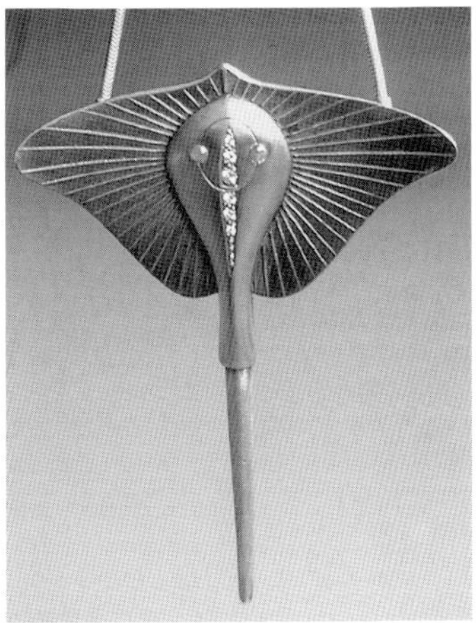

Nr. 38
Rochen III, Collier
2000
Sterling-Silber 925, 2 Rubine, Brillant-Splitter
Maße: H. 9 B. 6 cm
Goldschmiedin: Brose-Wcser, Hamburg

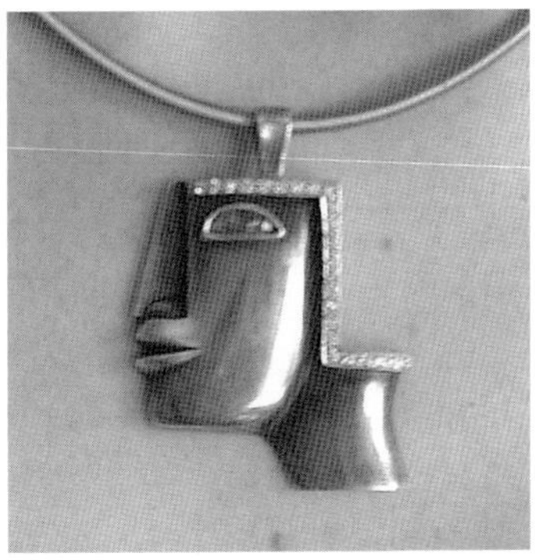

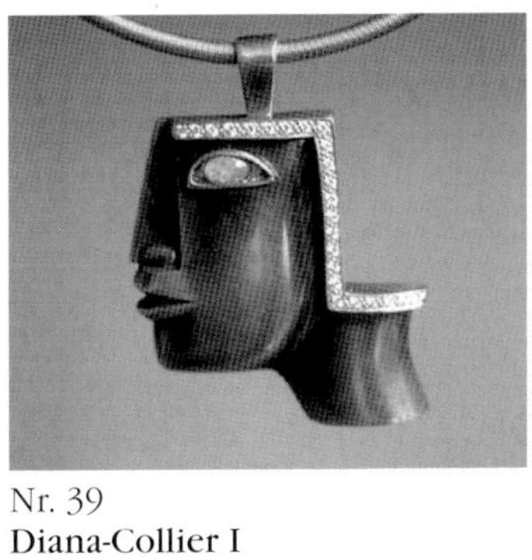

Nr. 39
Diana-Collier I
2000
a) Sterling-Silber 925, Smaragd, Brillanten, am Silberreif
Maße: H. 4,2 B. 4 cm
b) Silber schwarz patiniert, Smaragd, Brillanten, Silberreif
Maße: H. 4,2 B. 4 cm
Goldschmiedin: Brose-Weser, Hamburg

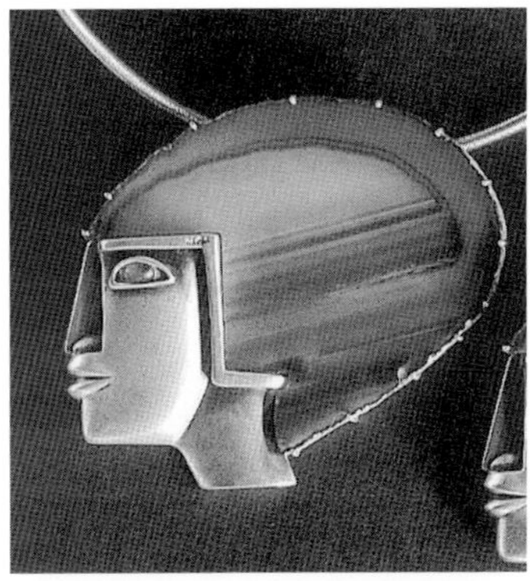

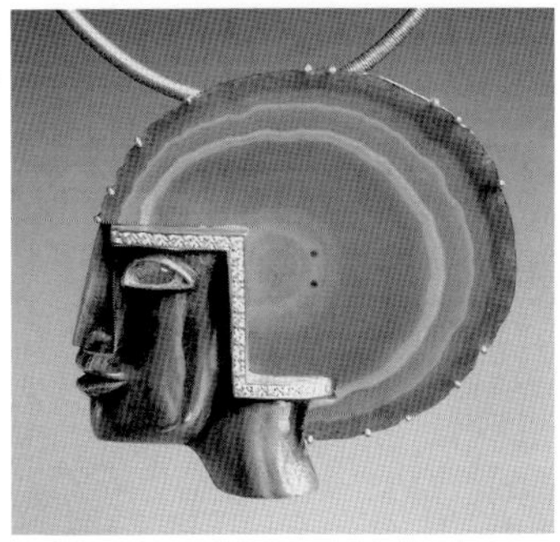

Nr. 40
Diana-Collier II
2000
a) Sterling-Silber 925, Opal, Achatscheibe, Brillanten, 10 Varianten
Maße: H. 6,5 B. 7 cm
Goldschmiedin: Brose-Weser, Hamburg
b) Silber schwarz patiniert, Opal, Achatscheibe, Brillanten,
Maße: H. 6,5 B. 7 cm
Goldschmiedin: Brose-Weser, Hamburg

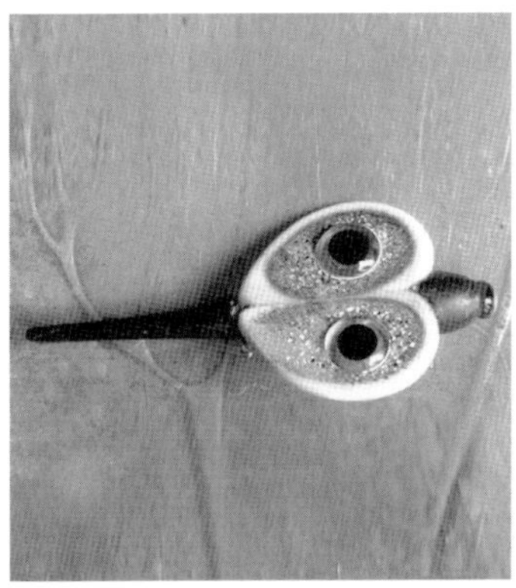

Nr. 41
Falter, Brosche
2000
Ebenholz, Knochen, Glas
Maße: L. 8 B. 4 cm
Unikat

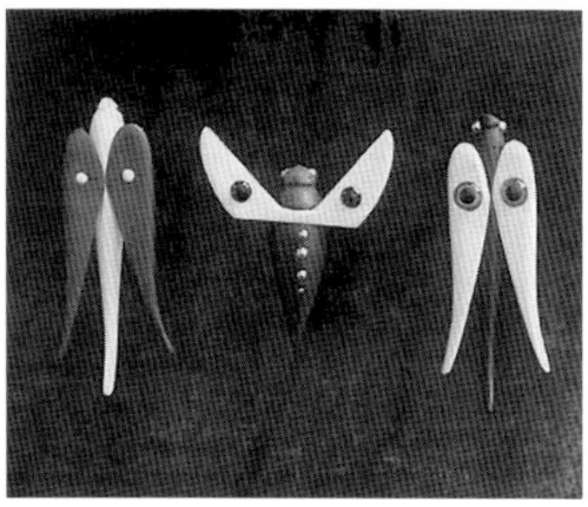

Nr. 42
Schwalbe, Käfer (Entwürfe)
2000
Polymer, Stahl, Glas
Maße: L. 8,5 B. 3 cm
Silberreif Ø 13 cm
Jeweils Unikate

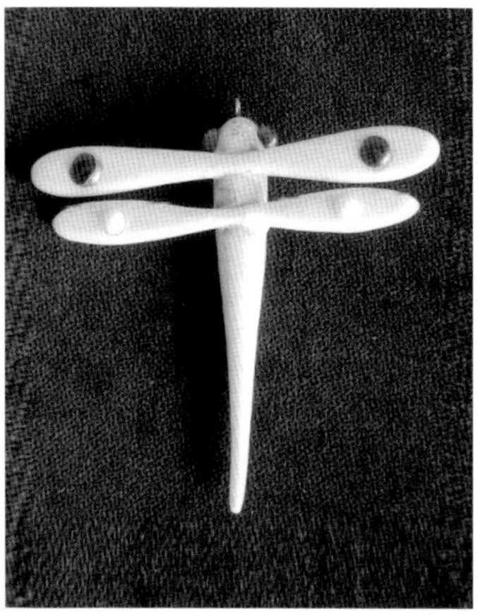

Nr. 43
Libelle, Sommer-Schmuck (Entwurf)
2000
Polymer bemalt, Glas
Maße: L. 7,5 B. 8 cm
Unikat

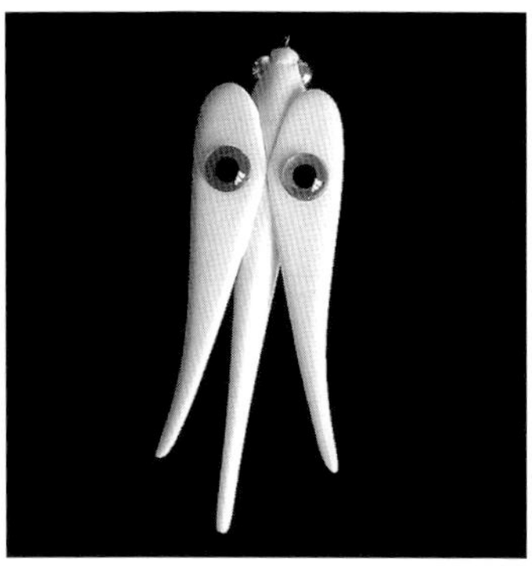

Nr. 44
Schwalbe (Entwurf)
2000
Polymer, Glas
Maße: L. 7,5 B. 2,5 cm
Unikat

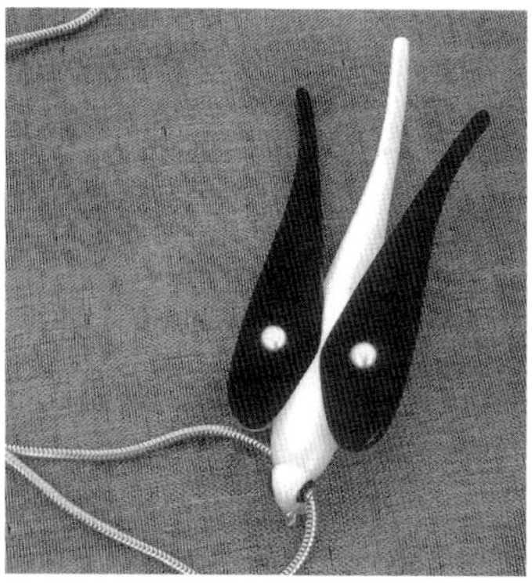

Nr. 45
Schwalbe, Collier
2000
Büffelhorn, Perlmutt, Gold,
2 Diamanten, 2 Perlen, Goldkette
Maße: L. 8,5 B. 3 cm
Unikat
Goldschmied: Péclard, Zürich

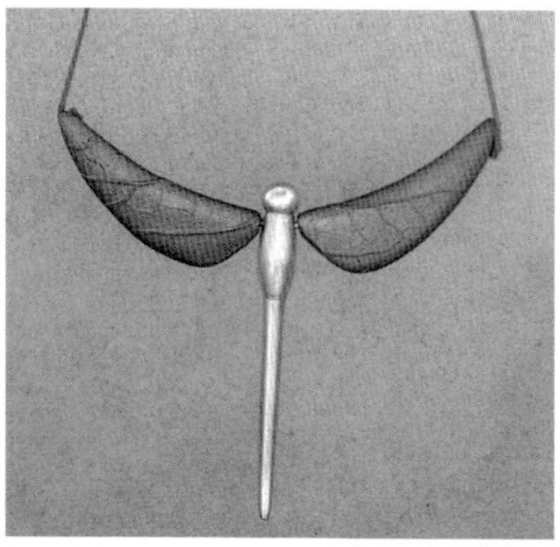

Nr. 46
Libelle (klein)
2000
Aluminium, blau eloxierte Flügel
Maße: H. 5 B. 8 cm
Unikat

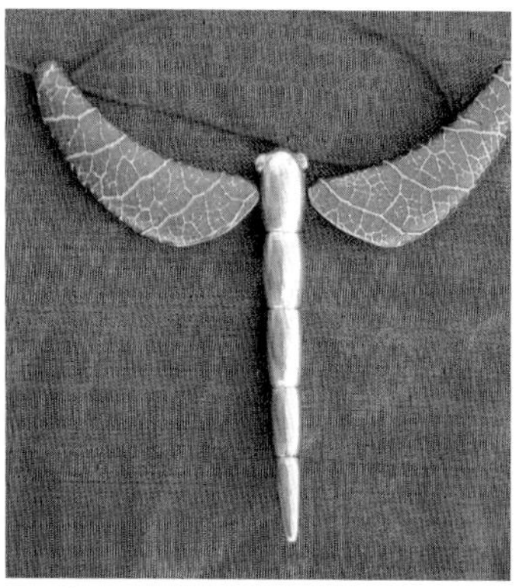

Nr. 47
Libelle (groß)
2000
Aluminium, blau eloxierte Flügel
Maße: H. 7,5 B. 9 cm
Unikat

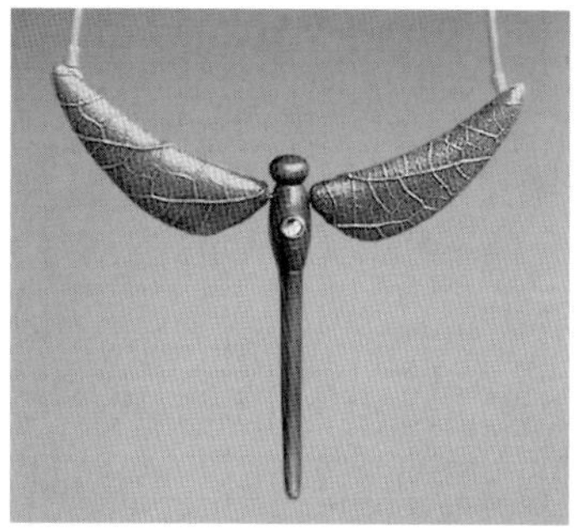

Nr. 48
Libelle (klein)
2000
a) Silber, Opal
b) Silber, vergoldet, Opal
Maße: H. 5 B. 8 cm
Jeweils Unikate
Goldschmiedin: Brose-Weser, Hamburg

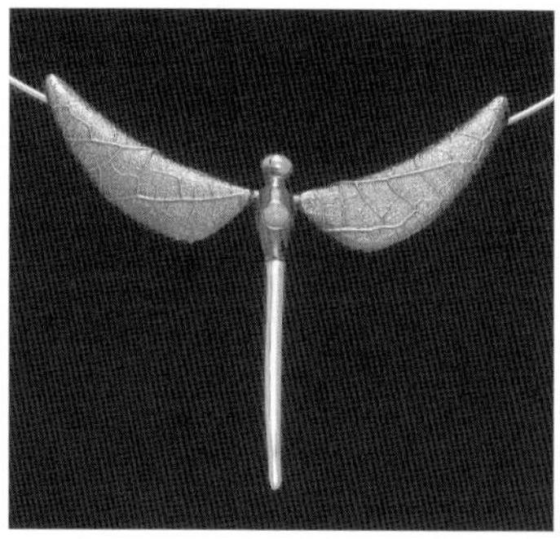

Nr. 49
Libellen-Collier
2000
Sterling-Silber 925, mit einem Opal in Silberfassung
Maße: H. 5 B. 8 cm
Durchmesser des Reifs 14 cm
Gefertigt bei Albrecht, Altrandsberg
Edition: Galerie Volker Huber, Offenbach am Main

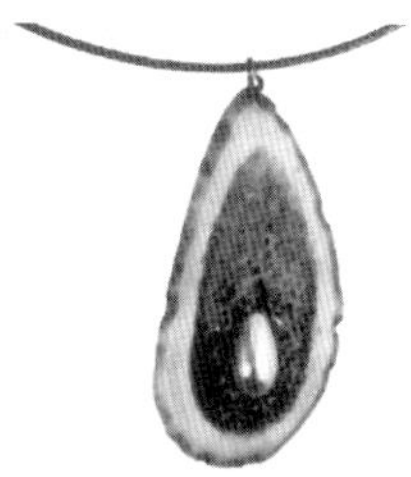

Nr. 50
Halsschmuck für Natascha
2000
Hirschhorn, Schmuckperle
Maße: H. 4,5 B. 2,2 cm
Stahlreif Ø 11,5 cm
Unikat

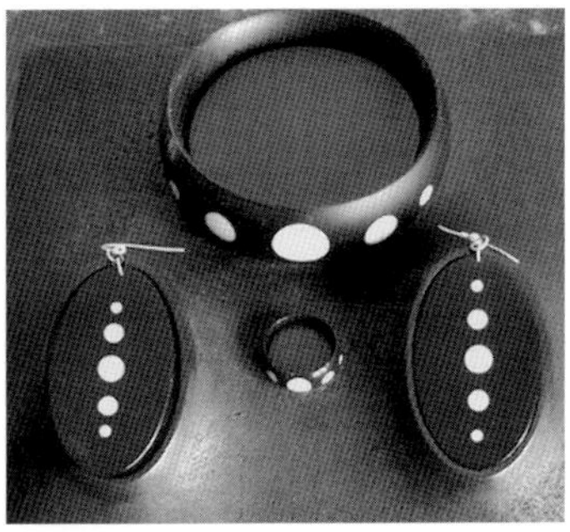

Nr. 51
Armreif, Ohrhänger, Ring
2001
Polymer, schwarz mit elfenbeinfarbenen Punkten
Maße: Armreif Ø 7,5 cm,
Ohrhänger H. 5,2 B. 3 cm,
Ring Ø 1,5 cm

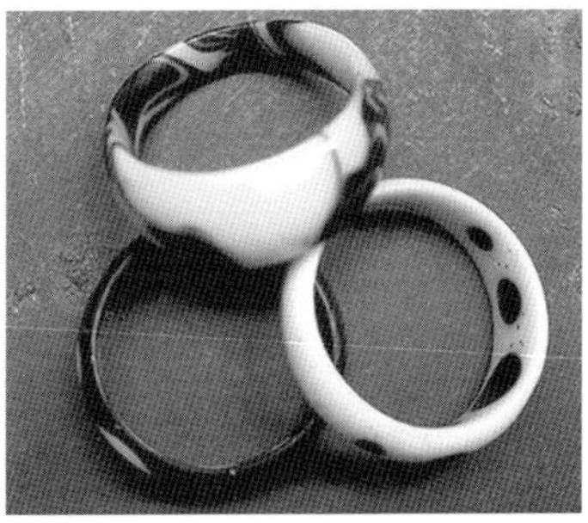

Nr. 52
Armreifen, Ringe
2001
a) Polymer, schwarz mit elfenbeinfarbenen Punkten
b) Polymer, elfenbeinfarben mit schwarzen Punkten
c) Polymer, elfenbeinfarben, schwarz marmoriert
Maße: Armreif Ø 7,5 cm
Ringe Ø 1,5 cm, variabel

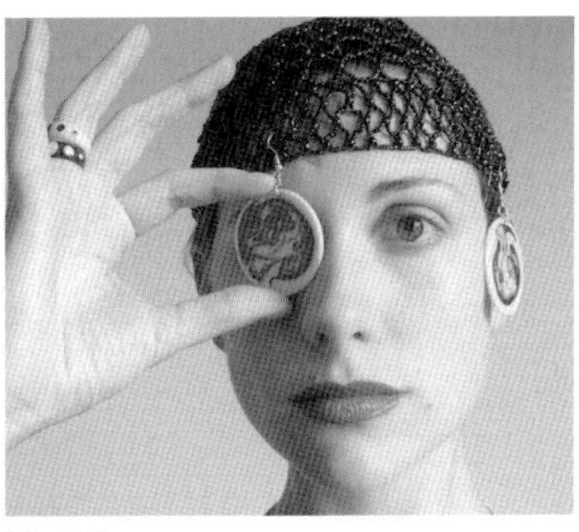

Nr. 53
Ohrhänger (oval)
2001
Polymer, schwarzweiss marmoriert
Maße: Ø 4,4 cm
Jeweils Unikate

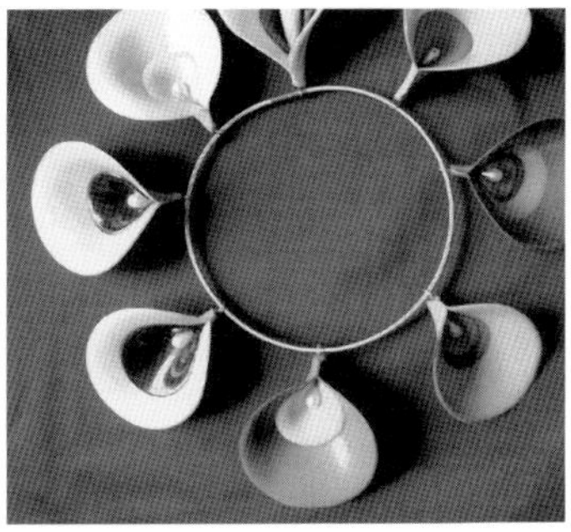

Nr. 54
Calla-Collier
2001
Polymer mit einer Perle, in verschiedenen Farbkombinationen und Größen
Maße: H. 6,5 B. 5 cm,
H. 8,5 B. 7 cm,
H. 9,5 B. 8,5 cm,
Silberreif Ø 13 cm

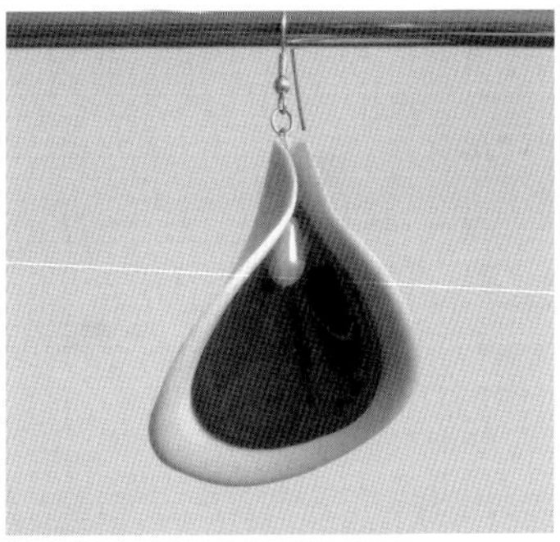

Nr. 55
Calla, Ohrschmuck
2001
Polymer mit einer Perle, in verschiedenen Farbkombinationen und Größen
Maße: H. 4,5 B. 3,5 cm
H. 6 B. 3 cm
H. 6,5 B. 4,5 cm

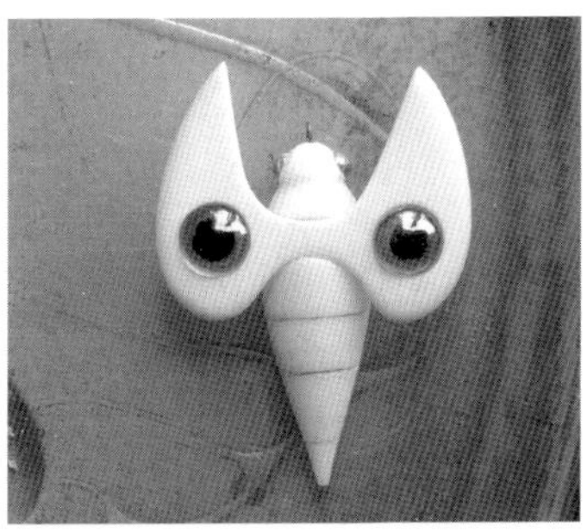

Nr. 56
Käfer, Brosche (Entwurf)
2001
Polymer, Glas
Maße: L. 6,5 B. 5 cm
Unikat

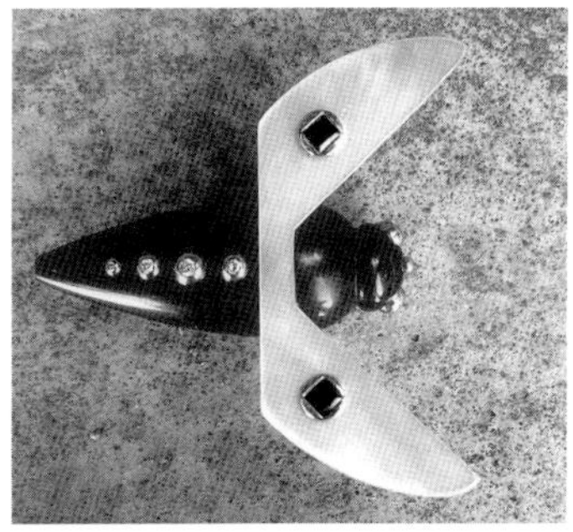

Nr. 57
Käfer, Brosche
2001
Büffelhorn, Perlmutt, Brillanten, 2 Smaragde, Weißgold
Maße: L. 6,5 B. 5,5 cm
Unikat
Goldschmied: Péclard, Zürich

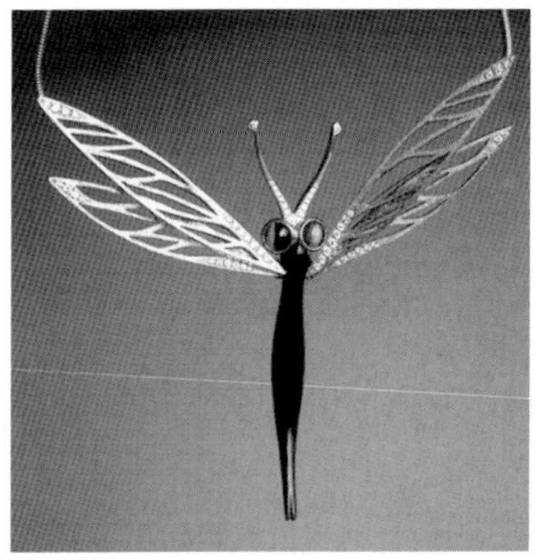

Nr. 58
Libelule, Collier
2001
Weißgold, Horn, 2 Saphire in Goldfassung, Brillant-Splitter, an einer Weißgoldkette
Maße: H. 7 B. 11 cm
Unikat
Goldschmied: Péclard, Zürich

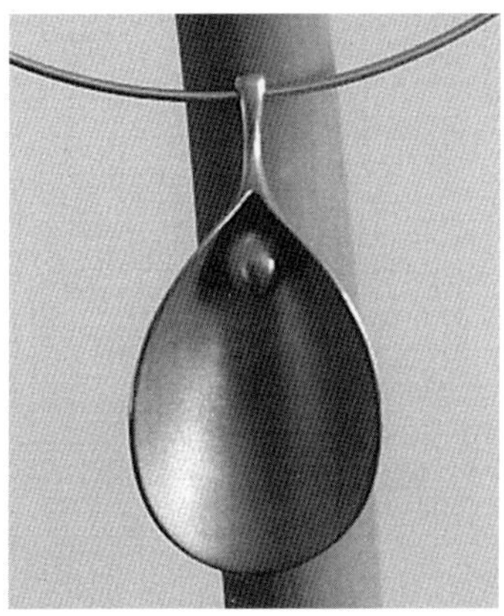

Nr. 59 A
Venus-Collier
2001

Sterling-Silber 925,
Innenseite vergoldet, Süsswasserperle, an goldener Kette
L. 40 cm
Maße: H. 5 B. 2,6 cm
Gefertigt bei Albrecht, Altrandsberg

Nr. 59 B
Venus-Collier
2001
Sterling-Silber 925, mit einer japanischen Zuchtperle
Maße: H. 5 B. 2,6 cm
Durchmesser des Reifs 13,5 cm
Gefertigt bei Albrecht, Altrandsberg
Edition: Galerie Volker Huber, Offenbach am Main

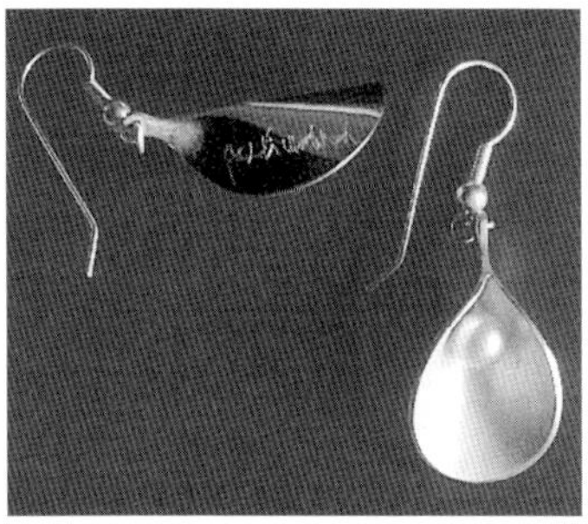

Nr. 60
Venus-Ohrschmuck
2001
Sterling-Silber 925, Innenseite vergoldet, japanische Zuchtperle
Maße: L. 3,5 B. 2cm
Silberschmied: Merkle, Hamburg

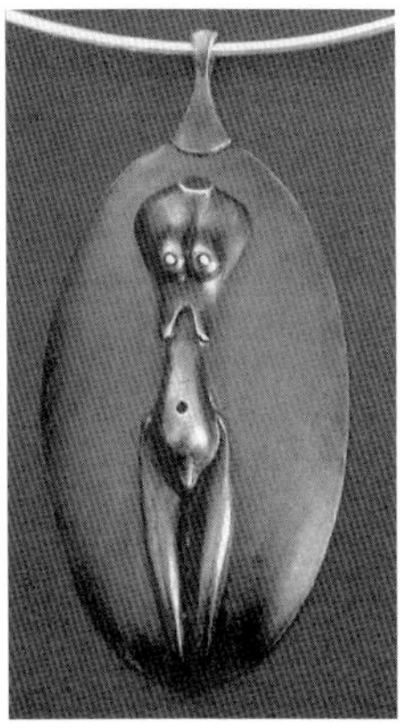

Nr. 61
Medaillon am Silberreif
2001
a) Silber rhodiniert
b) Silber, schwarz patiniert
c) Silber
Maße: L. 7 B. 3,5 cm
Silberreif Ø 13,5 cm

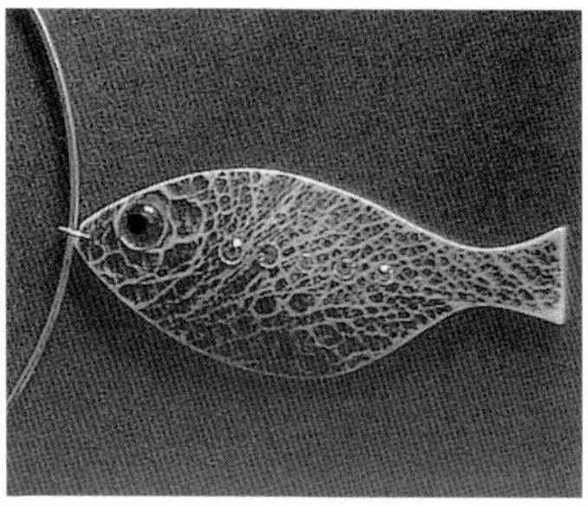

Nr. 62
Fisch am Silberreif (Entwurf)
2001
Polymer, Glas, Silberreif
Maße: L. 8,5 B. 3,5 cm
Silberreif Ø 13,5cm
Unikat

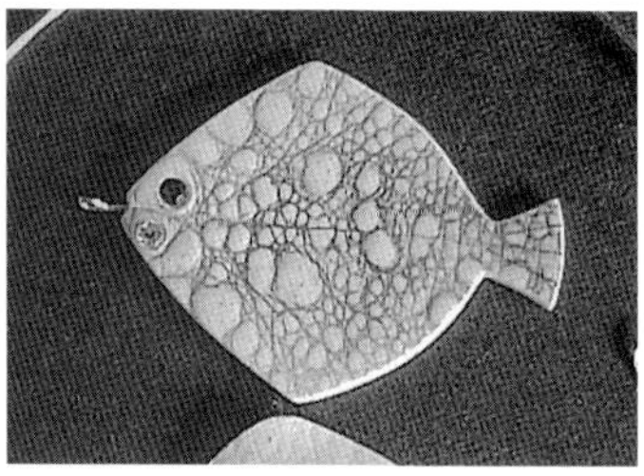

Nr. 63
Fisch I (Entwurf)
2001
Polymer, Glas
Maße: L. 6,5 B. 4,5 cm

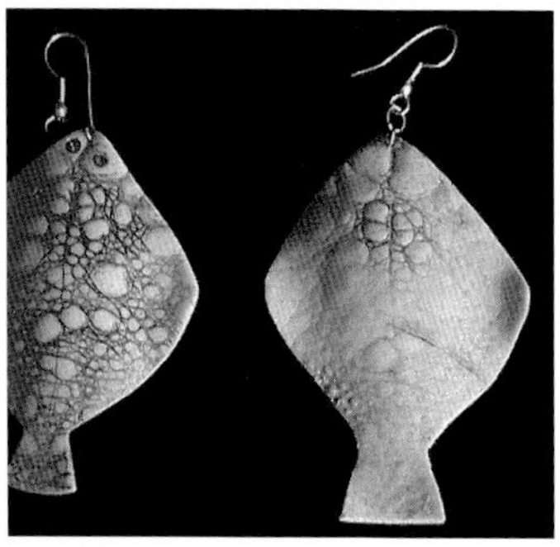

Nr. 64
Fisch, Ohrhänger (Entwurf)
2001
Polymer, Glas
Maße: L. 5,5 B. 4,5 cm

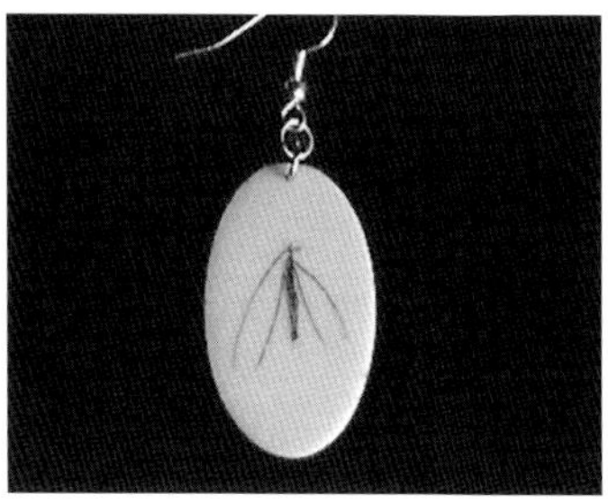

Nr. 65
Insekt, Ohrhänger
2001
Gravur auf Polymer
Maße: H. 3,7 B. 2,1 cm
Unikat

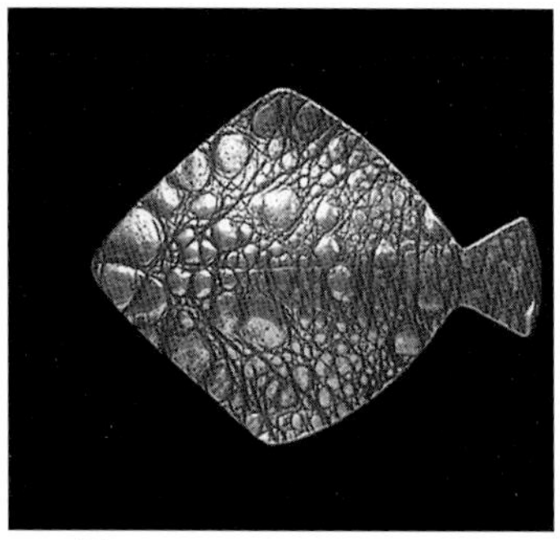

Nr. 66
Butt, Brosche und Anhänger (Entwurf)
2001
Silber
Maße: L. 6,5 B. 5 cm
Unikat
Silberschmied: Merkle, Hamburg

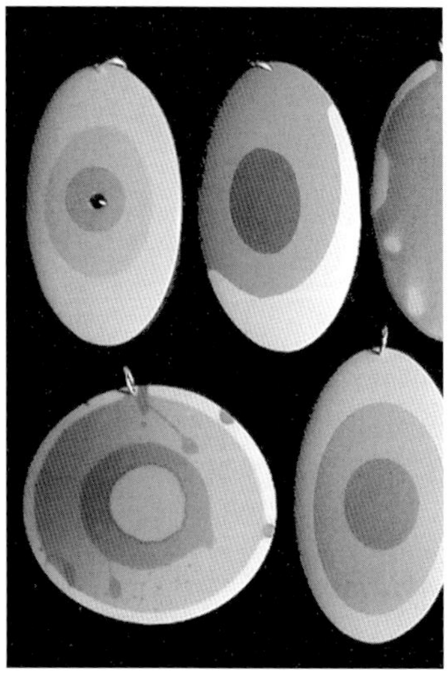

Nr. 67
Medaillons (rund)
2001
Polymer, in verschiedenen Farbvarianten
Maße: H. 6,5 B. 7,5 cm
Jeweils Unikate

Nr. 68
Medaillons (oval)
2001
Polymer, in verschiedenen Farbvarianten
Maße: H. 8 B. 4,5 cm
Jeweils Unikate

Werkverzeichnis

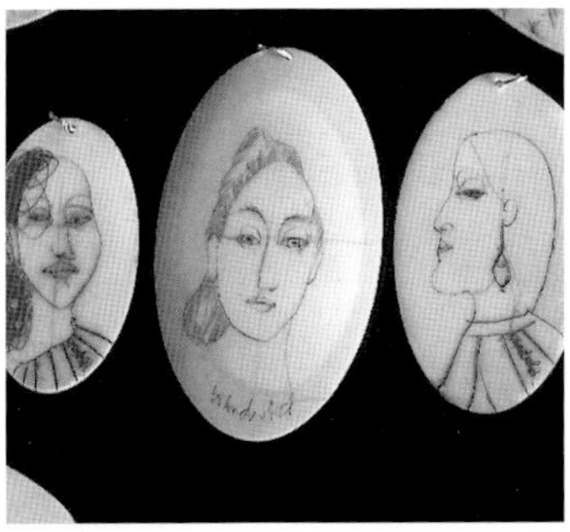

Nr. 69
Medaillons (oval)
2001
Gravur auf Polymer mit verschiedenen Motiven, Farbkombinationen und Größenvarianten
Maße: H. 8,5 B. 4,5 cm
H. 7,5 B. 4,5 cm
H. 6,5 B. 3,7 cm
Jeweils Unikate

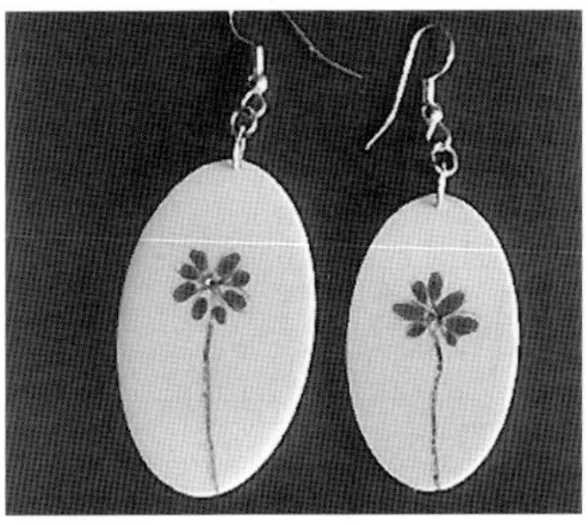

Nr. 70
Blaue Blüte, Ohrhänger
2001
Gravur auf Polymer
Maße: H. 5,5 B. 2,8 cm
H. 4,5 B. 2,4 cm
Jeweils Unikate

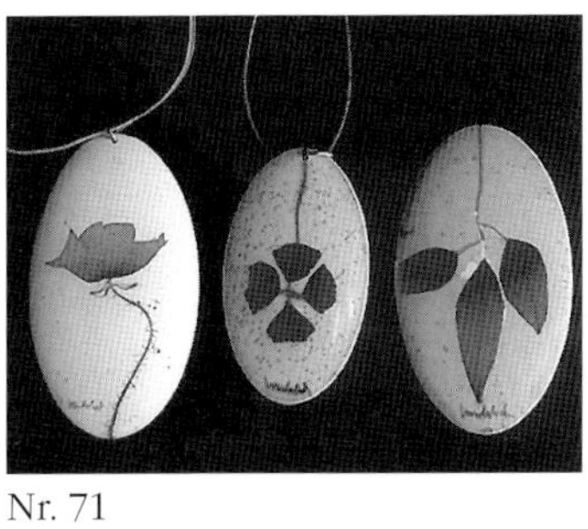

Nr. 71
Mohn, Klee, Drei Blätter, Medaillons
2001
Gravur auf Polymer
Maße: Mohn H. 7,5 B. 4,5 cm
Klee H. 6,5 B 3,7 cm
Blätter H. 7,5 B. 4,5 cm
Jeweils Unikate

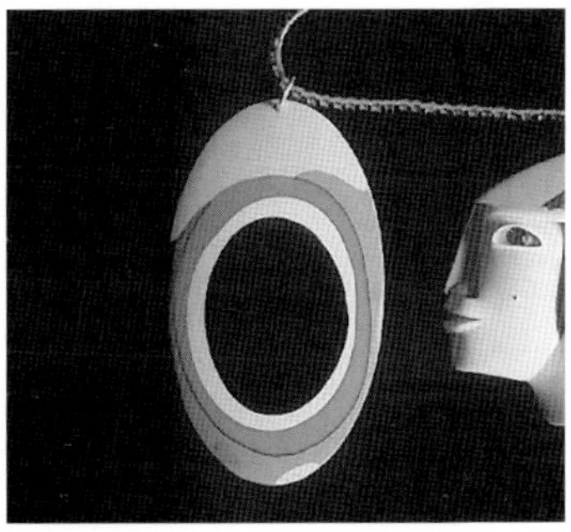

Nr. 72
Diana, Medaillon (Entwurf)
2001
Polymer bemalt
Maße: H. 8,5 B. 4,5 cm
Unikat

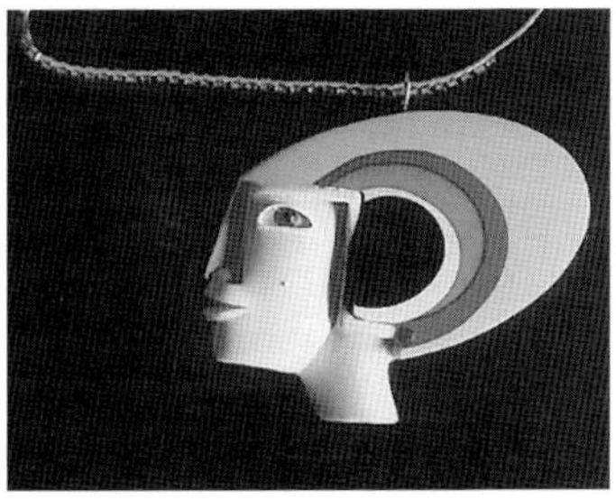

Nr. 73
Diana-Collier (Entwurf)
2001
Polymer bemalt, Glas
Maße: H. 6,5 B. 8,5 cm
Unikat

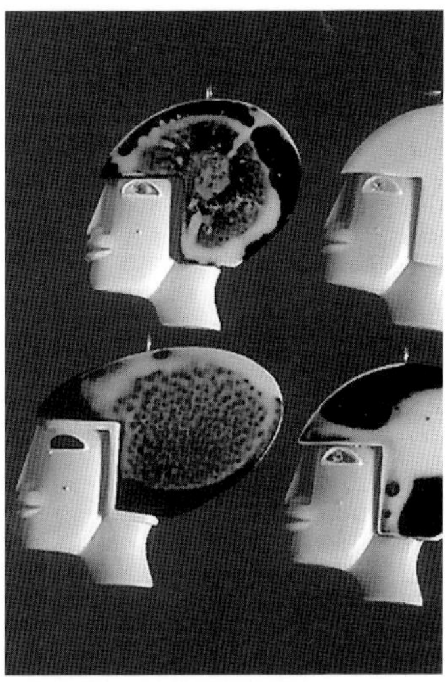

Nr. 74
Diana-Collier (Unikate)
2001
Polymer, in verschiedenen Form- und Farbvarianten
Maße: H. 6,5 B. 8,5 cm
Jeweils Unikate

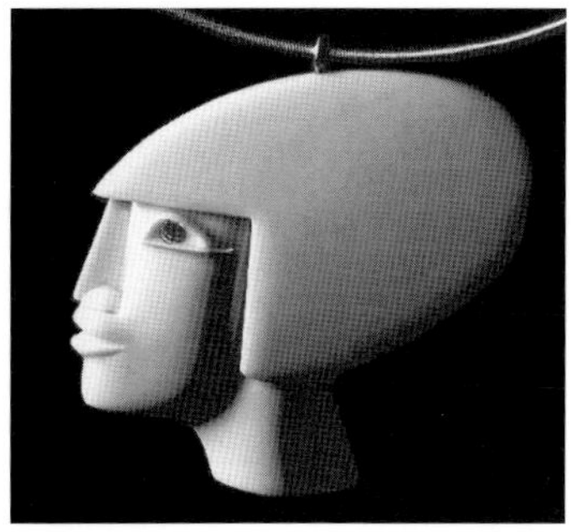

Nr. 75
Diana-Collier
2001
Polymer
Maße: H. 6,5 B. 8,5 cm
Gefertigt bei Albrecht, Altrandsberg
Edition: Galerie Volker Huber, Offenbach am Main

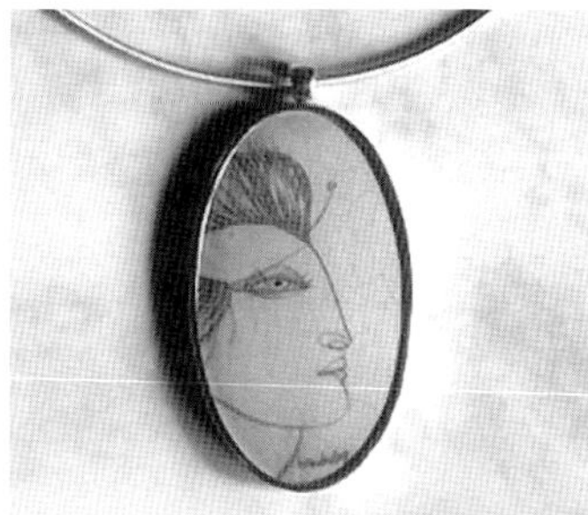

Nr. 76
Medaillon im Goldrahmen
2001
Gelbgold, Gravur auf Polymer
Maße: H. 6,5 B. 3,7 cm
Goldreif Ø 13 cm
Unikat
Goldschmiedin: Brose-Weser, Hamburg

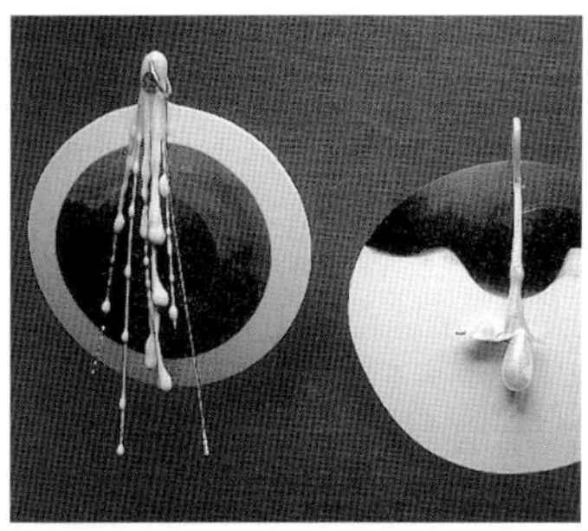

Nr. 77
Zwei Schmuckobjekte (Entwurf)
2001
Polymer, Perle
Maße: H. 9 B. 7 cm
H. 7,5 B. 7,5 cm
Jeweils Unikate

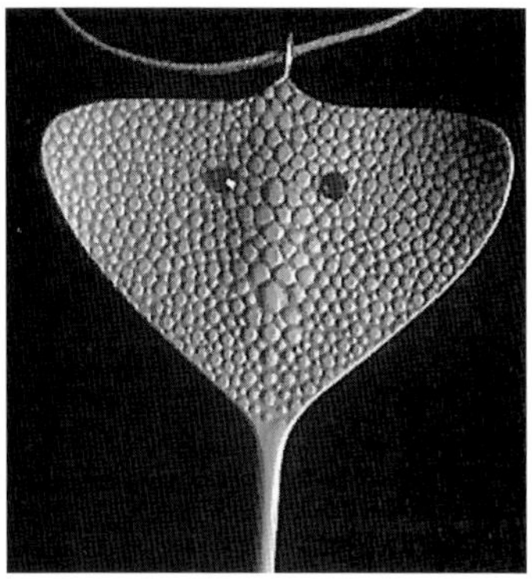

Nr. 78
Rochen, Anhänger
2001
Polymer farbig, Glas
Maße: L. 9,2 B. 7,2 cm
Unikat
Silberschmied: Merkle, Hamburg

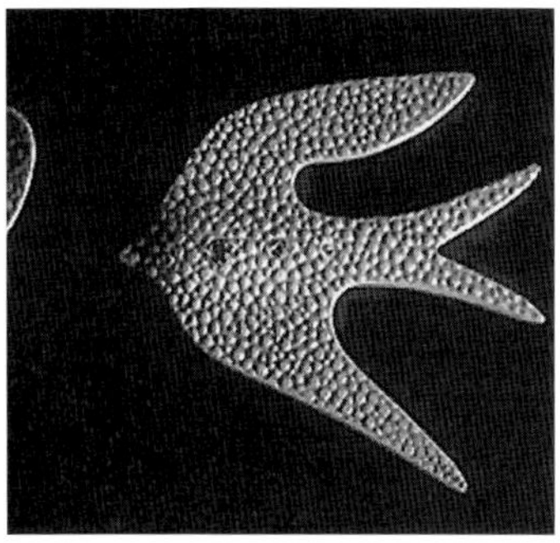

Nr. 79
Gabelweihe, Brosche
2001
Polymer farbig, Glas
Maße: L. 6,5 B. 6 cm
Unikat
Silberschmied: Merkle, Hamburg

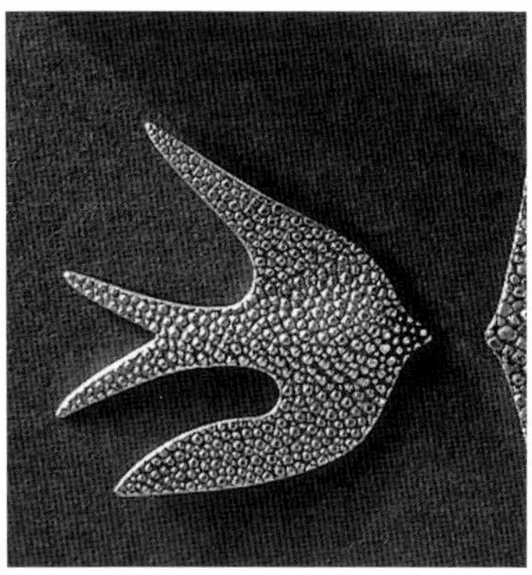

Nr. 80
Gabelweihe I, Brosche
2001
Sterling-Silber 925
Maße: L. 6,5 B. 6 cm
Unikat
Silberschmied: Merkle, Hamburg

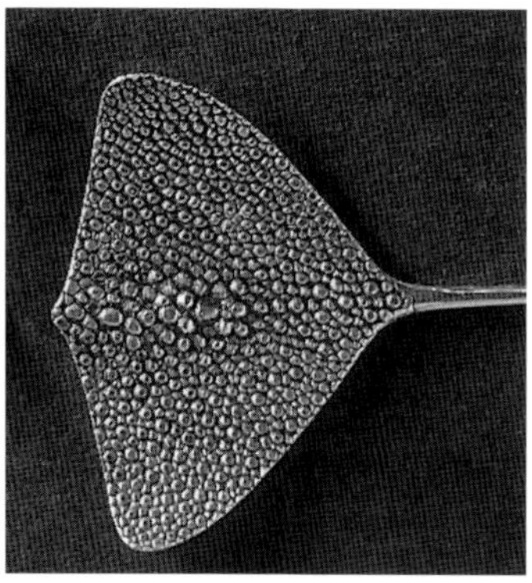

Nr. 81
Rochen I, Collier
2001
Sterling-Silber 925
Maße: L. 9 B. 7,2 cm
Goldschmiedin: Brose-Weser, Hamburg

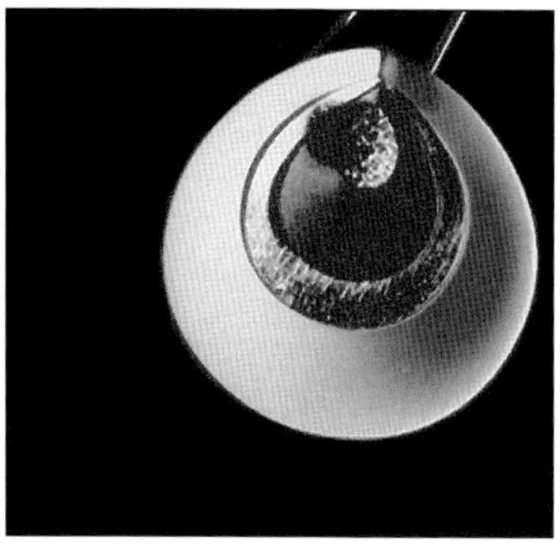

Nr. 82
Blüte, Collier
2002
Elfenbein, Gold, 41 Brillanten
Maße: H. 5,2 B. 5,5 cm
Unikat
Goldschmied: Péclard, Zürich

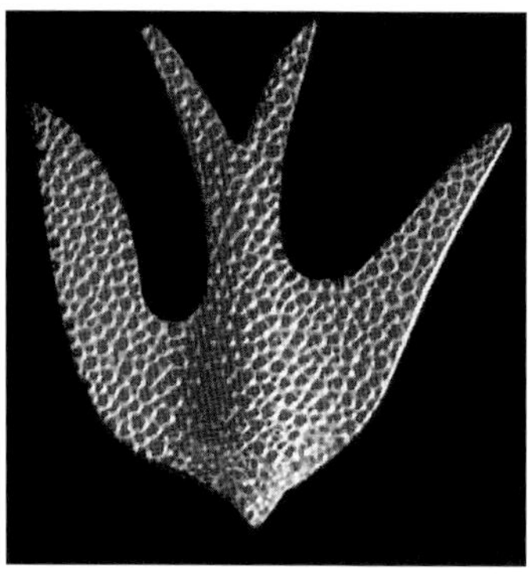

Nr. 83
Gabelweihe II, Brosche
2002
Weißgold 750, 70 Brillanten
Maße: L. 6,2 B. 5,7 cm
Unikat
Goldschmied: Péclard, Zürich

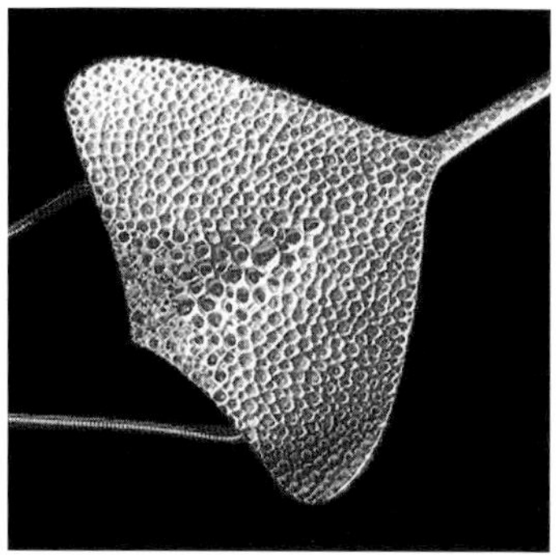

Nr. 84
Rochen II, Collier
2002
Weißgold 750, 129 Brillanten
Maße: L. 8,9 B. 7,2 cm
Unikat
Goldschmied: Péclard, Zürich

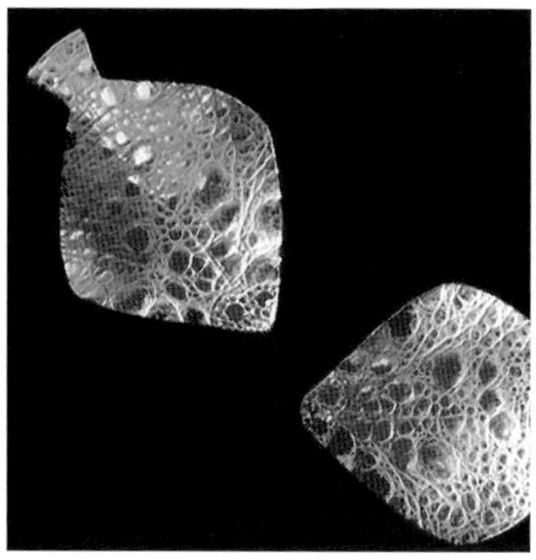

Nr. 85
Fisch II, III, Broschen
2002
a) Weißgold 750, Saphire, Tsavorit
Maße: H. 4,9 L. 6,3 cm
b) Gelbgold 750, Rubine, Tsavorit
Maße: H. 4,9 L. 6,3 cm
Jeweils Unikate
Goldschmied: Péclard, Zürich

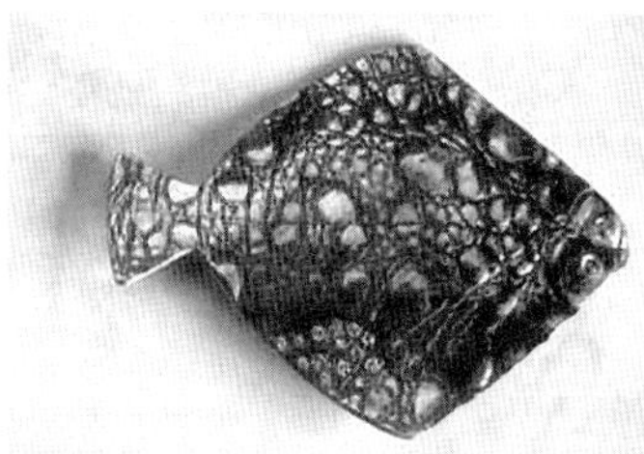

Nr. 86
Fisch IV, Brosche
2002
Gelbgold 750, 2 Rubine, Tsavorit
Maße: H. 4,9 L. 6,3 cm
Unikat

Mitarbeiter

Fritz Albrecht, Altrandsberg	Kunstgiesser
Suann Brose-Weser, Hamburg	Goldschmiedin
Moritz Hausch, Pforzheim	Goldschmied
Hikmet Ileri, Hamburg	ständiger Mitarbeiter
H.C.F. Merkle, Hamburg	Silberschmied
Philippe Péclard, Zürich	Goldschmied
Solanor AG, Schaffhausen	Silberschmied
Christiane Wendt, Schwäbisch Gmünd	Goldschmiedin
Thomas Zimmer, Hermannsburg	Bronzegiesser

Photos:
Karin Székessy, Hamburg

Gestaltung:
Karin Székessy in Zusammen-
arbeit mit Harald Trosch,
Neu-Isenburg

Reproduktion, Druck und
Verarbeitung:
Fotolito Longo, Bozen, Italien

Papier:
Furioso TCF, 150 g

20. Mai 2002

ISBN 3-921785-84-7